김지하 평론선집

<지식을만드는지식 한국문학평론선집>은
한국 근현대 평론을 대표하는 평론가 50인을 소개합니다.
학술적 가치, 문학사적 영향력, 비평 이론의 독자성 등을
기준으로 주요 평론을 선정했습니다.

지식을만드는지식 한국문학평론선집

김지하 평론선집

김지하 지음

홍용희 엮음

대한민국, 서울, 지식을만드는지식, 2015

편집자 일러두기

- '한국문학평론선집'은 지식을만드는지식과 한국문학평론가협회가 공동 기획했습니다. 한국문학평론가협회는 한국 근현대 평론을 대표하는 주요 평론가 50명을 엄선하고 권위를 인정받은 평론가를 엮은이와 해설자로 추천했습니다.
- 평론가의 요청으로 해설자가 작품을 선정했습니다.
- 각 작품의 끝에 작품이 처음 발표된 지면과 시기를 밝혔습니다.
- 한국 문학비평의 역사성과 작품의 오리지낼리티를 고려해 발표 당시 표기를 따랐습니다.
- 주석은 독자의 이해를 돕기 위해 엮은이가 단 것입니다.
- 약물은 지식을만드는지식의 편집 방침에 따랐습니다. 단행본, 잡지명, 신문명 등 인쇄물 제목에는 ≪ ≫, 시, 논문, 미술품 등 작품 제목에는 < >을 사용했습니다. 괄호 안의 말과 바깥 말의 독음이 다를 때, 괄호가 중복될 때에는 [ ]를 사용했습니다.

차 례

풍자냐 자살이냐 · · · · · · · · · · · · · · · · · 1
민족 미학의 탐색 · · · · · · · · · · · · · · · · 27
율려와 생명 · · · · · · · · · · · · · · · · 63
붉은 악마의 세 가지 테마에 관하여 · · · · · · · · 99
흰 그늘의 미학 초(抄) · · · · · · · · · · · · · 119

해설 · · · · · · · · · · · · · · · · 263
김지하는 · · · · · · · · · · · · · · · · 297
엮은이 홍용희는 · · · · · · · · · · · · · · · 299

풍자냐 자살이냐[1]

---

[1] 제목의 김수영 시구는 오독이다. 본래의 '풍자냐 해탈이냐'로 교정하자면 내용의 변경이 요구되겠기에 그대로 두었다.

누이야
풍자가 아니면 자살이다

이것은 김수영 시의 한 구절이다. 이 시구 속에 들어 있는 딜레마, 풍자와 자살이라는 두 개의 화해할 수 없는 극단적 행동 사이의 상호 충돌과 상호 연관은 오늘 이 땅에 살아 있는 젊은 시인들에게 그들의 현실 인식과 그들의 시적 행동에 있어서 매우 중요한 관건적인 문제의 하나로 되고 있다. 풍자도 자살도 마찬가지로 현실의 일정한 상황과 예민한 시인 의식 사이의 대결 과정에서 발생하는 것이다. 고인의 세대에 대해서와 마찬가지로 여전히, 아니 그보다 더욱더 혹독하게 현실의 상황은 젊은 시인들의 의식 위에 견디기 힘든 고문을 가하고 있으며 모멸에 찬 수치스런 시대의 낙인을 찍고 있다. 이 정신적 고문과 영혼 속에 깊이 찍힌 이 낙인은 그들을 매우 초조하게 만들고 있으며, 이것이냐 저것이냐를 결단하도록 조급하게 강요한다. 괴로움 속에서도 결단을 끝없이 보류함에 의하여 찰나의 자유를 확보하려는 사람도 있고, 때로는 속박당한 이 실존을 의식의 내부에서 초월하려는 사람도 있다. 그러나 그런 사람들마저도 압도하는 물신(物神)의 거대한 발아래 버르적거리는 한 편의 섬세하고 아름다운 서정시 속의 초월이 너무나 애잔하고 너무나 초라하고 너무나 무력하다는 명백한 사실 앞에 분노를 느낀다. 이 분노와 동시에 시인은 또한 이렇게 분노한 표현들이 이제껏 뜬세상의 야유와 비웃음 아래 그 얼마나 처참하고 우스꽝스럽게도 희화화되어 버렸던가를 생각한다. 외치면 외칠수록 공허해지고, 가라앉으면 가라앉을수록 답답하다. 삶은 하나의 불가사의한 괴물처럼 보인다. 이 괴물의 선회 속에 말려 버리든가 아니면 멀리 달아나 버리든가 두 길밖에 없는 것처럼 보인다. 시는 삶으로부터 떨어져 나간 한 조각의 휴지거나 일상적인 삶 자체보다, 하나의 유행가 구절보다 더 나을 것 없는 도로(徒勞)로 전락한다. 시는 일단 물신의 폭력 아래 여지없이 패배한 것처럼 보인다. 암흑시만이 유일한 진실의 표현으로 보인다. 시 자체가 이미 역사적으로 멸망해 버린 양식처럼 보인다. 그러나 이 명백한 패배의 시간이야말로 시의 패배를 물신의 폭력에 대한 창조적 정신과 시의 승리로 뒤바꿀 수 있는 절호의 기회이기도 한 것이다. 불가사의한 이 삶을 지배하는 저 물신의 폭력이 시인 의식 위에 가한 고문과 낙인은 시인의 가슴에 말할 수 없이 깊고 짙고 끈덕진 비애를 응결시킨다. 폭력은 그 폭력의 피해자 속에서 비애로 전화되는 것이다. 해소되지 않고 지속되며 약화되지 않고 날이 갈수록 더욱더 강화되는 동일한 폭력의 경험 과정은 무한한 비애 위에 더욱 무한한 비애를, 미칠 것 같은 비애 위에 미칠 것 같은 비애를 축적한다. 이 무한한 비애 경험의 집합, 이 축적을 우리는 한(恨)이라고 부른다. 한은 생명력의 당연한 발전과 지향이 장애에 부딪혀 좌절되고 또다시 좌절되는 반복 속에서 발생하는 독특한 정서 형태이며, 이 반복 속에서 퇴적되는 비애의 응어리인 것이다. 가해당한 폭력의 강도와 지속도가 높고 길수록 그만큼 비애의 강도도 높아지고 한의 지속도는 길어진다. 비애가 지속되고 있고 한이 응어리질 대로 응어리져 있는 한 부정(否定)은 결코 종식되는 법이 없으며, 오히려 부정은 폭력적인 자기표현의 길로 들어서는 법이다. 비애야말로 패배한 시인을 자살로 떨어뜨리듯이 그렇게 또한 시적 폭력으로 그를 떠밀어 올리는 강력한 배력(背力)이며, 공고한 저력이다. 비애에 의거하여, 한의 탄탄한 도약대의 그 미는 힘에 의거하여, 드디어 시인은 시적 폭력에 이르고, 드디어 시적 폭력으로 물신의 폭력에 항거한다. 가장 치열한 비애가 가장 치열한 폭력을 유도하는 것이다. 비애와 폭력은 서로 모순되면서 동시에 서로 함수관계 속에 있다. 폭력이 없으면 비애도 없고, 비애가 없으면 폭력도 없다.

김수영 시인의 이른바 '풍자가 아니면 자살'이라는 딜레마는 일단 서로 충돌하고 서로 배반하는 극단적인 이율배반 사이의 하나의 결단으로 나타나지만, 동시에 그것은 서로 연관되는 것이며, 자살로밖에는 이룰 수 없는 격한 비애가 격한 시적 폭력의 형태, 즉 풍자로 전화하는 관계를 함축하고 있다. 현실의 폭력이 시인의 비애로, 시인의 비애가 다시 예술적 폭력으로 전화한다. 폭력이 비애로 응결되는 과정에서 시인이 넋의 삶을 죽이고 육신의 삶을 택할 것인가, 더러운 육신의 삶을 죽이고 깨끗한 넋의 삶을 택할 것인가, 그렇지도 않다면 육신과 넋이 동시에 살 수 있는 어떤 치열한 저항적 삶의 형태를 택할 것인가를 결단해야 되듯이, 응결된 비애가 예술적으로 폭력으로 폭발하는 과정에서 시인은 마땅히 저항의 형식, 즉 폭력의 표현 방법과 폭력을 가할 방향을 결정해야만 한다. 이 방법의 결정에 있어서 때로 어떤 시인은 비극적 표현에 의한 폭력의 발현으로 나아간다. 이러한 지향의 극단에서 암흑시가 나타난다. 때로 어떤 시인은 희극적 표현에 의한 폭력의 발현으로 나아간다. 이러한 지향의 정점에서 풍자시가 나타난다. 또한 그 방향의 결정에 있어서 때로 어떤 시인은 자기 자신과 자기가 속해 있는 사회계층에 대한 부정과 자학과 매도에 폭력을 동원하는 곳으로 나아간다. 그러나 때로 어떤 시인은 자기 자신과 자기가 속해 있는 민중의 편에 분명히 서서 자기와 민중을 억압하는 어떤 특수 집단에 대한 부정과 폭로와 고발에 폭력을 동원하는 곳으로 나아간다.

실제에 있어서 흔히 이런 방향과 저런 방법이, 또는 저런 방향과 이런 방법이 서로 배합된다. 한 시인의 작품에 있어서도 여러 가지 형태의 조합(組合)이 나타난다. 여기서 중요한 것은 이런 방향에 이런 방법만이 옳다거나 혹은 이러저러한 온갖 산란한 다양성이 다 어쩔 수 없이 옳다거나 하는 일면적인 주장이 아니라, 이러저러한 다양성을 접수하면서도 한 시인이 어떤 방향 어떤 방법 사이의 어떤 형태의 통일을 자기 작업의 핵심으로 부단히 결단해 나아가며 또 발전시켜 나아가야 하는가에 주의하는 일이다. 그러나 문제가 시적 폭력 표현으로 집약될 경우 변화하는 현실과 우리 생활의 특수성에 비추어 무엇이 가장 바람직한 형태인가는 선명하게 결정되어야 한다. 본래 비극적 표현은 귀족 사회의 산물이며 희극적 표현은 귀족 사회에서 억압당했던 평민 의식의 산물이다. 비극적 표현은 정도의 차이는 있으나 대체로 그 주요한 갈등이 인간과 운명, 또는 인간과 신 사이의 관념적 모순에서 발생한다. 희극적 표현은 정도의 차이는 있으나 대체로 그 주요한 갈등이 인간과 인간, 즉 지배하는 자와 지배받는 자, 상호 간의 현실적 구체적인 모순에서 발생한다. 오늘날, 귀족도 평민도 옛날의 그들은 아니다. 이제 그들의 표현만이 남아 있고, 그 표현 속에서 빛났던 그들 생활의 적합성은 이미 사라져 버렸다. 새로운 대치가 나타나 있다. 이 새로운 대치의 반영과 예술적 형상화에서 그 표현들이 어떻게 얼마만큼 효력 있는 이월가치(移越價値)로서 작용하느냐가 문제다. 소박한 의미에서의 비극적 표현에만 전적으로 의존하여 시인 자신과 현실 민중의 비애와 폭력의 발현을 육신화하려는 지향이나, 소박한 의미에서의 희극적 표현에만 전적으로 의존하여 민중과 시인이 받은 폭력과 그 폭력의 지양자가 비애로부터 발생하는 것을 형상화하려는 지향이나 마찬가지로 잘못이다. 중요한 것은 현실의 가장 날카로운 요청의 내용이며, 이 요청에 따라 양자는 새로운 효력성을 지닌 형식 가치로서의 그 중요성이 결정된다. 이 두 개의 지향은 상호 보완에 의해 서로 어떤 형태의 자기 변경을 이룸으로써 어떤 정도의 새로운 폭력 표현으로 될 수 있다. 그러나 이러한 결합이 절충주의적인 형태로 이루어졌을 때, 또는 장식주의적인 방향에서 시도되었을 때, 그것은 양자의 비유기적인 조직 때문에 또는 양자의 비현실적인 효력 때문에 폭력의 표현 방식으로는 될 수 없다. 비유기적 조직도 절충주의가 아닌 올바른 미학적 통일 아래서 의도된 몽타주나 갈등의 형태가 아니라면, 장식적인 효력도 비현실적인 의취(意趣)에 의해서가 아닌 참된 형태적 확신 아래 이루어진 부분적 배합이 아니라면 말이다. 비극적인 것과 희극적인 것의 결합에는 두 가지가 있다. 하나는 애수와 해학 또는 연민과 명랑의 결합이며, 다른 하나는 비애와 풍자 또는 공포와 괴기의 결합이다. 전자는 폭력 표현과 하등의 인연도 없다. 때로 애수와 풍자가, 비애와 해학이 결합되고, 때로 연민과 괴기가, 공포와 명랑이 조합된다. 이러한 조합은 그 표현하고자 하는 내용의 복잡성·특수성에 관련된 특수 표현이므로 어떤 독특한 다른 전제가 주어지지 않는 한 역시 폭력 표현의 주 영역은 될 수가 없다.

주 영역은 우연한 비애와 풍자 또는 공포와 괴기의 결합이다. 이러한 결합의 구조는 두 가지로 이해되어야 한다. 비애와 풍자의 결합에 있어서 그 결합이 하나의 정서 형태로서의 비애 또는 한이 하나의 표현으로서 대타적(對他的) 공격, 즉 풍자를 유발하고 풍자로 나타나고 풍자 속에서 표출되는 관계라는 것이 그 하나요, 비애의 일반적인 시적 표현 형식, 즉 이른바 비극적 표현이 비애의 축적물인 한(恨)의 독특한 표현형식, 즉 풍자 속으로 부분적·특수적인 형식 요소로서 흡수되는 관계라는 점이 그 둘이다. 또 공포와 괴기의 결합에 있어서 그 결합의 첫째는 현실의 폭력이 시인 의식에 반영된 정서 형태로서의 공포가 괴기, 즉 그로테스크나 일그러짐(Fratze: 찌푸린 얼굴, 일그러진 모습, 추한 형상)과 같은 왜곡 표현을 필연적으로 요구하게 되는 관계이며, 둘째는 비극적 폭력 표현의 일반 형식인 공포 형식의 체계 속에 극단적인 희극적 표현 방식으로서의 괴기가 흡수되어 비극적 폭력 표현의 형식 요소로 작용하게 되는 관계인 것이다.

    모든 형태의 비극적 표현과 희극적 표현의 결합은 아마도 새로운 민족 서사시의 대단원적인 형식 속에서 적절하게 배합되고 탁월하게 통일될 수 있을 것이다. 다만 분명한 것은 공포와 괴기의 결합이 비애와 풍자의 결합의 경우와 마찬가지로 하나의 강력한 폭력 표현이긴 하되 오직 그 하나로서는 오늘날 이 땅에 살아 있는 젊은 시인들이 요청할 만하고 또 요청해야만 되는 폭력 표현 방식은 못 된다는 점이다. 또한 분명한 것은 그것이 시의 패배를 물신의 폭력에 대한 창조적 정신과 시의 승리로 뒤바꿔 놓을 수 있는 폭력 표현으로 될 수도 없으며, 시인의 육신과 넋이 동시에 생활할 수 있는 치열한 저항적 삶의 유일하고 유력한 최고 표현으로 될 수도 없다는 점이다. 공포와 괴기의 결합은 그 맹폭성에 있어서는 강력하나 그것은 절망적·항구적·부정적·찰나적·허무주의적 파괴력의 표현이다. 그것은 죽음의 에네르기이며 사형수의 폭동이다. 그것은 때로 쉽사리 썩은 양식인 극단적 그로테스크로 전락함으로써 장식화되어 버리고, 때로는 불가피하게 괴기나 일그러짐을 포기하고 그 대신 명랑이나 낙수형(落首型)과 야합함으로써 쉽게 형식적으로 파탄되거나 또는 쉽게 카타르시스에 의하여 사회적 비애를 장기화시키고 사회심리적 폭력의 예봉을 약화시키는 방향으로 떨어진다. 젊은 시인들은 어떤 시적 폭력 표현을 비애와 폭력의 가장 탁월한 통일로서 선택할 것인가? 그것은 암흑시인가? 아니다. 암흑시는 비애를 강한 폭력으로 유도하는 촉매이긴 하나, 일정한 정도의 약점을 가지고 있어 야유와 욕설로 가득 찬 군중의 내적·잠재적인 폭력의 시적 형상화에 있어 무력하다. 그것은 초현실주의로 기울 위험이 많다. 그러면 공포시인가? 아니다. 공포시는 일상성에 대한 충격에 의해서 굳어지려는 체제 내 의식을 교란할 수는 있으나, 산발적인 정서적 표현을 한 방향으로 집중시킬 수가 없으며, 그렇기 때문에 부정적 에네르기를 약화 분산시킬 가능성이 더 크다. 그것은 표현주의·다다·즉물주의로 기울 위험이 많다. 그러면 암흑시·공포시와 같은 비극적 표현은 저항시로서는 불합격품인가? 아니다. 그것은 특수효과를 가지고 있다. 그것은 부분적으로 매우 큰 효력을 행사한다. 그러나 오히려 그 효력은 비극적 표현이 폭력을 포기할 때 더 높아질 수 있다. 단순한 비애 표현, 비애의 시가 훨씬 더 강력하다. 가없는 비애의 스며드는 듯한 맑은 표현이 캄캄하고 점착질적이며 잔혹하고 피비린내 나는 비명과 신음과 절망과 짐승의 충혈된 눈들로 가득 찬 지옥의 소리보다 훨씬 더 커다란 호소력을 가지고 있다. 그것은 마치 살육이 끝난 바로 뒤의 침묵한 마을의 여름날 정오, 젊은 병사의 시체 곁에 흔들거리는 한 송이의 작은 들꽃의 묘사가, 막상 그 죽음의 아우성과 유혈의 표현보다는 그 현실 비극성을 더 훌륭히 압축하는 것과 같다.

그러나 희극적 표현에 있어서의 단순한 명랑 표현은 이와 다르다. 낙천성・명랑성・쾌활성 등의 무해한 일반 골계(滑稽)만을 효과로 노리는 현실 긍정적인 해학일류(諧謔一流)의 소박한 희극적 표현은 사회적 비애와 아무 인연도 없을 뿐 아니라, 비애의 전화물로서의 폭력의 표현과도 인연이 멀다. 이러한 표현 방식은 해학의 영역 가운데도 특히 낙수(落首), 즉 보편 현실을 외면하고 특수 현실만을 희극적으로 전도하는 매우 폭 좁은 낙수 형태의 한 측면, 그것도 심미적 측면만을 강조함으로써 들뜬 시절의 사회적 환각제로 타락하기 십상이다. 오직 치열한 비애와 응어리진 한을 바탕으로 하고, 비극적 표현을 흡수하는 한편, 해학을 광범위하게 배합하면서도 강력한 풍자를 주된 핵심으로 삼는 고양된 희극적 표현만이 새로운 폭력 표현의 유일한 가능성이다. 이것은 단순히 심미적인 낙수나 현실 긍정적인 해학도 아니요, 그렇다고 특수한 현실의 전도나 해학 자체를 무시하는 추상적・관념적 문명 비판형도 아니다. 그것은 외설이나 괴기물 또는 단순한 말장난이나 최소적(崔笑的)인 수사학이나 무의미한 돈강법(頓降法), 무내용한 전복(顚覆) 표현 따위와는 전혀 촌수가 멀다. 또한 그것은 자기 자신과 자기가 속해 있는 민중을 예외 없이 웃음거리로 만들고 모멸과 매도의 주요 대상으로 삼아 그 민중의 변화 발전과 그 민중 속에 있는 자신의 민중적 정서의 급변을 묵살하고 변함없이 초연하게 오직 그 표적만을 적대적으로 계속 공격하고 회화화하는 극단적인 자학과는 구별되어야 한다. 저항적 풍자의 올바른 형식은 암흑시에 투항한 풍자시여서는 안 되며 풍자시를 위장한 암흑시여서도 안 된다. 그것은 민중 가운데에 있는 우매성·속물성·비겁성과 같은 부정적 요소에 대해서는 매서운 공격을 아끼지 않지만, 민중 가운데에 있는 지혜로움, 그 무궁한 힘과 대담성과 같은 긍정적 요소에 대해서는 찬사와 애정을 아끼지 않는 탄력성을 그 표현에 있어서의 다양성의 토대로 삼아야 하는 것이다. 저항적 풍자의 밑바닥에는 올바른 민중관이 자리 잡고 있어야 한다. 민중 속에 있는 부정적 요소도 단순히 일률적인 것만은 아니다. 올바르지는 않지만 결코 밉지 않은 요소도 있고, 무식하지만 경멸할 수 없는 요소도 있다. 그리고 겁은 많지만 사랑스러운 요소도, 때 묻고 더럽지만 구수하고 터분해서 마음을 끄는 요소도, 몹시 이기적이긴 하나 무척 익살스러운 요소도 있는 것이다. 민요는 이 요소들의 표현에 모범을 보여 주고 있다. 이러한 요소에 대해서조차 적대적인 폭력을 가한다면, 그러면서도 이 민중 위에 군림한 어떤 집단의 용서할 수 없는 악덕에 대해서는 일언반구도 내비치지 않는 그러한 풍자가 있다면, 그것은 민중관이 올바르지 못할 뿐만 아니라 사회를 보는 눈이 그릇되어 있는 것이며, 그것은 이미 풍자가 아닌 것이다. 올바른 풍자는 폭력 발현의 방법과 방향이 모순 없이 통일된 것이라야 한다. 부단히 변화하고 있거나 또는 좀처럼 변화하지 않는 민중의 비애 및 욕구 체계에, 불만의 폭발 방향에 알맞은 발상체계 및 공격 방향을 바로 결정한 것이라야 한다. 그것은 민중에 대한 표현에 있어서는 해학을 중심으로 하고 풍자를 부차적·부분적인 것으로 배합하는 것이며, 민중의 반대편에 대한 표현에 있어서는 풍자를 전면적·핵심적으로 하고 해학을 극히 특수한 부분에만 국한하여 부수적으로 독특하게 배합하는 것이어야 한다. 우리의 전통 민예 가운데 특히 희극적인 표현에 있어서 익살스럽고 수더분한 해학 속에 풍자의 가시가 섬뜩섬뜩하게 돋쳐 있는 것은 주의 있게 보아야 할 문제점이다. 올바른 저항적 풍자는 또한 방향에 있어서는 민중의 반대편을 주요 표적으로, 민중을 부차적인 표적으로 삼는 것이며, 방법에 있어서는 주요 표적에 대한 해학은 부차적인 표현으로 배합하는 것이다. 민예 속의 풍자의 경우 양반과 탐관오리에 대한 풍자적 공격과 민중에 대한 해학적 표현의 배합 관계가 풍자의 형식 원리에 정확히 입각해 있음은 주의 깊게 보아야 한다.

김수영 시인의 폭력 표현의 특징은 풍자의 방법 속에 자기 자신과 더불어 자기가 속한 계층에 대한 부정·자학·매도의 방향을 보여 준 점에 있다. 바로 이 점에 김수영 문학의 가치와 한계가 있고, 바로 이 점에서 젊은 시인들이 김수영 문학으로부터 무엇을 어떻게 이어받고 무엇을 어떻게 넘어설 것인가 하는 문제점이 선명하게 나타난다. 물론 김수영 시인의 어떤 작품, 어떤 구절들은 이와 전혀 다르다. 뿐만 아니라 그러한 부정·자학·매도도 단순한 공격이 아니며, 단순한 적의나 경멸에서 비롯된 것이 아니다. 때로 비극적이며 때로는 풍자의 방향이 대타적이다. 그러나 무엇보다도 중요한 것은 김수영 시인이 풍자의 방법에 의하여 소시민 계층의 속물성, 비겁성 그 끝없는 동요와 불안을 폭로하고 매도함으로써 현실 모순이 화농 일변도로만 치닫는 현상의 뿌리 깊은 사회적 모티프로 잡아내려 한 점에 있다. 사실상의 평화의 성실에 대해 비판도, 잃어 가는 자유와 무너져 가는 민주주의에 대한 경고도, 이 거대한 도시 서울을 뒤덮어 흔들어 대고 있는 소비문화에 대한 신랄한 공격도 모두 그것을 조작하는 자가 아니라, 그 조작에 혼신의 힘으로 부역하고 있는 민중의 일부, 즉 소시민에 대한 구역과 매질의 방향에서 전개하였다. 사회적인 계층 개념에 의해서가 아니라 일반적인 사회의식의 형태로 파악된 소시민, 좁은 의미의 소시민 의식의 본질을 문화적으로 확대해서 전 민중에게 적용한 결과로서의 소시민, 이러한 소시민 속에서 그는 우리 사회의 진보를 가로막고 있는 중요한 부정적 요소를 파악해 내려 했고, 그 요소에 공격을 집중함으로써 거대한 뿌리를 내린 채 결코 쓰러지려 하지 않는 오랜 모순의 정체를 폭로하고 고발하려 했다. 그 자신이 태어나고 또 그 자신이 몸담아 숨 쉬고 헤엄치던 자궁이자 집이요, 공기이며 바다인 민중에게 칼날을 맞세운 그의 문학 방향에 또 하나의 의미심장한 아이러니가 숨어 있다. 그는 자기 자신을 죽임으로써 넋의 생활력이 회복되기를 희망한 하나의 강력한 부정의 정신이었으며, 현실 모순의 육신으로 파악된 소시민성을 치열하게 고발함에 의하여 참된 시민성의 개화(開化)를 열망한 하나의 뜨거운 진보에의 정열이었다. 과연 그가 그 자신의 지향에 맞게 풍자를 선택했고 또 그 풍자의 폭력을 권력 집단이 아니라 민중 자체에게 가한 것은 그로서는 당연한 것일는지도 모른다. 그의 풍자가 사회 전체, 이 문명 자체에 대한 비판으로 되어야만 반역사주의의 거대한 뿌리를 갉기는 도끼질로 되고 또 그렇게 되려면 그의 시적 폭력의 대상인 소시민의 하나의 계층이나 계급이 아니라 하나의 의식 형태로 집약되고 상징되는 민중 자신이어야만 하는 것이다. 그래야만 그 민중에 가해진 풍자의 폭력이 합법성을 획득한다. 그러나 민중은 그리고 민주의 의식 형태는 영구불변한 것도 아니며 단순히 긍정적이거나 간단히 부정적인 것도 아니다. 부정적 요소가 있다면 그에 비례하여 있는 긍정적 요소를 보지 않고 부정적 요소만을 공격하면서 민중 위에 군림한 특수 집단에 대한 공격을 포기한 것이라면, 김수영 문학의 폭력은 그릇된 민중관 위에 선 것이며, 그 풍자는 매우 위험한 칼춤일 수밖에 없다.

역시 그가 매도한 소시민은 비록 그것이 다수라 하더라도 거대한 민중 속의 일부에 불과하다. 현실은 소시민이 민중의 사회생활 전면에 활력적으로 클로즈업되고 있는 것이 사실이며, 따라서 소시민적인 부정적 요소가 민중 전체의 본질을 지배하는 것처럼 보인다. 그러나 그러한 요소도 특수 집단의 악덕과 대비시키는 풍자에서라면 결코 전면적·적대적인 매도에 의해서가 아니라 부분적인 매도의 방법에 의해서 다루어져야 하는 것이다. 이것은 1960년대 하반기보다도 1970년대 특히 지금부터 앞으로, 현실 상황의 변화에 따라 민중의 의식 형태가 점차 혹은 급격히 달라지리라는 예상과 관련시킬 때 더욱 중요한 문제로 된다. 만약 이 세상에 변하지 않는 것이 없고 단지 하나 변하지 않는 것이 있는데 그것은 만물이 모두 세월의 흐름에 따라 변한다는 법칙이다라는 예로부터의 가르침을 믿고 있으며 또 시시각각 변하고 있는 현실을 깊고 넓게 멀리 볼 수 있다면, 그리고 미래의 변화를 확신한다면, 민중을 전면적으로 신뢰하는 방향을 택하는 것이 당연한 일이다. 민중의 거대한 힘을 믿어야 하며, 민중으로부터 초연하려고 들 것이 아니라 민중 속에 들어가 그들과 함께 생활하는 자기 자신을 확인하고 스스로 민중으로서의 자기 긍정에 이르러야 할 것이다. 시인은 민중 풍자를 통하여 그들을 계발해야 하며 민중적 불만 폭발의 방향으로 풍자 폭력을 집중시킴에 의해서 그들을 각성시키고 그들의 활력의 진격 방향을 가르쳐 주어야 한다.

사물의 한 면만을 알고 다른 면을 모르는 것을 우리는 일면적이라고 부른다. 이러한 일면성이 김수영 문학에 없다고 말할 수는 없다. 그의 모든 훌륭한 점을 다 긍정하면서도 말이다. 좁혀진, 사회학적 계층 구분에 의해 좁혀진 소시민에 있어서조차 긍정적인 것은 얼마든지 있다. 문제는 민중 속에서, 그 긍정적인 것의 사랑을 통하여 민중으로서 느끼고 생각하느냐 아니면 민중의 밖에서 선택된 자아의식으로 사고하느냐의 차이에 있다. 민중으로서의 시인은 민중을 사랑하고 민중의 사랑을 받는 가수이자 동시에 민중을 교양하며 민중의 존경을 받는 교사여야 한다.

올바른 민중 풍자는 바로 이렇게 긍정과 부정, 애정과 비판, 해학과 풍자, 오락과 교양이 적절하게 통일된 것이어야 한다. 김수영 문학의 풍자에는 시인의 비애는 바닥에 깔려 있으되 민중적 비애가 없다. 오래도록 엉겼다 풀렸다 다시 엉켜 오면서 딴딴한 돌멩이나 예리한 비수로 굳어지고 날이 선, 민중의 가슴속에 있는 한의 폭력적 표현을 풍자라고 한다면 그런 풍자는 김수영 문학에선 찾아보기 힘들다. 이것은 바로 그가 민중으로서 살지 않았다는 점에 그 중요한 원인이 있다. 바로 이것이 그의 한계다.

젊은 시인들은 김수영 문학으로부터 무엇을 어떻게 이어받을 것이며, 무엇을 어떻게 넘어설 것인가?

그가 시적 폭력 표현 방법으로서 풍자를 선택한 것은 매우 올바르다. 이것을 이어받아야 할 것이다. 그가 폭력 표현의 방향을 민중에만 집중하고 민중 위에 군림한 특수 집단의 악덕에 돌리지 않은 것은 올바르지 않다. 이것을 비판적으로 넘어서야 할 것이다. 풍자를 민중에게 가한 김수영 문학의 정신적 동기만을 긍정하는 방향에서 젊은 시인들은 이제 풍자의 가장 예리한 화살을 특수 집단의 악덕으로 돌려야 한다.

그가 우리 시에서 모더니즘의 부정적 측면을 극복하고 그 강점을 현실 비판의 방향으로 발전시킨 것은 훌륭하다. 특히 그가 시 속에서 힘의 표현, 갈등의 첨예한 표현, 난폭성, 조악성, 공격성, 고미(苦味)와 소외감, 신랄성 등의 사회적 적의와 비판적 감수성, 한마디로 추(醜)를 양성(釀成)시킨 점은 더없이 높이 칭찬해야 할 업적이다. 추야말로 철없는 자들의 말장난에 의해 꾸며지지 않은 비애의 참모습이며, 분 바르지 않은 한(恨)의 얼굴이다. 추야말로 폭력의 안이요 바깥이다. 추야말로 모순에 찬 현실의 적나라한 현상이다.

이것은 마땅히 이어받아야 한다. 그러나 그럼에도 불구하고 그의 풍자가 모더니즘의 답답한 우리 안에 갇혀 민요 및 민예 속에 난파선의 보물들처럼 무진장 쌓여 있는 저 풍성한 형식 가치들, 특히 해학과 풍자 언어의 계승을 거절한 것은 올바르지 않다. 이것을 비판적으로 극복해야 한다. 민요·민예의 전통적인 골계를 선택적으로 광범위하게 계승하고 창조적으로 발전시켜 현대적인 풍자 및 해학과 탁월하게 통일시키는 것은 바로 젊은 시인들의 가장 중요한 당면과제이다.

사회가 병들고 감수성이 퇴폐함으로써 미(美)가 그 본래의 활력을 잃어버릴 때 추가 예술의 전면에 나타난다. 추는 장애에 부딪힌 감수성의 산물이다. 추는 일반화된 고통과 절망, 증오와 적의, 즉 한과 폭력의 예술적 반영물이다. 그것들은 모두 대립적 감정이며 갈등하고 있는 정서다. 그 정서들은 그 대상의 극복에 의해서만 해소되고 그 자체의 소멸에 의해서만 소멸된다. 추는 대립의 산물인 사회적 폭력의 산물이다. 그것은 대립에 의해 추적(醜的) 형상을 조직하는 골계와 숭고 속에서 그 스스로를 지양하고 미(美)로 자기 자신을 투항시킨다. 그러나 사회적 폭력이 지속되고 퇴폐와 질병이 현실적으로 종식되지 않는 한, 예술 속에서의 추의 잠정적 해소는 더욱 커다란 추를 축적하는 계기에 불과한 것이다. 추는 부단히 스스로를 해소하려 하나 현실의 장애, 현실적 감수성의 장애에 부딪혀 더욱 고미(苦味)를 띠고 더욱더 기괴하거나 공격적인 난폭성을 띠게 된다. 추는 골계, 특히 풍자 속에서 그 가장 날카로운 폭력을 드러낸다. 풍자의 관조 심리가 일종의 샤덴프로이데(Schadenfreude: 남의 불행을 보고 느끼는 기쁨) 또는 대상에 대한 우월감, 도착(倒錯)된 것에 대한 자만, 대상에 대한 신랄성, 고미의 적대 감정, 사회적 적의를 바탕으로 하고 있는 것은 당연한 일이다. 추의 예술은 현실에의 도전, 즉 사실적 추에 대한 예술적 추의 도전이다. 사실적 추를 예술적으로 왜곡·과장하고 사실의 폭력을 찬탈하거나 폄출(貶黜)하는 방법에 의하여 그 모순을 전형적으로 폭로하고 규탄하는 비판의 예술이다. 모순을 표현하려면 대립의 표현, 즉 갈등의 핵심적인 원리로 삼아야 하며, 원형과 변형 사이의 대조, 변형 내부의 부분과 부분, 부분과 전체 사이의 충돌·갈등을 중요한 방법으로 삼아야 한다. 그러나 이 요소들 사이의 균형, 상호 침투, 응결 등의 조화 관계를 간과해서는 안 된다. 풍자는 요소 사이의 충돌과 가파른 대립의 갈등을 핵심으로 하고 요소 사이의 상호 친화·침투의 연속성을 광범위하게 배합하는 표현이다. 왜곡 방법에 있어서도 찬탈과 폄출의 기법을 주로 하고 강화와 약화 같은 점층 기법을 배합하는 것이다. 풍자와 해학의 통일이 바로 그것이다. 그러나 풍자는 한의 표현이다.

풍자는 강렬한 증오의 표현이며 '샤덴프로이데'의 활동장이다. 대상에 대한 우월감과 비웃음은 그것을 비판하는 민중의 자기 긍정을 토대로 해서만 가능한 것이다. 골계의 발달은 원시 부락제에서 행한 공동체 내의 범법자, 전 공동체 성원의 증오의 대상, 즉 민중의 적에 대한 재판과 매도, 마지막에 전원이 그를 돌로 쳐 죽인 풍속과 관련이 있다고 한다. 풍자의 방향은 민중적인 것, 민중의 증오의 방향에 일치하지 않으면 안 된다. 강력한 민중적 자기 긍정에 토대를 둔 비판이요, 폭로·규탄이어야 한다. 결코 그것은 민중 자체를 매도하는 시적 폭력 표현으로 될 수가 없다. 그것은 본질적으로 반민중적인 소수집단에 대한 폭력의 표현인 것이다. 추가 현실적인 악 또는 폭력의 반영이며 동시에 그것에 대한 저항이라면, 풍자는 현실의 악에 의해 설움 받아 온 민중의 증오가 예술적 표현을 통해 그 악에게로 퍼부어 던지는 돌멩이와 같은 것이다. 우리는 이러한 날카로운 풍자를 우리의 전통적인 민예 및 민요 속에서 얼마든지 찾아볼 수 있다. 풍자적 표현은 언어의 특질과 깊이 관련되어 있다. 우리말의 고유한 본질과 구조, 예술적 표현, 특히 풍자에 대한 그 적합성에 따라서 민예와 민요는 풍자와 해학을 그 주된 전통으로 창조하였다. 서정민요·노동요 등 광범한 단시들과 서사민요·판소리의 풍자와 해학은 문학으로서의 탈춤 대사 등과 더불어 현대 풍자시의 보물 창고이다.

민요의 전복(轉覆) 표현과 축약법, 전형(典刑) 원리와 우의(寓意), 단절과 상징법 등등 복잡 다양한 형식 가치들은 현대 풍자시의 갈등 원리, 몽타주, 소격(疏隔) 원리, 비판적 감동 등의 형식 원리와 배합되어 우리에게 풍자문학의 커다란 새 토지를 열어 줄 것이다. 재래형의 시어와 시행 등은 민요의 전통과 결합되어 전개되어야 할 새로운 민중적 시어에 의해 극복되어야 한다. 노래와 대화체를 대담하게 시도해야 한다. 서사민요의 3음보격과 4음보격 사이의 갈등 원리는 그 토대 위에서 변용되는 율격들의 숱한 종류들과 함께 오늘날의 생활 언어를 효율적인 민중 시어로 높이고 세우는 데에 튼튼한 주춧돌을 제공한다. 과연 현대에서는 민요가 효력이 없어졌는가? 과연 오늘날의 한국 시는 민중에게 버림받은 채 자살할 수밖에 없는 것인가? 아니다. 민요는 아직도 강력한 효력을 민중 속에 가지고 있으며, 이 효력은 한국 시가 풍자와 해학에 눈뜰 때 말할 수 없이 크게 확대될 것이다. 올바른 저항적 풍자와 민중적 해학의 시를 통하여 전통과 만나고 전통 민요와 현대 생활 언어의 고양된 시적 통일을 통하여 시의 효력과 현실과 민중에 대한 시 정신의 에네르기가 강화되고 민중 속으로 폭발적인 힘을 가지고 확대되어 나갈 것이다. 이것은 결코 질의 저하를 뜻하지 않는다. 새로운 질을 찾는 노력으로 이해되어야 한다. 사회 현실을 압축 반영하고 사회 현실과 개인 내부의 갈등을 표현하며 동시에 그것을 극복하려는 싸움을 포기하지 않고 주체적 언어 전통 확립으로 나가는 노력을 중단하지 않을 때 비로소 시의 패배는 시의 승리로 뒤바뀔 것이다. 결코 민요는 사멸한 것이 아니다. 부당한 민요 경멸은 청산되어야 한다. 민중은 시인의 시를 모른다. 민중은 자기 자신의 시, 민요를 가지고 있는 것이다.

시인이 민중과 만나는 길은 풍자와 민요 정신 계승의 길이다. 풍자, 올바른 저항적 풍자는 시인의 민중적 혈연을 창조한다. 풍자만이 시인의 살 길이다. 현실의 모순이 있는 한 풍자는 강한 생활력을 가지고, 모순이 화농하고 있는 한 풍자의 거친 폭력은 갈수록 날카로워진다. 얻어맞고도 쓰러지지 않는 자, 사지가 찢어져도 영혼으로 승리하려는 자, 생생하게 불꽃처럼 타오르려는 자, 자살을 역설적인 승리가 아니라 완전한 패배의 자인으로 생각하여 거부하지만 삶의 고통을 견딜 수가 없는 자, 삶의 역학(力學)을 믿으려는 자, 가슴에 한(恨)이 깊은 자는 선택하라. 남은 때가 많지 않다. 선택하라, '풍자냐 자살이냐'.

≪시인≫, 1970. 7

민족 미학의 탐색
- 율려 운동과 고대로부터 비전

막히면 근본으로 되돌아가라

최근 들어 문화가 정치나 경제보다도 오히려 중핵의 위치로 이동하고 있고, 문학 담론들이 새 시대에 대한 새로운 해석이나 새 시대의 민중론으로 이어지고 새로운 시민운동의 형태나 지역 운동의 형태를 모색하는 작업으로 다양하게 나타나고 있습니다. 또한 소위 제3섹터로서 정부나 기업에 대응하는 새로운 창조적 역할이 기대되기도 합니다.

하지만 세계정세는 혼란스럽기 짝이 없습니다. 미국은 호황을 누리고 있는데도 불구하고 전 세계 민중은 곤고하고 빈부 격차가 날로 심해집니다. 자본주의에 대한 대안은커녕 지금 당장 헤지펀드의 작동을 제한하는 경제적 조치도 취할 수 없습니다. 대불황과 기상이변이 일어나고 있습니다. 여기에 대해서는 대체로 자연과 사회를 하나로 보아야 한다는 의견이 지배적입니다. 그러나 이러한 의견들은 대개가 인간의 내면적 삶은 꼭 빼먹습니다. 이 세 개의 주제를 하나로 연결하는, 보편적이면서도 다양하게 적용될 수 있는 포괄적인 담론에 대한 요구가 솟고 있습니다.

이에 반해 서구에서는 푸코와 들뢰즈 이후 창조적인 담론이 보이지 않습니다. 유럽의 많은 지식인들을 존경하지만 무엇인가 표류하고 있다는 느낌을 지울 수가 없습니다.

아시다시피 유럽 지식인들은 르네상스 시대 이후 벽에 부딪힐 때마다 발칸과 희랍으로 돌아갔습니다. 그들이 고대에서 발견한 것은 교환 시장과 민주주의의 여러 가지 형태였으며, 이후 서구 사회는 이를 변용(變容)하면서 자본주의 체제를 발전시켜 왔습니다. 이것이 유럽에서 성장하고 아메리카에서 정점에 도달하고, 지금은 전 세계에 그 틀을 강요하고 있는 실정입니다.

한국의 지식인들은 위기에 부딪히면 서양으로 건너가 그들의 담론들을 카피해 오고는 했습니다. 그러나 서구 지식인들이 이제 발칸이나 희랍에서 새로운 세계 체제나 구원에 대한, 즉 자연과 사회뿐만 아니라 인간의 내면까지도 구원할 수 있는 비전을 발견할 수 없다면 어떻게 해야 할까요?

하늘 아래 새것은 없다고 하죠, 막히면 근본으로 되돌아가는 거지요. 동양에서는 '원시반본(原始反本)'이라고 하는데, 이것은 자연의 이치입니다. 한국의 지식인들도 오히려 희랍이나 발칸의 사원이었던 동아시아, 중앙아시아, 바이칼, 티베트 북부, 중국, 만주, 한반도를 가로지르는 인류 시원의 문명, 한 문명, 태양 문명으로 되돌아가 볼 필요가 있습니다.

짐작건대 9천 년 전, 고고학적으로 증명되기는 5천 년 전의 고대의 시원 아시아 문명으로부터 미래의 정치·경제적 세계 체제, 문화적인 세계 질서, 인간 내면의 평화 완성, 다양한 개성을 꽃피울 수 있는 새로운 문명, 다양한 문명이 공존할 수 있는 새로운 지구적 질서의 단서를 찾아낼 수는 없겠는가, 그럴 용의는 없는가, 매번 불성실하게 서양에 가서 구걸할 것이 아니라 우리의 고대로 가 보자는 것입니다.

뜻이 있으면 길이 열립니다. 사람의 뜻은 좌우로 갈라설 때 결정됩니다. 지금이 바로 갈림길이고 위기입니다. 수운은 "하느님이 뜻을 품으면 금수 같은 세상 사람도 어렴풋이 안다"고 말했습니다. 아무리 금수 같은 미련한 백성이라도 하느님이 뜻을 두면 그것을 대강 안다는 것입니다. 동학에서 원형 계시의 내용이 있었습니다. 그 작은 뜻을 미루어 5천 년 전의 탐색 여행을 시작할 수 있습니다. 이 과정에는 물론 오류가 많겠지만 기왕이면 우리가, 고대의 확고한 지식을 가지고 떠나려고 합니다.

서양에서 수세기에 걸쳐 진행되어 온 르네상스 물결은, 서양을 부강하게 하고 새로운 세계의 중심을 만들고 세계화하는 데 기여했습니다. 이제 그쪽의 영향이 끝나 가는 때, 동방이라기보다는 인류 시원의 고대로 거슬러 올라가 인류가 공동으로 참가하는 대탐색 작업을 시작하고, 그로부터 미래 체제에 대한 인류 전체의 전망을 살피며 자연과 사회와 인간의 긴밀한 연계를 통합적으로 해명할 수 있는 새로운 비전을 찾아내는 운동을 하자는 것입니다. 이 과정에서 우리 민족의 남북 간 문제나 민족의 정체성, 단군이 역사적 인물이냐 신화적인 인물이냐 따위의 사소한 문제도 함께 해결될 수 있다고 봅니다.

    이러한 세계적 대장정을 우리가 조직하고, 민족 미학의 핵심은 무엇이며 민족정신은 19세기에 어떻게 살아났는가, 또 지금은 어떤 의미를 갖는가를 살펴보고 중국의 여러 사상들과 서구의 여러 가지 과학들과의 대종합을 시도할 때라야 우리 민족의 웅비도 가능해질 것입니다. 예를 들어 수운(水雲), 증산(甑山), 일부(一夫) 등의 19세기 민중적 사상은 물론 단군 시대의 신시(神市)와 화백(和白)의 그림자, 그 이전의 신선도 그림자 등을 찾아보자는 것입니다. 이를 위해서는 우리가 현재 알고 있는 지식·정보만이 아니라 어떤 타임캡슐을 타고, 어떤 아이디어를 가지고 고대로 여행할 것인가가 중요합니다.

정신병 치료를 위한 고대의 탐색

우리는 우리의 고대를 잘 모릅니다. 그동안 저는 소위 개벽(開闢) 사상, 민족 주체 사상을 찾았다고 굉장한 자부심을 가졌지만, 단군에 대해서는 잘 몰랐습니다. 앞으로 여러 가지 운동을 전개하겠지만, 정신병을 극복하기 위한 정신 치료 운동을 위해서라도 고대에 대해 알 필요가 있습니다.

우리가 고대를 잘 모르는 것은 일제 치하 때 일본인들이 "단군, 즉 곰의 자손인 조선인은 조선인의 역사를 모르게 하라"는 지시 아래 단군에 관계된 것은 다 몰수하고 그 자료가 지금도 일본의 국가 도서관에 그대로 밀폐되어 있다는 역사와 직접적인 관련이 있습니다. 게다가 해방 이후 내내 상고사(上古史)는 전부 허구로 가득 차 있고 회복해 봐야 별거 아닌 것으로 교육을 받아 왔습니다. 하지만 이제 단군을 제고하고 상고사 연구를 부활해야 합니다.

약하기는 하지만 고고학적 발굴이 조금씩 드러나고 있습니다. 어떤 신화(神話)가 47대까지 왕위 계승을 합니까? 신화라도 좋습니다. 신화라도 그 안에 보물이 있습니다. 이제 고대로 돌아가기 위해서는 과학적인 검증만이 아니라 환상 체험에 대한 분석까지도 동원해야 합니다. 인류로서, 한민족(韓民族)의 젊은이로서 인류의 시원을 발견하려는 작업을 스스로 외면한다면, 시원(始原)의 문제는 '억압된 것의 복귀'와 같이 다양한 형태의 '민족적 정신병'으로 되돌아옵니다. 그럴 경우, 이 문제들은 재야 사학자들의 울분 형태로 끝나거나 아니면 김진명의 ≪무궁화꽃이 피었습니다≫

와 같은 쇼비니즘으로 전락하거나, 그것도 아니면 박정희 숭배자들의 새로운 형태의 팽창주의에 이용됩니다.

고조선 역사를 실제 역사로 전위시키고, 고조선의 '신시(神市)'를 발굴하고 재해석하여 현대적인 '성스러운 시장' - 획일적 계획주의와 무정부적 경쟁 시장을 동시에 넘어서는 - 을 구성해 내야 한다고 봅니다. 그때의 경제체제, 소위 신적인 지위를 가지고 있는 경제 공동체의 기본 내용은 무엇인지 살펴보아야 합니다.

동대문 시장, 남대문 시장은 IMF 때 다른 곳에 비해 영향을 적게 받았어요. 왜냐하면 그곳은 마치 질긴 풀뿌리처럼 얽힌 호혜(互惠)와 공제(共濟)적인 계 조직이기 때문입니다. 고조선의 신시는 호혜 시스템과 교환 질서가 하나로 습합되어 있었다고 보입니다. 이것은 현 세계를 억압하고 있는 자본주의 금융시장에 대한 강력한 대안이 될 수 있습니다.

생태계 파괴까지도 비용을 지불할 뿐 아니라 아예 파괴를 사전에 예방할 수 있는, 소득이 아니라 자본으로, 자본이 아니라 생명으로, 생명이 아니라 영성(靈性)으로, 영성이 아니라 신적 존재로 생각할 수 있는 새로운 질서가 경제 질서로 정착할 수 있는 '성스러운 시장'에 관심을 가져야 합니다. 이것이 고대로 여행하는 우리가 타고 갈 과학적 장비의 바로미터입니다.

　21세기는 '문화의 시대'라고 하고, '문화'가 정보화 시대의 콘텐츠웨어의 핵심어로 등장하며, 소위 정보화 시대 이후에 도래한다는 창조화 시대의 핵심 내용으로 '미학적 생산성 및 창조적 아이디어'의 중요성이 부상하고 있습니다. 하지만 그와 동시에 디지털 비디오와 컴퓨터 아트 등이 일반화하는 가운데 기호와 이미지의 범람이 무분별하게 가속화되고 있습니다. 거기에 더해 깨달음이나 영적인 내용까지도 상업화하려고 하는 아주 악랄한 문화 자본주의가 등장했습니다.

　언론 · 정부 · 문화 자본이 합작해서 사람들을 병들게 만듭니다. 대통령은 '햇볕론'을 떠들지만 < 쉬리 > 는 쳐부수자고 하고, 젊은이들은 PC 게임방에서 밤을 지새우며, 비트는 더욱 급해지고, 죽음과 폭력과 권태를 다룬 내용이 범람합니다. 참으로 우리 문화가 썩었습니다. 그렇다면 과연 이것도 문화라고 부를 수 있을까요?

　문화로부터 새로운 시대의 정치 · 경제 · 세계 체제에 대한 비전이 나와야 한다고 합니다. 그렇다면 문화 안에서 어떤 미학적이고 윤리적인 부분을 집어내야 그로부터 사회적 모델이나 사회적 에토스가 나오고 정치 · 경제 · 사회적인 대개혁을 감행할 수 있을까요? 지구 질서와 지구 생태계와 지구 생태계를 둘러싼 우주의 정기가 이상합니다. 영하 50도에 달하는 추위가 오고 해수면이 급격히 상승하고 있습니다. 과연 생명운동, 환경 운동의 근본이 될 수 있는 문화적 신념, 삶의 양식이 있을까요?

지금 독일 환경 운동이 전 세계적인 담론의 핵심으로 떠올랐습니다. 그중에 가장 중요한 것이 근본생태학과 사회생태학인데, 이 둘의 긴 논쟁의 초점은 '인간의 재규정'입니다. 자연, 문화, 사회에서 인간이 무엇이냐를 재발견해야만 지구적인 환경문제의 전체를 시민적인 일상의 삶의 내용으로 끌고 올 뿐만 아니라 시민적 삶의 집약적 표현인 정치 문제로 부상시킬 수 있습니다.

하지만 지금 우리의 환경 운동은 생태학에 입각한 것이 아니라 개량적인 환경보호 작업에 불과하며 실질적인 생태 운동으로 볼 수 없습니다. 진정한 생태학이란 인간의 영성에 기초해서 자연과 사회와 개인의 삶을 새롭게 하는 것입니다. 생태학에서 가장 중요한 초점으로 떠오르는 인간의 재발견, 이것을 수행하기 위해 고대로부터 어떻게 도움을 얻을 수 있겠는가 하는 논의의 초점이 필요합니다. 고발·고소도 필요하지만 다른 한편으로는 생태계 문제와 시민 생활이 실제적으로 연관이 있어야 합니다. 또 환경의 변화와 인간의 내면적 평화가 맞물려야 합니다.

지금 시민단체의 활동 이론은 하버마스식의 합리적 의사소통론에 기초해 있습니다만, 이것은 인간 삶의 총체적 역동적인 과정과는 따로 놉니다. 법적인 문제, 시민들의 권리 문제를 생태적인 문제로, 일상적으로 숨 쉬고 물 마시고 밥 먹는 문제로, 대화하는 문제로, 인간과 인간 사이의 주관적인 문제로 통합해 낼 수 있는 비전이 고대에 있는가 하는 점이 문제입니다.

있습니다. 우리와 직접적으로 관계된 것이 '풍류도'입니다. 최치원 선생이 비문(碑文)에 쓴 서문 중에 이런 말이 있습니다.

국유현묘지도(國有賢妙之道)
왈풍류(日風流)
포함삼교(包含三敎)
접화군생(接化群生)

나라에 현묘한 도가 있다.
그 이름이 풍류다.
애당초부터 유불선(儒佛仙) 삼교를 아울러 가지고 있으며,
인간뿐만 아니라 동식물, 무기물까지 우주 만물을 가

> 까이 사귀어 감화시키고 변화시키고 진화시켜 해방하는
> 것이다.

이것이 풍류(風流)의 본질입니다. 여기서 중요한 것은 '접화군생(接化群生)'입니다. 이는 생명·환경 운동의 핵심이요, 뼈대입니다. 자본주의는 자연을 삶의 터전으로 보지 않고 소득으로 보기 때문에 아무 가책 없이 망가뜨리는데, 하물며 자연을 생명·영성·마음을 가진 형제로 볼 수 있겠습니까?

토지, 신용, 노동, 문화 네 가지만은 사실상 사회에서 상품화되어서는 안 되는 것입니다. 노동은 인간과 자기 자신 사이의 관계이며, 신용은 인간과 인간 사이의 사회적 신뢰입니다. 이것들이 비인간적인 금융이 된다고 생각해 보세요. 토지는 인간과 자연 사이 생태적인 관계입니다. 변경될 수 없어요. 인간과 자연 사이를 소유관계로 보면 안 됩니다. 시골의 나무 한 그루, 물속에서 노니는 송사리 한 마리가 자기 삶에 들어오면 모든 것이 형제요, 동포요, 동학에서 이야기하는 '물오동포(物吾同胞)'입니다. 그만큼 세계가 넓어져요.

저는 아직도 민중주의자이지만, 예전에는 시골 농부들이나 노동자는 굉장히 민중적일 것이라고 생각했습니다만

이제는 다 옛날이야기입니다. 시골에 가면 농부들이 도시 사람들보다 더 심하게 토지를 자기 자본이라고밖에 생각 안 해요. 노동이 자아실현의 수단이라고 말하는 사람은 이제 바보, 마르크스주의자, 멍청한 놈으로 간주됩니다. 노동은 이미 생계 수단도 아닐뿐더러 인간관계가 금융시장으로 전락해 버렸습니다. 인간과 인간 사이에 돈 놓고 돈 먹기만 남았습니다. 근대 경제학, 근대국가, 근대과학이 망쳐 놓은 게 이런 것들입니다.

자본주의는 시장 원리에 의해, 사회주의는 명령 체계에 의해 황폐화되었습니다. 문화도 종교적 신념도 상품화되어 버리는 지금, 토지와 인간, 인간과 인간, 인간과 노동, 인간과 영성, 이 네 가지 관계를 지역의 생명 경제학에 뿌리내리고 탈상품화시키려는 새로운 노력이 시급합니다. 여기에 문화 운동이 개입하고 국가 기능의 개입과 재조정이 필요합니다. 그러나 어려움이 있습니다. 동질적인 화폐가치로 묶이는 대신 다양한 맥락에 따른 다양한 사용가치들이 활성화되게 해야 합니다만, 동시에 폐쇄적이고 자급자족적인 경제로 고립화되어서는 안 되며, 반대로 일정하게 교환 질서를 유지하면서 세계시장과의 역동적인 관계를 유지해야 합니다.

이러한 어려움이 있지만 최근에는 물질적 가치보다는

생명적 가치, 경제적 가치보다는 영성적 문화적 가치가 올라가는 추세입니다. 예를 들면 장인적인 기술이 오래도록 전승되어 있는 볼로냐 같은 지역 도시들의 장인적·문화적 경제가 유럽을 떠받치는 큰 힘이 되고 있습니다. 그 경제에는 익숙한 질감, 예술적인 디자인에 들어 있는 전통적 요소, 문화적 가치, 생명적 가치가 포함되어 있기 때문에 가능한 일입니다.

이러한 전통적인 지역의 생명 경제에 토대를 두고 지역과 기업, 국가를 넘어서는 초국적 시민 연대를 이룩하여 미국 중심의 세계 금융시장을 전향시키는 새로운 운동을 이루자는 것입니다. 고대의 '신시(神市)'가 이러한 연대에 아이디어를 보태 주리라고 생각합니다. 이것은 제3섹터로서의 시민사회, 주민운동이라는 지역 경제에서의 생명 가치, 제3의 문화적 가치가 서로 연결되는 새로운 사회적 경제체제일 것입니다.

외면적인 개혁을 해 봐야 사람 마음보가 변하지 않으면 마찬가지입니다. 최치원의 '접화군생'은 생명운동이자 예술의 기본 정신입니다. 예술을 잘하면 생명운동을 잘하는 것입니다. 사람뿐만 아니라 동식물도 무기물도 '마음'이 있어요, 무기물도 라이프 폼(life form)을 만들어요. 돌도 자기 조직화 방식으로 흙을 쌓아요, 소위 양자역학의 충격 이후

물리학이나 생물학만 변한 것이 아니라 진화론도 많이 변하고 있습니다. 그 돌처럼 잠든 마음을 감동시키고 진화시키고 완성시키는 것, 이것이 예술의 가장 높은 목표죠. 이것이 생명운동이라는 말입니다. 마음이 변해야 진짜 변혁입니다.

민중이란 옛날부터 이중적입니다. 조선 시대에는 피난과 변혁을 동시에 요구했고, 환경 시대에는 자연보호와 개혁을 동시에 요구합니다. 이러한 변덕을 당해 내야 종교든 정치든 예술이든 제대로 이루어질 수 있습니다. 이러한 변덕이 바로 '인간의 마음'입니다. 인간의 마음이란 본래 환하다가 캄캄해지고 캄캄하다가 환해지는데, 이것이 생명과 똑같아요.

그레고리 베이트슨의 ≪정신과 자연≫이라는 책에 보면 '아니다'와 '그렇다', 차원이 바뀌어도 바뀐 차원과 기성의 차원의 관계가 다시 '아니다'와 '그렇다'라는 주장이 있습니다. 다니엘 벨이 "컴퓨터와 생명에는 변증법이 없다"라고 말한 것도 비슷한 이야기입니다. 제3의 종합을 주장하는 변증법이 아니라 '아니다−그렇다'가 계속 작동하는 전혀 다른 논리를 주목해 보아야 합니다. 저는 이 논리에 근본생태학과 사회생태학의 긴 논쟁의 초점과 지구 생태계 문제와 정치 문제를 함께 끌어들일 수 있는 철학적 바탕이 있다고 봅니다.

1917년 묘향산 석벽에서 탁본(拓本)으로 발견된 ≪천부경(天符經)≫은 고조선 시대, 신시시대의 텍스트입니다. 여기에 '인중천지일(人中天地一)', 즉 사람 안에 천지가 통일되어 있다는 것인데, 이것이 바로 '홍익인간(弘益人間)'입니다. 단순히 인간만이 아니라 동식물, 삼라만상에 대해 널리 유익한 인간을 홍익인간이라고 하지요. ≪천부경≫의 천지인(天地人)은 삼극 질서를 지칭하면서 동시에 인간 안에 천지인 세 가지가 하나로 통일되어 있다는 점을 강조합니다. 인간 안에 자연과 신적인 우주가 있을 뿐만 아니라 물질적이면서 정신적이면서 영적인 방식으로 통합되어 있다는 것입니다.

수운은 새로운 '천지인 삼재론'을 내세웠습니다. 천(天)은 오행(五行), 즉 우주 구성의 물질적 상징으로서, 오행의 강(綱), 벼리, 대강, 개념, 원칙, 법칙이라는 뜻입니다. 지(地)는 땅, 즉 오행의 바탕으로 물질, 질료, 가시적인 것들입니다. 인(人)은 오행의 기(氣), 진화의 주체, 즉 생명입니다. 기(氣) 안에는 물질, 생명, 마음이 다 들어갑니다.

서화담은 "기는 가시화되면 물질이요, 그 움직임은 심(心)이요, 그 미묘함은 신(神)"이라고 했습니다. 기는 절대로 유물론과 같지 않으면서도 유물론에 기초합니다. 유물론적이면서 유심론적이면서 유신론적인, 모든 진화의 기초입니다. 이 기는 최종적으로는 인간에 의해 완성됩니다.

이 삼재관은 김일부(金一夫)의 ≪정역(正易)≫에서는 '황극인(皇極人)'으로, 들뢰즈에 있어서는 '개념적 사유와 과학적 기능과 감각적 창조'라는 삼항일치, 삼혼합으로 나타납니다. 또한 들뢰즈는 다시 철학은 비철학적으로, 과학은 비과학적으로, 예술은 비예술적인 것과의 관계 속에서만 제대로 실현될 수 있다고 주장합니다. 이것이 바로 3수와 2수의 결합, 우리 민족 전통문화의 핵심 원리이자, 우리 사상과 중국 사상의 결합·대결 원리이면서 수운과 들뢰즈가 만나는, 동양과 서양이 만나는 지점이기도 합니다.

증산은 '천지공사'를 이야기합니다. 인간의 주동적 개입에 의한 우주 질서의 재조정을 이야기합니다. 우리는 이것을 새로운 문화적 비전으로 재개념화해야 합니다. 인간이 능동적으로, 문학적으로 과학적으로 지구, 우주를 재조정할 수 있다는 꿈을 꾸어야 합니다. 즉, 너와 나 사이에서만 소통을 형성할 것이 아니라 동식물, 흙이나 물과 함께 텔레파시적 커뮤니케이션에 이를 수 있도록 해야 합니다. 이런 전망하에서 교육하고, 예술 작품이 나오고, 담론을 형성한다면 큰 깨달음은 얻지 못한다 하더라도 앞으로 그 세대, 3세대쯤 가면 먼저 남과 대화하려 할 것이고 흙을 만지더라도 지금처럼 다루지는 않을 것입니다.

우리는 모든 만물과 파트너십을 가져야 합니다. 수운의 첫 깨달음은 '오심즉여심(吾心卽汝心)', 내 마음이 네 마음이라는 것입니다. 이것은 단순히 인간 사이가 아니라 우주핵과 존재핵 사이의 관계로, 오늘날 세계가 애타게 기다리는 '사회적이자 동시에 우주적인 공공성'의 기본입니다. 이것이 천지공심(天地公心)이며, 천지공사의 조건입니다.

우리 사회에서도 최근 동아시아에 대한 관심이 부쩍 커지고 있습니다. 하지만 동아시아적 가치를 막상 따져 보면 혼란스럽기 짝이 없습니다. 동아시아적 가치를 따지더라도 척도가 필요합니다. 단군 시대 사상의 부활로서의 19세기 민중적 개벽 사상이 바로 그 척도가 되어야 한다고 봅니다. 바로 이 19세기의 새로운 개벽적 가치관에 기본을 두면서 유불선과 기독교와 서양 과학 사상 등을 해체하고 재구성해야 합니다.

인간 사회의 진화는 도덕의 진화이기도 하지만 일정한 시대에 중요했던 도덕은 시대가 지나도 유효합니다. 그러나 충효(忠孝)는 좀 다릅니다. 증산은 1905년에 "충(忠)이 나라를 망치고 효(孝)가 가정을 망치고 열(烈)이 부부를 망친다"고 말했습니다. 아시아에는 유교(儒敎)만 있는 것이 아니라는 소리이기도 합니다. 천지공심(天地公心)을 통해 새로운 전 지구적이고 우주 사회적인 공공성이 형성된다면 시민운동 안에 생태계 문제가 포함될 수 있다고 봅니다.

신비가로서의 최수운은 하느님의 계시를 받고 5만 년의 큰 대세를 역전시킬 혁명가로서 새로운 공적 질서를 건설하려고 했습니다. 해체되는 동양 문명의 말기에 서양이 대포를 들고 쳐들어올 때의 그 위기와 그 공포는 상상을 초월하는 것입니다. 6년에 걸친 콜레라, 7년에 걸친 흉년과 굶주림, 북경의 함락과 아편전쟁 등 중국을 비롯한 당대의 세계 전체가 공포에 휩싸였고 해체되어 갔습니다. 이때 새로운 공적 질서를 세우려 했던 이가 바로 최수운입니다.

이제는 밥 굶는 시기도 지났고 서양에서 배울 만큼 배웠으니 우리 나름의 힘과 깨달음으로 새로운 공공성 이론과 사회 이론을 창조적으로 이루어 낼 시기가 되었다고 봅니다. 대체로 이러한 생각을 가지고 고대로 가면 더 많은 것을 얻을 수 있을 것입니다.

독특한 전승과 내면 생성의 역사는 뭉개지고 개인은 간데없습니다만 지금과 같은 전 지구화 시대에 새롭게 주목해야 할 문화적 삶의 새로운 양식은 '유목민적 삶'의 양식입니다. 들뢰즈가 뛰어난 점은 역사에서 출발하지만 '내면적 생성의 시간에 입각한 민중적인 삶'을 함께 규명했다는 점입니다. 이것이 고정된 역사 기술과 정치 이데올로기의 억압적 틀에 묶여 농간당해 온 사람들이 모두 느끼는 잃어버린

삶입니다.

고대 유목민들의 아이콘은 지역 생태계와 삶의 관계의 역사, 신과 삶의 관계의 질서를 표상합니다. 이런 아이콘들이 최근 고조선 역사 발굴 과정에서 수없이 터져 나옵니다. 말하자면 고대 유목민들은 마을마다의 독특한 자연사와 마을 사람들 개개인의 내면적인 삶의 생성의 역사를 다 존중했다는 거예요. 즉, 남방적 농경 정착 문화와 북방적 이동 유목 문화가 다양하게 이중 결합됐다는 것이지요. 이런 것이 하나의 비전으로, 미래의 세계적인 문화적 삶의 원형으로 투사될 때 미래가 어떻게 변할지, 나는 이것을 일단 '다양한 정착적 노마디즘의 비전'이라 부릅니다만, 고대로 갈 때 우린 이러한 것을 찾아가야 합니다.

깽깽이로 세계를 변혁한다

증산은 "후천 세상에서는 율려가 세상을 지배한다"고 말했는데, 이것은 바로 '고대 질서의 회복'입니다. 고대로 올라갈수록 '소리'가 정치의 기본입니다. 중국이나 한국이나 마찬가지입니다. 소리는 단순히 희로애락의 소리가 아니라 우주의 리듬 변화와 인간 마음의 변화를 일치시키는 것입니다. 율려는 음양(陰陽)이며 12계절의 움직임을 담은 우주의 질서이고 희로애락과 오행, 궁상각치우(宮商角徵羽) 등이 모든 것을 함축합니다. 음악에 기초한 시(詩)이며, 시에 기초한 율동이 율려입니다.

중국의 ≪예기(禮記)≫를 보면 "나라가 망하려고 하면 음악이 썩는다"고 했습니다. 거꾸로 '음악이 썩으면 정치가 썩는다'는 뜻도 됩니다. 서양의 경우도 피타고라스 이후 음악을 중시했다는 것도 그 질서 때문이라고 생각됩니다. 고대에서는 음악을 가지고 정치·사회·경제의 제도를 평가했습니다.

우주를 살리려면 먼저 사람의 마음을 살폈던 옛 성인들의 역할을 지금 우리가 해야 합니다. 마음 안에도 율려가 있고 우주 안에도 율려가 있습니다. 수운의 '오심즉여심'의 원리입니다. 우주적 공공성, 생태계 회복, 자연과 사회와 인간의 통일적 해결, 새로운 홍익인간, 인간의 재규정이 율려에 있습니다. 율려는 역동과 균형, 균형과 역동이 동시에 상호작용하면서 그 배후에서부터 새로운 무궁한 성스러운 삶이 생성하는 창조적 질서를 함축합니다.

지금은 카오스 시대입니다. 음악을 통해서 인간과 우주의 관계를 회복하고, 여기에 기초해서 사회적 예절과 질서와 문화를 세우고, 사회·정치·경제 제도를 바꿔 전 세계를 변혁하는 것이 율려 운동입니다. 병든 인간, 사회, 지구와 우주를 치유하는, 대의료 행위입니다. 깽깽이 하나 가지고 세계를 개혁하려 한다고 비웃을 수도 있습니다. 그러나 우리나라만 하더라도 대나무로 소리를 내어 사람 마음을 사로잡아 왜적을 물리쳤으며, 신라 때는 임금이 거문고 소리를 듣고 정치를 했으며, 악기가 발달하지 않았던 시대에도 동이족(東夷族)은 사흘 동안 춤추고 노래 부르면서 몸 안에 있는 율려로부터 비롯된 비전을 통해서 마을 공동체 일을 결정했습니다. 우리나라의 ≪악학궤범≫이나 중국의 여러 음악 이론은 정치론이자 우주론입니다.

율려에서 중요한 것이 '중심음(中心音)'입니다. 율려는 12율인데, 6율은 양(陽)이고 6율은 음(陰)입니다. 여기에 궁상각치우가 붙는데, 그 중심음이 '궁(宮)'입니다. 이 중심음은 소위 천지황궁월(天地皇宮月)의 관계, 즉 우주의 핵과 존재의 핵, 사람의 마음과 하느님 마음의 관계입니다.

수천 년 전 주나라 성립 이후 중국 황제에 의해 율려의 중심음은 '황종(黃鐘)'으로 결정되었습니다. 황종은 양(陽)입니다. 그리고 하늘, 건(乾)괘입니다. ≪주역≫ 전체를 보면 군자(君子)의 처신법이나 성인 지배를 일관적으로 다루고 있어 학생 때부터 이것만 보면 심기가 뒤틀렸지만, 이제 와 보면 이 안에 깊은 질서가 있다는 것을 깨닫습니다.

그렇다면 우주율려는 지금도 황종 중심이냐? 지금도 주역적인 질서나 코스모스, 로고스의 지배 질서일까요? 아닙니다. 지금은 카오스와 에로스가 압도하는 시대이고, 군자 제왕들의 시대가 아니라 여성과 오랑캐 민족, 그리고 민중이 압도하는 시대입니다. 수천 년간 기독교가 굴속에 가둬 놓은 우로보로스 뱀이 굴 밖으로 나오고 있으며, 제 꼬리를 제 입에 무는 순환적인 시간의 자기 회귀 구조적인 새로운 시간이 등장합니다. 실체가 아니라 생성(生成)을 강조하는 주장은 오늘날 서구의 과학과 철학에서도 크게 일반화되고 있습니다.

"이 해체적인 시대에, 주체 자체가 소멸되는 시대에 계속 중심이라는 범주가 성립될 수 있는가" 하는 질문을 많이 받습니다. 중심을 찾자는 저의 노력이 젊은 지식인들에 의해서 새로운 권위주의로 비판받고 있습니다. 그래도 저는 믿음이 있습니다. 제가 새로운 중심이라고 생각하는 것은 일종의 '무질서의 질서'입니다. 이것이 한국미의 본질이라고도 봅니다. 시나위나 산조 민속음악의 해체적 무질서의 용납이지요. 이것은 우선 시조나 정가(正歌)나 정악(正樂)과는 다릅니다.

≪예기≫의 미학 원리는 '시(詩)'인데 사람이 우주의 풍우(風雨)를 흉내 내는 것, 민지풍우(民之風雨)인데, 즉 '우

주를 모방한다, 섬긴다'는 뜻입니다. 우리 민중의 미학 원리는 사(事)가 아니라 '동사(同事)'입니다. 동사라는 말은 '동지'라는 말이에요. 김구는 ≪백범일지≫에서 비슷한 말을 했습니다. '일을 같이하는 동지는 서로가 동시에 섬긴다'는 뜻입니다. 내면성의 무궁신령한 생성을 돕고, 생성을 공경하고, 생성과 함께 생성하는 것으로 이는 '사(事)'의 단순한 모방과는 다릅니다.

수운의 시천주(侍天主) 주문 해석에서 나오는 이 '동사(同事)'는 사실 '사'이면서 '동사'로서 비스듬한, 또는 가로지르는 듯한 '사귐'이자 '섬기는 사귐', '섬기는 동역(同役)의 파트너십'입니다. 춤의 경우, '비정비팔(非丁非八)', '모둠발도 아니고 벌린 발도 아니다'는 민중적 미학 원리는 노동 동작, 도약을 상징할 수 있는 미학적 원리로, 역동하는 우주적 생명 에너지, 신과 함께 뛰는 것입니다. 우리나라의 고대 예술 원리의 핵심은 '신명'이고, 이는 곧 '생명 에너지'입니다, 지극한 기운입니다. 수운의 '칼노래 칼춤'을 보면 시호시호(時乎時乎), 5만 년 만에 내 때가 왔다면서 기가 뻗치는데, 그 기의 생성을 공경하여 동역하는 것이 동사입니다. 내면에서 오는 에너지, 신과 함께 뛰는 것은 민족 민중의 중요한 미학 원리입니다.

우리의 신(神) 개념은 서구와는 달리 단순히 초월적인

존재가 아니라 초월적이면서도 내재적인 기와도 같습니다. 수운에 오면 이 동사가 결국은 백성, 민중의 자식 낳는 일과 노동하는 일 자체를 우주적인 사건이자 미적 원리로 승화시켜 놓습니다. 동학의 위대성이 바로 여기에 있습니다.

앞으로 민중 시대가 자꾸 운위되고 카오스 민중, 다가올 민중, 대중적 민중, 세계적 민중과 같이 가슴 뜨거운 말들이 많이 나올 것입니다. 들뢰즈는 카오스 시대에 단순한 구조주의의 틀을 벗어나 스피노자의 우주철학을 재생시키고, 또 프란치스코식의 우주적 영성을 밀고 나가면서 우주적 민중론을 재구성했습니다.

1990년대에 들어 현실 사회주의의 붕괴와 함께 이전의 민중론이나 민족론 등이 모두 깨져 버렸습니다. 이제라도 수운과 함께, 들뢰즈와 함께, 천부 사상과 함께 새로운 민중적 중심을 세우면서 유불선을 비롯해서 기독교와 과거의 우주론들, 과학 사상들 모두를 새롭게 재구성하고 재평가해야 됩니다. 이러한 종합적인 큰 노력이 없으면 인류의 미래는 어둡습니다.

20년 전 감옥에서 ≪동경대전≫을 읽었는데, 하느님이 수운에게 계시를 주는 내용이 감동적이었습니다. 즉, 문명의 전환기에 새 삶을 결정할 수 있는 새 원리로서 인간 삶의 원형이 계시되는데 그것이 이중적이라는 것이 문제입니다.

오유영부(五有靈符)

무왕불복(無往不復)

기형태극 우형궁궁(其形太極 又形弓弓)

나에게 영부가 있다. (여기서 영은 보이지 않는 질서이고 부는 보이는 질서입니다. 이런 점이 바로 ≪천부경≫과 연결됩니다.)

한 번 간 것이 다시 돌아오지 않는 법이 없다.

그 모양이 태극(太極)이고 또 그 모양이 궁궁(弓弓)이다.

동학에서 홀수는 역동수입니다. 궁궁은 카오스, 역동수이고, 태극(太極)은 안정수, 코스모스입니다. 그런데 태극이면서 궁궁이다, 둘이면서 셋이다라고 합니다. ≪정역≫에서는 정식으로 삼재양지(三才兩之), 음양이면서 천지인 삼재(三才)라고 했습니다. 수운 이후 계속 쏟아지는 후천개벽론(後天開闢論)은 모두 3이면서 2입니다.

우리나라 전통 사상의 구성 원리는 삼재론(三才論)을 중심으로 한 음양오행론(陰陽五行論)의 습합입니다. 삼수분화와 이수분화의 이중 결합입니다. 하·은대의 동이족의 점괘에서 시작된 음양관에서부터 한(漢)나라 때 천문학 사상으로 발전된 음양오행론과 민족 고대의 삼재론을 중심으로 습합된 것입니다. 이는 곧 카오스적인 것이 궁극적인 원리이지만 이것이 동시에 코스모스적인 질서를 포함한다는 것이죠. 이런 관점에서 보면, 카오스적인 세계에서 카오스 자체의 무질서에 빠지지 않고 검증되고 관찰된 드러난 질서만의 과학적인 카오스이론에 휘말려 버리지 않고 그 가운데 보이지 않는 숨겨진 복잡한 질서를 또한 찾을 수 있겠는가가 새 시대 과학의 초점입니다.

전통적인 율려의 관점에서 보면 중심음은 황종입니다. 우리나라 음악의 3대 구성은 아악(雅樂), 정악(正樂), 속악(俗樂)입니다. 그런데 문제는 신라 때부터 궁중 예술가들이 황종(黃鐘) 자리에서 '협종(夾鐘)'을 연주했다는 것입니다. 황종이 건(乾)이고 코스모스이고 높은 음이라면, 협종은 곤(坤)이고 카오스이고 낮은 음입니다. 황종이 흰건반이면 협종은 검은건반입니다. 그런데 일제 말 악기 개량 이전까지는 속악 산조도 전부 협종을 중심으로 연주했다는 점입니다.

무질서하면서도 질서가 있는 것을 들뢰즈는 카오스모스 혹은 카오이드라고 했고, 그의 동료였던 펠릭스 가타리는 카오스모시스라고 했습니다. 이 무질서의 질서가 바로 인간의 마음 안에 있습니다. 역동과 균형이란 하나는 뛰고 하나는 자제하고, 역설의 시대에 세계화화면서 지방화하고, 지방화하면서 보편화하고, 개성화하면서 보편화하는 것을 말합니다. 수운의 '불연기연(不然其然)', 테야르와 베르그송과 그레고리 베이트슨의 '아니다-그렇다', 이것이 현대의 새로운 생명의 진리입니다.

율려의 중심음을 찾아

19세기 개벽 사상과 고대의 율려를 강조한 것은 19세기 자체, 고대 자체에 집착하자는 것이 아니고 오늘의 관점에서 새로운 척도를 세워서 과거를 다시 보자는 것입니다. 새로운 신적 창조력, 치유 기능을 가지고 있는 것이 우리 몸 안에 있는 율려입니다.

최근 '뇌의 기능이 온몸에 퍼져 있는 것이 아닌가' 하는 가설이 제기되고 있습니다. 실제로 뇌의 명령 없이 신체가 반응하는 현상은 바로 단전과 7백~8백여 개의 경락의 작용 때문이라고 나는 봅니다. 경락(經絡)은 신적 에너지이며 마음을 동반하는 에너지로, 눈에 보이지 않습니다. 단전(丹田)과 마찬가지입니다. 뇌의 기능이 온몸에 퍼져 있다면 심신과 영육(靈肉) 분리는 사라집니다. 들뢰즈나 메를로퐁티처럼 신체와 두뇌의 이중 분석이 필요 없습니다.

영적 내용을 동반하는 에너지, 기(氣) 또는 신기(神氣), 지기(至氣) 이 안에 카오스적이면서 코스모스적인 것이 살아 있습니다. 협종적 황종을 연주하고 춤추고 노래 부를 때, 수운이 칼노래를 부르고 칼춤을 춘 것은 '전투적 율려'입니다만, ≪천부경≫의 천지인(天地人) 원리로 구축된 '시천주조화정 영세불망만사지(侍天主造化定 永世不忘萬事知)'의 삼박자 그 자체가 이미 이중적인 것을 함축하고 있습니다.

우선 ≪주역≫의 협종 부분의 <상전(像傳)>을 보면 황상원길(黃裳元吉), '누런 치마를 입으면 매우 길하다'고 나와 있습니다. 누런 치마란 천자(天子) 위치에 들어가서 누런 치마, 즉 재상(宰相)의 옷을 입고 세상을 다스리면 매우 길하다는 뜻으로, 선천 시대 점령했던 문화의 높은 위치를 바탕으로 이 안에 새로운 질서가 들어갔을 때 으뜸으로 길하다는 것입니다. 이것이 황종(코스모스) 위치에 협종(카오스)이 들어가는 것으로 보이며, 선천의 태극 위치에 후천의 무극이 들어가는 것으로 보입니다.

김일부의 ≪정역≫에서 태극의 코스모스적 질서와 새로 생성되는 숨겨진 질서, 개벽적 질서로서의 '무극(無極)'

을 인간 안에 통합하는 것이 새 시대 성인의 황극(皇極)이라는 것으로, 이것이 제3원의 논리입니다. 변증법은 보이는 차원의 이것과 저것 사이의 통합 내지 상호 길항 관계를 봉합하는 것이지만, 이 제3원의 논리는 드러난 세계와 보이지 않는 세계의 습합이나 현 차원을 견인·조정·비판하고 스스로 생성하는 숨겨진 생명의 무궁신령한 새 질서입니다.

지금 세계는 숨겨진 새로운 카오스 질서가 드러나 돌아다닙니다. 우리를 둘러싼 우주계의 엄청난 혼란과 카오스 앞에서 어떻게 구성된 이론으로 대응할 것인가? 수운은 '비흥(比興)'에서 '흥비(興比)'로 바뀌는, 숨겨진 질서에서 보이는 질서로 바뀌는 각비(覺非)의 무서운 문화혁명, 의식 숙청 이야기를 했습니다. 이때 생성하는 것이 존재핵과 우주핵의 무궁한 생성적 일치, 무궁한 생성적 창조 관계입니다. '아니다'와 '그렇다', 숨겨진 질서와 드러난 질서, 비흥과 흥비, 그 복잡화된 그늘이 신화(神化) 율려이고 여율(呂律)이며 신령한 카오스모스이며, 신령한 협종적 황종이니, 바로 다름 아닌 '흰 그늘'입니다.

서양의 혁명은 낡은 질서를 깨고 새로 성립하면서 모험과 피와 수많은 시행착오를 겪으며 새로운 질서를 세웠지만 그것은 인간의 황폐, 도덕의 황폐, 그리고 세계의 황폐를 가져왔습니다. 여기에 비해서 동양의 후천개벽 사상은 후천을 중요시하되 선천을 가까이 끌어들이는 의학적인 전환 질서입니다. 그러니까 김일부의 새로운 역술 체계인 ≪정역≫은 ≪주역≫의 상호 보완 작용이 없으면 해설할 길이 없게 됩니다.

그래서 수운이 "수심정기(守心精氣), 즉 가장 중요한 카오스적 기의 수련, 마음과 몸의 수련은 유아지갱정(唯我之更定), 내가 새로 정한 것이고, 인의예지(仁義禮智)는 선성지소교(先聖之所敎)라, 인의예지는 공자의 가르침"이라고 했습니다. 이것이 선후천 통합의 원리인 포오함육(包五含六)의 이치입니다. 앞으로 과학적 탐색에 의해서 카오스에 접근했을 때 이것을 원용한 정치 경제론, 문화론이 미래 세계의 좋은 대안을 제시할 것입니다. 이것을 미학과 예술에서는 '흰 그늘'이라고 합니다.

≪주역≫과 ≪시경≫에서 문채는 아름다움이며 그 안에 미적 질서가 있습니다. ≪주역≫의 곤(坤)괘의 협종 해설에서 '황상원길' 즉 협종이 황종 위치에 들어가면 '문재내야(文在內也)'라 했는데, 이 문채, 무늬가 최고의 성스러운 미적 질서인데 그것이 안에, 즉 숨겨진 내면성의 질서 속에 살아 있다가 제3의 차원으로 창조·생성된다는 이야기가 됩니다. 이것이 '흰'빛인데, 우리 민족 최고의 미의식이지요. 흰빛이, 최고의 성스러운 미적 체험이 그늘로부터 솟아

나옵니다. 예술에서 '그늘'이 왜 중요할까요? 그늘은 신산고초가 없으면 만들어지지 않습니다. 피나는 수련을 하지 않으면, 고생을 하지 않으면 그늘이 깃들이지 않습니다. 그늘이 깃들이지 않으면 인생의 희로애락과 자연과 인간, 인간과 인간, 가족과 자신, 자신과 자기의 관계를 표현할 수 없습니다.

흔히 판소리에서도 최고로 치는 소리는 타고난 아름다운 목청이나 맑고 곧은 소리가 아니라 그늘이 깃들인 껄껄한 '수리성'입니다. 이것은 우리 민중 미의식의 훌륭한 점이기도 합니다. 전라도 무지렁이 시인인 송수권은 이렇게 읊었습니다. "그늘은 우주이다/ 좋은 시인은 그늘을 갖는 법/ 언 땅에서 자라나는 달빛만이 그늘을 갖는 것/ 그늘은 우주를, 우주는 그늘로부터 생성하는 것."

윤리적 차원에서 보자면 인생의 신산고초를 겪은 사람이 스스로 인생을 견디고 견인하면서, 승화시키는 삶을 살면서 새로운 이상적 삶을 건설할 능력을 가졌을 때 그늘이 있다고 이야기합니다. 문제는 그늘은 한(恨)이 없으면 형성되지 않는다는 것입니다.

우리 민족을 한이 많은 민족이라고 하죠, 저 또한 이제 늙었지만 호흡이 긴 문화 운동으로 다시 시작하겠다고 생각합니다. 이것도 한입니다. 그런데 요새 젊은이들은 한이 깃들일 여지도 없이 풀어 버리기에 급급합니다. 성주풀이, 생명풀이, 신명풀이…. 원래 한은 신명풀이로 풀어야 되지만 푸는 것만이 다가 아닙니다. 민중 문화는 그렇게 표피적이지 않습니다.

우리 민족은 풀기보다 삭였습니다. 참고 누르고 관용하고 이해하고 너그럽게 싸안고 끊고…. 이것은 굉장한 인욕정진(人辱精進)을 필요로 합니다. 이렇게 했을 때 더 깊고 더 길고 더 넓은 힘이 나옵니다. 풀기만 하면 예술이 멜로드라마처럼 쉽게 해소되고 절대 진지한 매듭에 못 이릅니다. 판소리 기교 중에 소리를 주고받는 최고의 기교요 수련으로서 시김새라는 것이 있습니다. 삭여야 고도의 테크닉이 나옵니다. 삭이지 않고는 발효된 김치의 참맛을 볼 수 없습니다.

흰 그늘을 통한 깨달음의 길

문화의 시대의 흰 그늘, 예술과 미학을 통한 깨달음의 길을 찾아야 합니다. 베냐민이 사진의 발전 이후 대중 복제 예술에서 사라졌다고 말했던 '아우라'를 이제 대중문화 속에서 회복해야 합니다. 아우라와 대중오락을 함께 가져가는 과정을 통해 만인 성인 시대, 모든 민중이 깨닫는 시대가 오리라고 봅니다. 낡은 엘리트적 수련 방법으로는 세계는 변하지 않습니다. 제가 율려를 강조하는 이유가 바로 여기에 있습니다.

아방가르드 문화 예술의 기본 중심음이 새로운 카오스적 질서를 깨달을 수 있지만, 이 가치는 대중 복제 기술, 즉 컴퓨터와 디지털 테크, 사이버, 영화, TV 드라마를 통해 드러나야 합니다. 이렇게 기계 과학과 미학의 새로운 결합을 가능하게 해 주는 원리를 정역적 주역의 미학적 전용(轉用)을 통해 얻어 낼 수 있다고 봅니다. 대중 복제 예술 가운데서 아우라 같은, 혹은 카오이드 같은 신령한 질서와 무질서의 아름다움을 표현하는 것이 바로 '그늘' 또는 '흰 그늘'입니다.

현 시대의 신(神)은 신산고초를 겪는 과정에서 달관한 개인의 삶, 그 자체에 내재합니다. 서구식의 초월적 존재자로서의 신이 아니라 초월적임에도 우주적 자연 안에 내재하는 신의 영역에 속하는 많은 환상 체험을 통해서 인간 안에서 힘이 뻗쳐 나오는 것을 '환(幻)'이라고 부릅니다. 환상이란 것을 무시하고 폄하하는 것은 플라톤적인 이상주의 관념론과 공자적인 실용주의 명분론의 잘못된 전통에서 비롯됩니다. 반대의 관점에서 보면 환상은 우리가 우주적 자연과 일체를 이루는 체험의 산물입니다.

≪천부경≫의 '태양앙명 인중천지일(太陽仰明 人中天地一)'은 태양이 높이 솟아서 밝게 비치면 인간 안에 우주가 하나로 통일된다는 것입니다. ≪정역≫에 의하면 일원(一元)의 질서와 조화됨으로써 태양지정(太陽之政), 즉 태양 정치가 시작된다고 합니다. 일원이 그늘이고 율려이며 음양의 상호 조화를 말합니다.

태양 정치는 고대 한국의 이상 정치로 만물이 평화롭고 사람의 마음이 순수하고, 땅이 화순하고 바람이 곱게 불고 절기의 순환이 고르고, 극도의 추위와 더위가 떠나고 춘분과 추분처럼 온화한 날씨가 계속되는 소위 우주 '만물 질서의 신적인 평온'이 깃들이는 시대를 뜻하는 것이며, 이것이 바로 흰 그늘이자 우리가 고대로부터 가져오려는 민족 예술, 민중 예술, 민족 미학의 원리이고 율려의 대중적 표현이기도 합니다.

이때에 현실감각을 통괄하는 7식(七識)과 무의식의 시작인 8식(八識)이 일심(一心)으로 현실적 창조 의식 안에 하나 되어 통합되는 경지가 나타납니다. 비로소 현실과 환상이 결합되고 초자연적인 것으로 보이는 비가시적인 질서와 자연계의 가시적 질서가 서로 걸림 없는, 상호 보완성이 나타난다는 것입니다. 이것을 이해해야 고대를 이해하는 것입니다.

　최고의 예술은 우주적 총화를 가져오는 생명운동입니다. 흰 그늘, 신라의 율려, 본청(本淸) 안의 협종적 황종, 제3의 무궁무궁한 창조적 내면의 생성에 착안해야 합니다. 그래야 우주의 절기를 인간이 조정할 수 있는 과학적 원리가 나타납니다. 예술이 과학으로 가는 귀착점에 율려가 있습니다. 19세기 개벽 사상에서 부활한 고대의 천부 사상, 천부적 질서를 척도로 하여 중국학과 서양학을 연계하는 우리식의 창조적 종합을 시도할 때, 아마도 우리의 앞날에 큰 서광이 있을 것으로 믿습니다.

1999년 5월 20일 문예아카데미 강좌

율려와 생명

신문 지상에서는 흔히 김지하가 이제 생명운동에서 율려(律呂) 운동으로 옮겨 갔다 그럽니다. 그러나 그건 엉터리입니다. 율려 운동은 생명운동을 문화 쪽에서 구체화하고 현실화한 근원적 생명운동입니다. 오해 없기 바랍니다.

율려라는 것은 음악을 말합니다. 동시에 우주 질서를 말합니다. 율은 양이고, 여는 음입니다. 또 율은 12계절의 6개월, 따뜻한 철의 반영이고, 여는 6개월 추운 시절의 반영입니다. 서양에도 12음계란 게 있죠. 동양의 12음계를 12율려라고 합니다. 어려운 이야기가 아닙니다. 원래 음악은 피타고라스 때도 우주의 반영이었습니다. 물론 수(數)를 통과했고, 동양 쪽의 질서도 수가 개입합니다만, 수 이전에 음(音)이죠. 동양은 서양과는 조금 다릅니다. 특히 한국은 하여튼 율려라고 하니까 자꾸 어렵다고 하는데 너무 어렵다고만 생각 마세요. 오늘 이야기는 그 율려가 바로 생명이라는 이야기입니다.

저로서는 제 개인의 실존적인 이유 때문에 생명의 중요성에 도달했습니다. 감옥에서 나온 뒤 화가 나서 매일 술만 먹으니까, 소위 불기운이 위로 올라가고 물기운이 아래로 내려 환상에 시달리게 된 거죠. 그래서 10여 년간 신경안정제만 먹은 겁니다. 어떤 속 편한 사람은 그걸 계시(啓示)라고 그러데요. 하느님도 만나고 별별 체험을 다했습니다만,

그런 건 소용없어요. 육체가 건강하고 신비체험은 조금만 하는 게 좋은 겁니다. 신비한 체험 찾으려고 너무 영성, 영성 자꾸 떠들지 마세요.

그러나 미리 말씀드릴 건 난 영성을 중요시합니다. 생명의 핵심은 영성에 있습니다. 생명을 살리려면 모든 생명체 안에 있는 영성과 소통해야 됩니다. 그 말씀을 드리기 위해서는 영성을 중요시하지 않을 수가 없습니다. 그러나 육체의 건강을 잃어버리면서까지 영성을 추구해서는 안 됩니다. 에고가 약화되어 무의식에 끌려다녀서는 안 된다는 겁니다.

나는 그동안 생명론을 통해서 유기농 운동, 무공해 농산물 운동, 도농 직거래도 하고…, 다 나하고 관련이 있습니다. 요즘은 유기농 하는 사기꾼도 많아졌습니다. 그러나 처음에는 사기꾼도 없었고 잘되었지요. 가톨릭이 역할을 참 많이 했습니다. 그다음에 환경 운동, 나중에는 지역 자치 운동과 지역경제 자립 운동, 지역통화 운동으로까지 굴러갔지요.

여기에 문화 운동이 필요하다고 해서 제 본령으로 돌아온 겁니다. 그렇다고 해서 생명론, 생명적 세계관, 소위 뉴턴이나 데카르트 등 기계론적 세계관과 인간 파악, 이런 관점의 대척적 입장에 서는 새로운 대안으로서의 생명적 우주관, 생명적 인간 이해를 버린 것은 전혀 아니지요. 사실 이 생명론적 관점에 입각해서만 문명은 성립이 될 겁니다.

예술의 목표와 생명운동

율려 이야기를 합시다. 저는 물질 안에도 마음이 있다고 생각합니다. 테야르도 그렇게 이야기합니다. 비록 씨앗 상태에서 불과할망정 물질 안에도 마음이 있다고. 사카르 같은 유명한 요기도 '잠자는 상태로 남아'라는 조건을 붙입니다만 마음이 있다는 거죠.

    요즘은 여러 가지 진화론 또는 생태학 쪽에서도 물질 안에 있는 마음의 움직임을 자기 조직화의 진화론이라고 하고 진화의 자기 선택론이라고도 합니다. 그러니까 이게 미신이나 환상이나 관념론이나 신비주의 따위로 폄하될 수 있는 우스운 망상이 아니라는 것을 먼저 이해하십시오. 물질 안에 있는 마음, 동식물 안에도 분명히 있는 마음 곧 영성과, 그 인간 안에 있는, 인간의 중핵이라고 할 수 있는 그 마음, 그 영성. 이것이 소통하고 서로 교류하는 것 비록 교류는 안 된다 하더라도 물건이나 흙, 공기, 바람, 티끌에마저도 마음이 있다고 생각하는 것, 이것이 바로 생명론입니다.

    동강 댐 건설 반대하는 첫날 선언문 읽으라고 해서 읽었습니다만 돌아오면서 환경운동연합 최열 씨에게 차 안에서 그랬어요. "당신, 동강 감시 고발해 봤자 그린피스보다 나을 게 뭐 있느냐?" 무슨 뜻일까요? 그린피스는 전 세계를 누비죠. 좀 우스운 이야기를 하나 할게요. 그 사람들은 액티브한 전통 때문인지 물속에 들어갈 때도 그냥 쑥 들어가요. 언젠가 가만히 보니까 한국의 환경 운동가들은 바짓가랑이 걷고 한참 살핀 뒤에 엉금엉금 들어가더라고. 우리 동양 사람들은 그렇게 액티브하지 않아요. 감시 고발 같은 액션 중심의 행동에는 적합하지 않으니 그것 하면서 한편으로는 삶의 안쪽으로 깊이 들어가자고 그랬어요. 흔히 환경이라 잘못 부르는 동식물과 무기물의 마음과 인간 마음이 소통해야 근본 해결이 되는데 그 마음을 어떻게 소통하죠? 가장 확실한 건 예술입니다. 예술 중에서도 가장 확실한 건 음악입니다.

마음과 마음을 소통하고 나아가 그 마음을 감화시키는 것, 예술의 최고 목표, 음악의 최고 목표는 인간 생명의 핵심이라 할 수 있는 깊은 마음을 감화시키는 겁니다. 나아가 동식물의 마음까지도 움직이는 것입니다. 돌 속에 있는, 쇠 속에 들어 있는 마음까지도 감동을 시킬 수 있다면, 거기까지 간다면 최고의 예술입니다. 그런데 이상하게도 예술의 최고의 이상이 바로 생명운동의 최고 목표가 됩니다. 또 그 것을 목표로 하는 운동이 아니면 생태계 오염은 해결 안 됩니다.

우리가 실제로 그렇게 감화시키고 소통을 못 한다 하더라도 물질에 마음이 있다는 생각 하나만으로 시작해도, 정말 그것이 사무친다면, 우리 세대에서 그걸 해결하지 못한다고 하더라도 그런 예술, 음악, 시, 연극, 영화가 온다면, 디지털, PC방의 소프트웨어가 그런 내용에 조금이라도 접근한다면, 우리 다음 세대들은 그런 내용에 감화를 받고 교육을 받기 때문에 가치관이 그 방향으로 형성될 것이 아니냐. 그렇다면 오염된 뒤에 해결하기 전에 아예 오염, 파괴할 마음을 내지 않을 것 아니냐. 감시 고발을 반대하는 것이 아니라, 그것과 함께 근본적인 것, 내면적인 것도 짚어 가자는 이야기입니다.

고발해서 법적으로 정부가 시장 구조에 개입해서 뒤늦게 껍데기로 해결할 것이 아니라, 원천적으로 오염을 안 시키게 해야 될 것 아니냐. 감시 고발을 반대하는 것이 아니라 그것과 함께 근본적인 것도 짚어 가자는 말입니다. 생명운동, 환경 운동을 근본적으로 하려면 마음을 이해해야 합니다. 물질 속에도 살아 있는 마음!

이것을 6~7년 전에 문순홍 박사님과 얘기했습니다만, 서양 생태학의 여러 가지 주장들이 있는데 다 좋죠. 훌륭하고. 여러 가지가 다 백가쟁명해야죠. 성향이 서로 다르고,

상황이 여러 가지로 다르고, 주체적 조건이 다르고, 문화적 맥락이 다르니까 각기 맥락 속에서 각기 100퍼센트 노력을 해야죠. 그렇지만 이 다양한 실천 운동 밑을 흐르는 근본적인 생명에 관련된, 지구·인류 문화·시장 조건 등과 관련하여, 자연과 사회와 인간의 마음 삼자를 관통하는 통일된 큰 담론이 있어야 합니다. 전 세계적으로 지금 이게 없습니다.

그래서 시민운동은 시민운동대로 소통론에 입각해서 소위 사회라는 이름의 공공성의 한계 안에 갇혀 버리고, 환경운동은 환경 운동대로 문화와 자연 사이의 관계에서 인간의 재규정, 재발견에도 도달하지 못하고 있습니다. 그렇다면 무엇이 중요한 것인가?

아까 이야기한 대로 마음을 이해해야 한다 이겁니다. ≪삼국유사≫에서 최치원 선생이 '나랑'이라는 화랑의 비문에 '국유현묘지도(國有玄妙之道) 왈풍류(曰風流)', 즉 나라에 현묘한 도가 있는데 그 이름을 풍류라 한다고 했습니다. 그 풍류는 '포함삼교(包含三敎)', 유불선의 중요한 사상을 애당초부터 다 아울러 가지고 있고, 그다음 말이 중요합니다.

'접화군생(接化群生)'. 뭇 생명, 인간만이 아니라 동식물, 무기물까지가 다 군생입니다. 풍류도나 신선도의 전통, 단군의 천부 사상, <삼일신고(三一神誥)>, 그리고 동양학의 일반적인 전통은 대개 인간, 동식물과 무기물까지 생명으로 봅니다. 동양학에서는 대체적으로 '생생화화(生生化化)', 낳고 낳고 변화하는 우주 만물의 변화의 이치, 즉 생명입니다. 여기에서 도를 찾습니다. 동양학에 대해서 서양의 환경론자들이 늘 존경의 마음을 갖는 이유가 거기에 있습니다. 하여튼 접화군생이란, 이 뭇 목숨, 뭇 생명에 접(接)해서, 서양식으로 이야기하면 사랑입니다. 가까이 사귀고 사랑해서 감화, 감동, 변화, 요즘식으로 이야기하면 진화시켜서 완성 해방시킨다는 뜻입니다.

가톨릭 이야기 한마디 합시다. 성경에 우주 만물이 메시아를, 해방의 날을 기다리면서 물질의 속박 안에서 신음하고 있다는 말이 있습니다. 굉장히 중요한 말입니다. 생명운동의 최고 목표는 바로 이렇게 신음하고 있는 만물을, 물질이 가지고 있는 그 타성적 조건으로부터 해방시키는 것입니다. 그 큰 목적을 가질 때, 그것을 실천할 때, 그때에야 비로소 전 지구 오염이라든가 파괴, 라니냐, 엘니뇨 극지 이동에 의한 해수면 상승, 기상이변 등 문제 전체를 해결할 수 있는 새로운 과학을 창조하도록 촉발시킬 수 있는 어떤 형태의 촉매가 나옵니다.

이 촉매가 없이는 과학은 자기 발견을 못해요. 촉매가 더 들어가서 심지어 어떤 비전까지도 봐야 새로운 과학이 가능하게 됩니다. 극히 소수지만 아주 훌륭한 서양 과학자들도 어떤 비전이 수학·과학의 전개 과정을 촉발시킨 예는 많이 있습니다. 그러니까 인문학적이라 하더라도 그 어떤 내용이 있어서 과학자들을 촉발시켜야 합니다. 문화 담론이라도 좋고, 시 한 편도 좋고, 생명운동의 큰 물줄기가 시민 사이에서 일어나 인간의 마음과 물질의 마음까지 소통하자, 물질의 마음까지 구원하자, 물질의 마음에 감동을 주어서 그들을 물질 관성 상태의 속박으로부터 해방하자는 말입니다.

더군다나 오염된 상태로부터 해방하자는 운동이 문화적으로 나올 수 있다면 이것이 과학자들을 크게 자극합니다. 이때에야 비로소 오염 상태를 근본적으로 해결할 수 있는 탁월한 우주과학, 지구과학, 지구 의학, 지구 생리학이 나올 수 있다고 저는 봅니다. 그렇기 때문에 물질 안에도 있다는 마음, 동식물의 마음, 인간의 마음을 가까이 사귀어서 감화시키는 생명운동, 풍류의 본질인 접화군생, 그것의 문화적 표현으로서의 예술, 이것을 주요시하게 되는 겁니다.

먼저 말씀드렸다시피 내 직업이 시인이고 전공이 미학이며 문화 담론의 핵심인 미학적 생산성, 그 창조적 콘텐츠로부터 새 시대 인류의 정치적 삶, 경제적 삶에 대한 비전을 보여 주어야만 되는 이 시대의 독특한 요구를 느끼고 있습니다. 그런 요구와 그에 부응하여 활동 내용이 제3섹터로서의 시민 활동의 기준이 되고, 시민적인 소통론, 시민 민주주의적인 기본 철학의 내용으로 되어 단순한 사회적 소통이 아니라 우주와 사회를 관통하는 우주 사회적 공공성이라는 통일적 담론이 될 때에 문제가 근본적으로 해결되지 않겠는가, 이렇게 생각해서 생명운동이라는 큰 테마를 안고 문화 쪽으로, 미학과 예술 쪽으로 돌아간 겁니다.

길게 이야기드렸는데 그러면 율려가 뭐냐. 아까 물질 안에도 마음이, 생명체 안에 영성이 있다고 했습니다. 영 속에 무엇이 있을까요? 인간 의식은 천층만층입니다. 참선을 해보니까 인간의 마음의 층위가 무지무지하게 복잡하고 중층적입니다.

요즘 과학에 의해서 많이 나오죠? DNA 연구, 분자생물학, 무엇을 연구합니까? 물질 진동의 기억까지도 인간 의식 안에 정보로 있다는 것 아니에요? 파충류나 포유류 단계는 말할 것도 없고, 유인원 단계도 물론이지요. 융의 임상 실험에서는 쇠 입자가 진동하는 형상 같은 것이 채취된 적도 있습니다. 물질의 기억까지도 인간 안에 있어요. 뇌 생물학 분야에서는 인간의 뇌세포 안에 우주 진동, 초신성 따위의 폭발의 진동까지도 그대로 복제된다는 것 아닙니까? 아직은 가설 단계를 못 벗어납니다만 이런 것들이 무엇을 의미합니까? 당연히 근본적 인간 이해가 변해야 합니다.

≪천부경(天符經)≫에 '삼사성환(三四成環)'이라는 구절이 있습니다. '셋과 넷이 원을 이룬다'는 뜻입니다. ≪천부경≫은 굉장히 어려운데 여러 사람이 여러 가지 해석을 합니다. 나는 어떻게 이해하느냐? 기학(氣學)에 의하면 우리 몸에 있는 외단전(外丹田) 네 개, 내단전(內丹田) 세 개를 의미한다고 합니다만, 저는 그렇게 보이지 않습니다.

여러분 19세기 말 동무 이제마의 사상의학(四象醫學)에 대해 들어 보셨을 겁니다. 사상의학은 장기나 세포를 소음·소양·태양·태음의 네 가지 특성으로 분류해서 다시 종합하는 겁니다. 그러니까 넷이라는 코스모스적이고 안정적인 수의 역수 체계 안으로 장기나 세포 같은 드러난 신체 질서를 흡수한 겁니다.

단전은 눈에 보이지 않습니다. 단전에는 하단전이 있고 중단전이 있고 상단전이 있습니다. 하단전은 정력, 육체적인 힘, 생명력이고, 중단전은 기장(氣壯), 즉 사회적 사랑, 사귐, 타인에 대한 정열, 이런 것들입니다. 하단전의 신체적, 물질적인 능력이 개별적이라면 중단전의 사귐이나 사랑은 사회적입니다. 상단전의 영적·지적, 좌뇌·우뇌의 통합적 능력을 통한 신적 창조력은 우주적입니다. 그래서 무의식의 깊이까지 내려갑니다. 그런데 무의식까지 내려가는 명상 체험은 절대로 우뇌적인 것, 직관적인 것만은 아닙니다. 분석을 동반합니다. 이건 미묘한데 앞으로 큰 문제가 되겠죠. 하여튼 이 세 단전을 중심으로 780여 개의 경락이 온몸에 퍼져 있습니다. 780여 개의 경락은 소위 카오스 생명체입니다. 눈에 보이지 않습니다. 이것은 단순한 에너지가 아니라 마음을 실어 나르는 기의 체계, 에너지 체계입니다.

간단히 요약하면 셋과 넷으로 이루어진다고 보는 몸은 카오스적이면서 코스모스적이라는 말이 됩니다. 드러난 질서로서의 장기, 기관, 세포와 이 드러난 질서 사이사이로 흐르는, 보이지 않는 숨겨진 차원의 경락, 경혈의 카오스적인 질서를 말한다고 생각합니다. 나는 이것이 원을 이루어 전체적인 몸이 치유, 완성되는 것을 율려라고 생각합니다.

율려는 몸에 있습니다. 우주적 질서이지만 동시에 몸 안에 살아 있는 게 율려입니다. 음이면서 양입니다. 아까 이야기한 드러난 질서로서의 안정적 구조, 이것은 질서 정연한 뇌수와의 관계에서 매우 직결적인 데 비해서 경락은 매우 독립적입니다.

육체 안에 율려가 있다는 것은 구체적으로 어떻게 나타나느냐? 춤으로 나타나죠. 이제까지 ≪예기≫ 중의 '악기'나 ≪한서≫, ≪율력지≫ 등 동양의 악서들을 보고 정치적으로 이야기를 했더니 자꾸만 어렵다는 겁니다. 그래서 바꾸기로 했습니다. 춤추고 노래 부르는 게 바로 율려입니다.

그게 시대마다 다르지만 요즘엔 어떤 게 가장 가까운 율려냐 하면, 메탈 비슷한 것 같아요. 그런데 내가 보기에 메탈은 비트가 우리 몸과 안 맞아요. 연속적이고 부드러운 율동이 아니에요. 그래서 물어보니까 맨날 디스크 같은 게 생긴대요. 젊은이들을 위해서도 새로운 춤과 노래가 필요합니다.

나도 아침마다 춤추고 노래합니다. 그건 일정한 정형이 있는 건 아닙니다. 매일 달라요. 이것이 중요합니다. 무정형. 그걸로 건강을 유지합니다만. 몸 안에 율려라는 실체가 있는 게 아니라, 결코 실체가 아닙니다. 그것은 생명이라고 부를 수밖에 없고, '영'이라고 부를 수밖에 없고, 그 '영'의 핵심으로서 미묘하게도 '신'이라고 부를 수밖에 없는 것입니다. 우리 민족은 '한'이라는 한마디로 불렀습니다만.

그것이 율려라는 '음'이면서 '양', 카오스이면서 코스모스, 극과 극이 서로 어우러지는 창조적인 이중 질서로 나타납니다. 아까 3이면서 4, 보이지 않는 숨겨진 질서로서의 3의 체계, 780개의 경락, 경혈, 세 개의 단전의 움직임을 드러난 질서로서의 장기의 움직임과 같이, 요동하는 통일적인 질서를 일단 율려라고 부를 수 있습니다.

율려가 '용(用)'이라면, 즉 현상을 율려라고 한다면, 그

'체', 본질은 황중(皇中), 성인이라 합니다. 또 몸 안에 있는 율려는 우주 질서의 반영이죠. 경락론에 의하면 몸 안에도 12계절의 질서가 그대로 있고, '궁상각치우' 오음의 질서가 그대로 있습니다.

거기서 더 나아가면 여러 가지 분석이 나오지만 그런 근본적인 신체의 통합적인 움직임을 율려라고 부르는 겁니다. 육체의 뇌 체계의 압축이 두뇌인데 이 두뇌 속의 뇌간이 율려의 생성을 압축한다고 합니다. 그 움직임이 소위 역사와 함께 제왕이 나타나고 노동이 조직화되고 국가 질서가 나타나고 시장이 나타나고 여러 가지 법률이 나타나고 이러면서 육체에서 사라졌다는 겁니다. 즉 춤을 추어도 우주의 기본 질서와 그대로 일치하고 신령한 영성과 일치하는 춤이 안 나타났다는 겁니다. 이건 우리 민족의 오래된 이야기입니다.

이걸 현상이라고 부르는데 본체는 뭐라 그랬죠? 화중이라고 부른다고 했죠. 인간 마음이, 즉 존재핵이 우주핵, 즉 천지 마음과 일치했을 때 이루어지는 거룩한 인간을 황중이라고 부릅니다. 이게 체입니다. 본체, 이걸 성인이라고도 부릅니다. 우리가 현상으로서 좋은 우주적 춤을 추고, 무용을 하고 그래서 어디로 갑니까? 그 율려를 할 때만이 인간의 마음을 감통시킬 수 있고, 동식물 마음에 침투할 수 있고, 물질의 마음에 감화를 줄 수 있고, 생명운동을 할 수 있습니다.

요즘 자연 음악이란 게 있습니다. 일본의 열일곱 살 먹은 한 소녀가 마음이 깨끗해서인지 나무나 새하고 말하고 그러는데 이 내용을 음악으로 표현합니다. 이것이 일단은 좋은 기악(器樂)을 통한 율려입니다. 여러분 우리 민족은 예로부터 춤추고 노래 부른 민족이에요. 신령한 하느님 백성이라고 했던 겁니다. 왜? 그 춤과 노래로 하늘의 질서, 우주적 질서를 반영하고 표현한 겁니다. 반영, 표현하면 바로 그것으로 치료가 됩니다. 치료란, 그러니까 근본적 생명운동입니다. 내가 치료되면 사회를 치료할 수 있는 윤리나 문화의 준거 기준이 내 마음과 몸에 나타납니다. 카오스모스, 카오스적인 코스모스, 신령한 카오스적 코스모스가 나타납니다. 무궁무궁 창조 생성되는 신령한, 텅 빈 핵이죠. 이랬을 때 사회 기준도 달라지고 이것을 준거 기준으로 볼 때 의학 체계도 달라지고 정치나 경제도 달라질 것이라고 저는 희망을 하죠.

그런데 체는 황중이라고 그랬습니다. 이 '중(中)' 자에 주의해야 합니다. 신령한 우주적 인간 성취입니다. 성인이죠, 요즘은 네오휴먼이라고 하죠. 신인간은 천지공심을 가진 자입니다. 천시공심이란 건 쉽게 이야기하면 우주적 공공성입니다. 공공 영역이란 것이 한나 아렌트나 하버마스처럼 너와 나의 커뮤니케이션에 의해서 형성되는 사회적인 것만이 아니고, 동식물이나 흙이나 바람, 공기, 물방울과도 통신하는 공공 영역, 텔레파시겠죠. 또 그렇게 높은 경지까지 못 가도 그걸 목표로 하는 교육과 그걸 목표로 하는 문화, 그걸 목표로 하는 예술, 그걸 목표로 하는 미학적 생산성을 콘텐츠로 하는 대중 복제 예술의 출현, 그래서 PC방에서까지 그것이 기본이 되어 오락적인 대중성과 소위 '아우라'와도 같은 그것이 결합될 때 일반 대중이나 여러분 같은 신세대도 비트를 통해서, 음률을 통해서 내용이 아니라도 그 오묘한 우주적 치유와 율동에 접근할 수 있는 것이 아닌가.

율려는 일단 비트입니다. 또 율려는 리듬이면서 밸런스입니다. 다이나믹 이퀼리브리엄(dynamic-equilibrium)이라고 부를 수 있습니다. 역동적 균형의 원리입니다. 음이면서 양이고, 코스모스이면서 카오스입니다. 거기서부터 무궁 생성되는 것은 어떤 제3차원의 미묘한 거룩함, 성스러운 감동입니다.

우주 사회적 공공성, 우주 사회적 소통이 가능할 텐데, 여기서 생성되는 건 무엇일까요? 공공 영역이 사회적 삶과 시장적 삶에 한정되지 않고, 지구 생태계 전체와 지구를 둘러싼 지구의 절기, 태양계 전체의 변화, 달과 해의 순환의 변화, 이런 것들이 우리들의 일상적인 삶 안으로 들어올 수 있고, 그렇게 되었을 때 우리들 일상적 삶의 집약적 표현으로서의 정치 문제로 지구 생태계 문제가 바로 떠오를 수 있다는 것입니다.

우리는 서양 생태학의 오랜 논쟁의 초점을 기억해야 합니다. 사회생태학과 근본생태학의 오랜 논쟁의 초점은 자연과 구별되는 문화와 자연 사이에서 인간이 무엇인가 하는 겁니다. 만약에 여기서 인간이 자연의 한 종에 불과하다면 거기에 대한 처방은 완전히 달라집니다. 만약에 여기서 인간이 자연과 구분되는 완전히 문화적 존재라고 하면, 그래서 이 사회가 완전히 인공물에 불과하다면 거기에 대한 처방은 또 완전히 달라집니다.

문화와 자연 사이에서, 자연에 토대를 두고 그로부터 출발하지만 또한 그것과는 다른 문화적 인간, 이건 역설입니다만 이것이 바로 생명론입니다. 여기서 문화라는 독특한 경지를 또 다르게 평가하여 제2의 자연이니 뭐니 한다면 거기에 대한 평가는 또 달라집니다.

그러나 이것이 서양에서는 해결이 안 된 것 같습니다. 우리 쪽에서 접근한다면 천지공심, 우주 사회적 공공성이 해답이죠. 바로 이것, 즉 율려인간이요, 신인간입니다. 어렵게 생각하지 마시고, 이래서 통할 수 있다면 통할 수 있는 이 기초 위에 사회 이론이 형성되고, 정치·경제 이론이 형성되고 시민 생활, 세계의 시민운동이 그런 문화적 내용, 즉 율려를 중심으로 해서 새로이 진행된다면 적어도 앞으로의 정치나 세계시장 안에서 생태계 오염에 대한 최소의 비용 계산은 들어갈 수 있지 않느냐. 그 이상은 갈지 못 갈지 모르겠습니다만, 그렇게 되면 문명이 달라질 겁니다.

생명의 출발, 우주의 여성음

율려가 천지를 창조했다는 이야기가 있습니다. ≪부도지≫라는 고서를 보면서 내게 큰 변화가 올 것 같은 느낌을 받았는데 지금 이야기가 완전히 난센스가 될지도 모르겠습니다만, 말씀이 천지를 창조한 게 아니라 말씀의 로고스를 포함한 카오스의 전개라고 볼 수 있는 율려가 천지를 창조했다는 겁니다.

　≪부도지≫에 의하면 첫 번째 창조한 게 여성입니다. 음악이 천지를 창조했고, 주역과 같은 수와 역은 음(音)에서부터 생깁니다. 최초가 음이죠. 이게 율려인데, 첫 번째 생겨난 게 누구냐. 여성, 여성음입니다. 이것이 8려라는 겁니다. 우리가 아는 율려에서는 6개가 '율'이고 6개가 '여'죠. 그런데 최초의 음악은 '8려'라고 합니다. 여성음이 8개고 남성음이 4개라는 겁니다. '8려' '4율'이죠. 우린 그런 음악 들어

본 적이 없습니다. 그러면 어떻게 될까요?

여성음을 카오스적이고 에로스적이라고 본다면, 그렇게 가정할 수 있다면 이건 좀 이상해집니다. ≪부도지≫에 최초로 나오는 것은 '마고성 이야기'입니다. 파미르 고원에, 1만 4천 년 전 마고성에 인류 시원의 문명이 있었다고 합니다. 이 마고성을 창조한 것도 율려입니다. 무엇을 뜻할까요? 이 마고성의 주인이 마고인데 여자죠. 이 여자로부터 궁희와 소희라는 두 딸이 나오고, 여기서 남자들이 나옵니다. 땅으로부터 젖이 나와서 그걸 먹고 살았는데 인구가 증가하니까 이 젖이 모자라서 지소씨라는 족속 중의 한 사람이 배가 고파서 포도를 먹었어요. '오미(五味)의 변(變)'이라고 부릅니다. 포도의 맛에서 오미의 쓴맛, 단맛 등 맛을 경험한 겁니다. 불교식으로 이야기하면 다섯 가지의 분별지를 획득한 겁니다. 에덴의 선악과 사건과 흡사합니다.

우리 잘 생각해야 합니다. 이 민족의 오래된 고서인데 이걸 어떻게 평가할 것인지가 율려 운동에서 우리의 한 과업입니다. 그러니까 이때부터 사람들이 병이 들고 이상한 마음이 생기고 분열하게 되더니 전 세계로 흩어졌다는 겁니다. 그중에 황궁씨라는 한 족속이 천산을 거쳐서 동아시아 쪽 바이칼호 쪽으로 중앙아시아를 거쳐서 이동했다는 이야기이고 서쪽으로는 수메르, 발칸, 티베트 등으로 흩어졌다고 합니다.

  나는 오늘 전설을 이야기하려고 온 건 아닙니다. 문화적 원형, 상상력을 생각해야 합니다. 율려와 함께 마고, 인류 시원의 여성성, 그리고 그들의 천지창조의 음악으로서 8려 4율. 여성음이 주조를 이루고 남성음이 보조적인, 8려가 목표하는 건 무엇일까요? 내가 보기에는 내재된 어떤 균형일 겁니다만은, 그러나 균형이면서 동시에 역동입니다. 리듬이면서 동시에 밸런스. 이때 그 행위 주체가 누구냐 하는 것이 가장 큰 문제입니다.

  카오스 이론에서 해체와 요동은 당연한 것입니다. 그러나 완전 혼돈, 무질서한 전면 해체는 죽음입니다. 여기에서 어떤 형태로든 질서가 있지 않으면 완전한 해체입니다.

  엔트로피 최고 증대의 순간에 지구는 깨져 버리고, 물질은 붕괴하고 선택된 소수의 영적인 진보주의자들과 소수의 크리스천만이 행성이 되어서 허공으로 올라간다는 테야르의 종말관은 다분히 프리메이슨적입니다. 기독교인들은 그것을 철저히 수정해야 합니다. 그렇게 행성이 상승한다면 그럼 나머지 물질과 함께 붕괴되는 소수민족들, 낙오자들, 지체부자유자들, 조금 모자란 사람들은 어떻게 하라는 겁니까? 진보주의를 맹신하던 시절에는 그런 과학적 묵시론이 근사한 것 같지만 오늘날에는 전혀 맞지 않습니다.

수운 선생이 우주 진화의 미래를 표현한 시(詩)가 있습니다. '만년지상화천타(萬年枝上花千朶)' 만년의 진화 나무에 천 떨기 꽃이 활짝 피는 황홀한 풍경을 생각해야 합니다. 모든 개성, 모든 민족, 모든 부족, 문명권이 다 제 안에 살아 있는 우주적인 큰 유출과 생성을 무궁무궁 실현하는 미래를 그려야 합니다. 이걸 실현하는 게 '한'이라는 한마디 말입니다. 우리는 이런 차원에서 민족을 다시 발견해야 합니다.

내가 한국에서 제일 존경하는 여성이 이영자 선생인데 이영자 선생이 고개를 갸우뚱하며 난 민족이 뭔지 모르겠다 이랬습니다. 그래서 내가 이런 말씀을 드렸습니다.

모든 생명에는 '막(膜)'이 있는데, 나 개인도 막이 있기 때문에 생명체입니다. 민족도 막이 있고, 동아시아 문명도 막이 있고 지구도 막이 있고 인류도 막이 있습니다. 지구도 대기권이라는 막이 있기 때문에 에너지는 통과하고 물질은 통과하지 못합니다. 즉 막은 열려 있으면서도 동시에 닫혀 있습니다. 역설이죠. 생명 논리는 역설입니다. 닫힌 만큼 주체적이고 열린 만큼 세계적이어야 합니다. 생명론의 입장에서만 민족 문제는 세계 문제와의 불화와 모순을 넘어설 수 있을 것입니다. 그러니까 내가 주체적이라고 해서 비세계적이고 비인류적이라고 볼 수는 없습니다.

다행히도 요즘 지식인 사회에서 지구 시대의 열린 민족주의라는 담론이 뜨기 시작했습니다. 좋은 조짐으로 봅니다. 서양인들 맨날 뒤쫓아 다녀 봐야 콧물도 없어요. IMF가 뭐예요? 세계시장을 완전히 엉망으로 만들고 뉴욕 증권 시세 따라 사람 얼굴이 찢어졌다 모아졌다, 희로애락이 다 증권시장의 널뛰기에 달라붙어 있다고, 아무리 자본주의 시장 질서를 우리가 어떻게 할 수가 없으니 따라가야 한다고 하지만 이건 좀 너무하죠?

하여튼 나는 영 속의 움직임이 율려라고 말하고 싶습니다. 그것은 내 체험입니다. 감방 안에서 참선을 해 보니까 한 사흘 훤해져요. 흰 갈대가 바람에 흩날려요. 햇빛이 그걸 통과하고 빨간 황톳길, 푸른 시냇물 등 찬란한 풍경이 보입니다. 이것이 사라지면 컴컴한 지옥 같은 풍경이 한 나흘 계속돼요. 그런데 괴상한 것은, 아까 '8려' 이야기했죠? 어둡고 무질서하고 그러면서도 그 안에 푸른빛이 반짝반짝하는 그런 체험이 더 오래가요. 하여튼 그것이 왔다 갔다 한다고. 그런데 동시에 지독한 육욕(肉慾)과 지독한 증오심 사이를 끊임없이 왔다 갔다 해요. 거기에 휩쓸리지 않고 중립적인 태도로 가만히 보는 것, 그게 참선자의 할 일입니다. 그러던 어느 날 그게 슬며시 없어지면서 '팍' 하고 소각(小覺), 조그만 깨달음에 도달합니다.

이것과 저것, 저것과 이것, 카오스와 코스모스, 여성적인 것과 남성적인 것, 음과 양, 천상적인 것과 지상적인 것, 신적이고 영적인 것과 육체적이고 리비도적인 것, 두뇌 중심과 신체 중심…. 이런 이중적인 순환이 언제나 수평적이지는 않습니다. 어느 쪽에든 중심이 있죠. 그러나 언젠가는 마침내 제3의 차원이 열립니다. 그건 뭘까요? 변증법일까요? 변증법 비슷하지만 아니에요.

　그런데 그레고리 베이트슨 같은 사람들의 책을 보니까 생명도 똑같은 거야. '아니다·그렇다'의 논리예요. 컴퓨터도 똑같아요. 컴퓨터도 생명을 모방하는 거니까. '예스 노우', '온 오프'…. 숨어 있던 차원이 계속 드러나는 차원을 수정하고 견인하고 개입하다가 그 숨겨진 차원 자체가 새로운 차원으로 드러나는 것, 바로 이런 전환 관계입니다. 마음과 일반 생태적 생명 생성이 똑같죠.

　이것은 뭘 의미할까요? 그 안에 있다고 했지만, 안에 안 있다 해도 좋습니다. 그걸 율려라고 부를 수는 없습니까? 마음 안에 어떤 움직이는 것, 이걸 살려 내는 게 율려 운동입니다. 그래서 노래 부르고 춤추고 그러면서 뽑아내자는 겁니다.

　이렇게 뜀뛰고, 또 개인적인 체험이긴 하지만 그럴 경우에 미묘한 일이 일어납니다. 비천(飛天)하는 솔개가 되어서 하늘을 난다든가 하는 시각적 비전이 일어납니다만, 인간은 하늘로 올라갈 때 무엇을 느낄까요? 거꾸로 마음과 몸 전체가 밑으로 한없이 가라앉고 고요해지는 걸 느낍니다. 그것은 뇌파가 아래로 내려간다는 걸 뜻하는데 그런 상태로 내려가면서 기는 굉장히 역동적으로 움직입니다. 이걸 뭐라고 부를까요? 리듬 앤 밸런스. 이렇게밖에 표현을 못합니다. 그게 율려죠. 그럴 때 건강해지고 치유됩니다.

나는 11년간을 맨날 술만 퍼마시다 살려고 고향에 내려갔습니다. 해남. 무화과가 피고 토담 너머 길바닥에 커다란 감이 널려 있는데 사람들이 주울 생각도 안 해요. 내 고향은 목포입니다만, 목포 가까운 데가 해남입니다. 김준태 시인도 거기가 고향이고, 내가 사랑하는 황지우 시인도 거기가 고향입니다.

거기 정착하러 내려갔었습니다. 술에 절어서 완전히 해골만 남았는데 그래도 살아 보려고. 그런데 거기서 병이 나 버렸죠. 어마어마한 환상에 시달렸는데 그래서 11년 동안 신경안정제 먹고 살았어요. 사람이 아니죠? 그걸 극복하게 해 준 게 율려입니다.

≪부도지≫ 이야기도 하고, 마고 이야기도 했습니다만, 새로운 율려 문화는 코스모스 시대, 로고스 시대, 남근 중심주의 문명 이후에 다가오고 있는 카오스, 에로스, 여성성이

라 부르는 가이아가 바로 그것이죠.

환경, 여성성, 해방 이런 여러 가지 사태들이 전혀 우연이 아닙니다. 고대의 회복이라고 부르는 것, 뱀의 부활, 용의 부활을 절대 놓쳐서는 안 됩니다. 수천 년 전 죽임당하고 갇혀 꼼짝 못하던 고대 카오스 시대의 우로보로스 뱀을 인정해야 합니다. 신세대의 여러 가지 감각주의도 저는 인정을 합니다. 다만 여기에 이런 식으로 부서져 나가는 것. 이 해체를 그냥 그대로만 인정한다는 건 죽음입니다. 여기서 어떤 질서를 찾아야 하는데, 이 민족을 한 번 보십시오. 난 중국에서도 그걸 못 찾았는데, 미묘한 걸 한번 봅시다.

산조 음악 들어 보신 적 있습니까? 그때 잘 들어야 합니다. 음악을 잘 알아야 합니다. 난 서양음악, 모차르트나 바흐 같은 몇 사람 이외에는 잘 몰라요. 그런데 이 산조에 본청(本淸)이라는 게 있습니다. 늘 움직이고 계면으로 흘렀다, 우조로 흘렀다, 천(天)으로 빠졌다, 지(地)로 내려갔다 이렇게 운동하는데 끊임없이 분산적이고 복잡화하고 이동하고 유동하면서도 중심의 기축, 뿌리로서의 역할을 잃지 않는 것, 이게 본청입니다.

카오스 시대의 질서, 코스모스는 따로 하나의 억압적 우주로서 존재하는 것이 아닙니다. 끊임없이 분산하고 개성화하고 독립되고 자기주장을 하고 민족 나름의 삶을 개척하는 이 모든 산란한 물질 형식의 분해 속에서, 그 하나하나 안에서, 어떤 유기화랄까 깊은 전체화, 창조적 전체를 이룰 수 있는 어떤 노릇을 하는 것, 이것이 율려의 중심음이라고 봅니다.

우주적 해원의 주체로서의 마고

이제 율려의 중심음까지 왔습니다. 이걸 찾아서, 이걸 타고 누가 인류 시원의 원형인 마고를 현재 미래의 세계에 창조적으로 실현할 것인가? 누가 갈 것인가? 그것은 마고이며 도달하는 곳도 마고라고 생각합니다.

이 강연의 원래 제목이 '율려와 여성'이었어요. 여성이 이 전환 시대를 이끌고 가는 기관차다, 난 이렇게 생각해요. 남자들은 조금 후퇴해야 합니다. 목표는 남성성과 여성성의 진정한 해방이겠죠. 또 이 주체가 성 평등을 넘어서야죠.

그러면 그 근처에 도달한 강증산이라는 유명한 사람이 있습니다. 신비가이고, 잘못 보면 허풍쟁이인데, 그 사람을 단순히 종교가로 볼 것이 아니라 우주적 비전으로 파악해야 합니다. 위대한 우주적 비전을 가진 사람, 그 비전을 이 우주 시대에 있어서, 문화 운동 안에서 우리가 어떻게 활용할 것인가? 이렇게 생각해야지, 대순진리회니 증산도니 자꾸 몰려다니면서 기도나 하고 이래서는 안 됩니다. 그러니까 오늘의 시대에 맞게 재해석하고 재획득해야 합니다.

아까 체와 용이라고 그랬죠? 황중, 신인간, 성인을 이루었을 때 우주와 인간이 마음에서 하나가 되었을 때 이루어지는 게 성인이고 신인간입니다. 우주적 인간이며 신령한 인간, 이게 베르그송 이후 동서양에서 계속 요구되는 신인간입니다. 또한 동학(東學)에서 목표로 하는 것이고 사카르도 이야기했습니다. 이게 뭐냐. 천지공심, 모든 만물의 아픔, 오염을 걱정하고 슬퍼하는 마음, 이게 하느님 마음인데, 거기에 목표를 두고 우리 마음을 열도록 계속 밀고 가야 신인간이 됩니다. 이때 이루어지는 것을 황중이라고 합니다.

이것은 김일부 선생의 ≪정역(正易)≫과 관련이 있습니다. 이 '황중'의 '가운데 중(中)' 자가 중요합니다. 이건 비어 있습니다. 즉 존재핵과 우주핵의 중심은 비어 있다고 봐야 됩니다. 짤막한 제 체험이니까 믿어도 좋고 안 믿어도 좋습니다. 하느님 중심은 비어 있다. 이게 뭐냐? 자유의 근거입니다. 활동하는 자유, 창조적 무(無), 또는 생성하는 공(空). 뭐라 해도 좋습니다. 우리는 동서양의 가장 깊은 근원적 우주론을 탁월하게 종합하지 않으면 안 돼요. 전 인류가 동서양의 지혜를 전부 통일해도 위기를 뚫을까 말까 합니다.

그러면 이 텅 비어 있는 창조적 자유가 자유의 생태학의 근거가 될 수는 없는가? 이것이 생성했을 때 어떤 구조를 갖는가? 이것이 율려 구조입니다. 코스모스적이면서 카오스적이고 그러면서 새로운 성스러운 제3의 차원을 형성시키는 하나, 둘, 셋. 변증법 아닌 변증법. 여기에 정의의 생태학의 기초를 세울 수는 없는가? 정의의 생태학과 자유의 생태학이 지금 서구 환경 운동의 기초적 이론 중에서 가장 중요하면서도 골치 아픈 대립입니다.

강증산이 "저 여자들이 염주 굴리는 소리를 들어 봐라" 이런 이야기를 했어요. 저게 무슨 소리냐 하면, 수천 년 동안 완롱거리 장난감, 사역거리 부엌데기로만 천대받던 여자들이 해방되려고 염주 굴리는 소리가 구천에 사무친다는 말이에요. 구천은 가장 높은 하늘이죠. 엄청난 이야기예요. 강증산, 잘 봐야 합니다. 우리 민족이라고 해서 우습게 보지 말고. 여러분, 서양 것은 이제 배울 만큼 배웠어요. 이제 그 혜안으로 우리 걸 한번 들여다봐야 합니다. 과거에 똑똑한 미국, 일본 유학생들이 다 놓쳤던 것, 다시 한번 들여다봐야 합니다. 이젠 그때가 왔습니다.

강증산은 날아다니는 나비에게도 원한이 깊이 깃들어 있다고 했어요. 물질, 동식물 안에 들어 있는 마음이 모두 병든 것, '한(恨)'입니다. 막혀 있는 정서, 어떤 것을 향해 나아가려는 희망이 좌절되어 침전된 심리의 그늘, 그림자, 그 침전물, 이게 한입니다. 나비까지도 한에 차 있다고 본 거예요. 여성들은 말할 것도 없죠. 이들 여자들이 원하는 게 뭘까? 이들이 지배하는 세상일까? 아니에요. 남녀동권이겠지. 그런 말이 나옵니다.

그다음의 말이 중요합니다. 강증산은 제자에게, 수천 년 억압으로 뒤틀린 남녀 관계가 평형을 이루려면 한참 동안 여자들이 설쳐야 할 것이라고 말합니다. 여자들이 난리를 부려야 돼요. 기울었던 게 바로잡히려면 그럴 수밖에 없습니다.

새 시대의 요구가 뭡니까? 아까도 이야기했지만 영성이에요. 이게 기준이에요. 나는 영성주의자는 아닙니다. 욕망학도 동시에 인정하니까. 그러니까 이중 중심이겠죠. 두뇌 중심과 신체 중심의 이중 중심. 아까 이야기한 경락 체계를 인정한다면, 기(氣)는 마음을 싣고 가는 에너지의 체계니까, 그렇다면 마음은 두뇌에만 있는 게 아니에요. 두뇌는 축소판이죠. 이 축소판의 확대가 온몸, 전신입니다. 전신이 마음이라고 나는 봅니다. 그러니까 이중 중심도 아닌 것 같아요. 앞으로는 이제 밝혀져야 할 겁니다.

자, 이거 누가 할 것이냐 하는 이야기 또 나왔죠. 강증산이 자기 부인한테 법통을 넘깁니다. 남자 제자들이 둘러서 있는 가운데 자기 부인에게 큰 식칼을 들고 자기 배 위에 올라타라 그래요. 그래서 부인이 강증산의 배 위에 올라탑니다.

그리고 배 위에 있는 부인에게 "천지인 삼계 대권을 내놓으라고 그래라" 하고 시킵니다. 강증산이 스스로 옥황상제라고 했으니까 바로 하느님이죠. "나보고 이 천지 대권을 내놓으라고 해라" 그래요. 강증산이 시키는 대로 고수부라는 자기 마누라가 "삼계 대권을 내놔라" 그러니까 강증산이 빌면서 "네, 드리겠습니다" 이럽니다. 이게 바로 가장 중요한 천지공사라. 천지가 바뀌었다. 여성한테 대권이 넘어갔다. 이거 어떻게 보세요. 고수부가 마당에 유교 경전, 성경, 불경, 채권, 공명첩, 벼슬 임명하는 것, 온갖 것 다 모아 놓고 밟으면서 춤을 춥니다.

진화판, 새 세상 여는 거예요. 자 이거, 어떻게 봐야 될 것인가? 여성학, 성 평등, 페미니즘 다 좋은데, 난 페미니즘에 대해선 잘 모릅니다만, 생명론에 입각했다는 에코 페미니즘까지도 문제가 많은 것 같습니다. 이거 어디서 뛰어넘을 거냐?

이런 간단한 이야기를 자기가 창조적으로 이 시대에 맞게 파악하는 것, 율려가 천지를 창조했던 시대, 천지의 모든 질서를 최초의 카오스적 질서로서의 음악이 창조할 수 있었고, 그때 창조의 주체로서 떠올랐던 인류 시원의 여성 마고로 돌아가는 운동, 이것이 우리 민족과 인류의 영원한 꿈입니다.

서양 발칸으로 돌아가는 회귀 운동에서 이제 완전히 힘을 잃었습니다. 마르크스도 푸코도 니체도 하나 아렌트도 창조적 담론을 발칸 고대로부터 끌어냈습니다만 20년 전 푸코 이후, 들뢰즈의 마지막 책인 ≪철학이란 무엇인가?≫가 나온 이후 구라파의 의미 있는 담론은 끝입니다. 이제 어디서 튀어나올까요? 벽에 부딪히면 맨날 미국이나 구라파 가서 담론 카피해 오는 문화 식민주의는 이제 극복해야 합니다. 마르크스는 존경하면서 왜 마르크스가 벽에 부딪혔을 때 발칸 고대로, 공산제 사회로 돌아갔던 그 용기를 못 갖습니까? 우리는 왜 아시아 고대로 돌아가는 그 용기를 못 갖느냐 이겁니다. 왜 민족주의는 원수처럼 미워하고 우습다고 생각하는 겁니까?

프란츠 파농이 ≪검은 피부 흰 가면≫의 분석을 통해서 제기했던 문제, 프랑스 말을 쓰면서 오르가즘과 전율을 느꼈다는 식민지 흑인의 이야기를 기억하십시오. 왜 오르가즘과 전율을 느낄까요? 그건 잘못된 정신 상태입니다. 이걸 치유해야 합니다. 이건 단순히 쇼비니스트적 견해가 아닙니다. 그럴 정도로 나는 적은 체험을 한 사람도 아니고, 배

짱이 작은 사람도 아닙니다. 내 이야기는 여성, 여성성, 여성적 문화가 앞장서면서 남성도 돕고, 결국은 근원적 인류의 꿈을 미래 체제로 성취시키기 위해, 고대로 대담하게 탐색 여행을 떠나면서 미래로 비전을 보내는 쌍방향 운동을 할 수 없는가? 있다! 그게 뭐냐? 율려 운동이다! 이 이야기입니다.

율려를 너무 어렵게 보지 마세요. 우선 춤추고 노래 부르는 것부터 시작해서 몸부터 치료해야 합니다. 자기 몸과 목소리의 진동을 통해서, 자기 몸의 내장이 흔들흔들하고 공기가 흔들흔들하는 체험을 통해서 느낌이 옵니다. 이제 말의 시대, 문자 시대는 끝났고, 멀티미디어의 시대입니다. 멀티미디어의 가장 핵심 콘텐츠는 신령(神靈)입니다. 영에서부터 창조적 아이디어가 나오고, 탁월한 미학적 생산성이 보장되고, 이것이 새 시대의 지구 정보 하이웨이의 내용이 됩니다. 이게 창조화 시대입니다. 그리고 새 문명입니다. 지금의 인프라만 갖고는 해결하기 어렵습니다. 핵심을 짚어야 합니다.

그러려면 우선 여러분은 뭘 해야 합니까? 아까 민족주의 재구성에 대한 문제가 나왔습니다만, 우리 민족의 역사나 사상 체계나 19세기 수운, 증산, 일부의 사상 안에 들어 있는 좋은 씨앗을 여러분같이 높은 지식을 가진 분들이 창조적으로 재해석해야 합니다. 우리 민족뿐만 아니라 한 걸음 더 나아가 아시아와 세계 인류와 지구 전체를 구할 수 있는, 자연과 인간과 사회를 연결시키는 새로운 담론과 과학, 안팎으로 '체(體)'이면서 '용(用)'이고, 용이면서 체인, 신인간에 의한 새로운 율려 운동, 세계를 바꾸는 생명운동을 해야죠.

우리의 과거엔 신시와 같은 독특한 세계경제 체제의 씨앗도 있는데, 이것은 호혜와 교환을 결합한 이중적 교호 결합의 복합적 시장 질서입니다. 또 전원 일치적이고 직접적·집단적 민주주의의 씨앗이 화백제도 안에 있습니다. 굉장히 복합적입니다. 연구해야 할 것이 많습니다.

이걸 가로막고 있는 것이 지금의 상고사 교육입니다. 이게 내 결론입니다. 이병도 식민사관, 일제에 의해서 조작된 사관이 있습니다. 우리 모두 그 역사 교육에 의해 세뇌받았고 현세대 청소년들도 그 교육을 받고 있습니다. 뭡니까? 단군은 곰의 자식이라고 하죠? 초등학교 역사책에 곰이 그려져 있어요. 고조선은 신화라고 가르칩니다. 또 단군조선의 건국 시기가 BC 10세기, 청동기 시대에 한정되어 있어요.

여러분 고조선 강역이 어디입니까? 완전히 자루 속에 쥐 잡아 넣듯이, 평양이고 뭐고 대동강 근처로 전부 집어넣어 버렸어요. 강역이 그렇게 좁지 않았습니다.

그런데 이 운동을 할 때 조건이 있습니다. 절대로 쇼비니즘과 타협해서는 안 됩니다. 한편에서는 쇼비니즘의 위험이 있고, 한편에서는 무정부주의자들의 민족 해체론이 있습니다. 양쪽을 치면서 나아가야 합니다. 민족적으로는 주체적이면서 동시에 그것을 넘어서는 개방성, 이 생명의 패러독스를 자기 철학으로 가져야 합니다. 이런 운동을 지금 시작해야 하고, 현행 상고사 교육의 중지 운동을 벌여야 합니다. 이에 대한 대안 운동으로서 전 민족 속에서 민족교육문화회의가 소집되어야 합니다. 이것과 함께 과학적 근거, 사상적 근거, 새로운 해석 방법론 등이 나와야 할 겁니다.

1999년 6월 8일 가톨릭대 강연

붉은 악마의 세 가지 테마에 관하여

나는 지금까지도 놀라고 있다.

지난 월드컵 때 붉은 악마의 대파도가 우리 역사와 동아시아, 그리고 세계사에 대해 의미하고 있는 것이 무엇인가를 생각할 때마다 깜짝깜짝 놀라곤 한다.

특히 그 파도가 밀고 나온 세 가지 테마를 생각할 때마다 그렇다. '엇박', '치우', '한국형 태극'이 그것이다.

그것을 이해하기 위해 붉은 악마 현상에로 우선 상식선에서 천천히 접근해 보자.

700만이 동원된 대규모의 역동적 사태임에도 불구하고 단 한 건의 대형 사고나 훌리건 따위 폭력이나 인종적 편견의 노출이 전혀 없었다. 대혼돈 속에서 그 나름의 큰 질서를 창조했으니 어떤 의미에서 현대사 속의 가장 중요한 사건으로 떠올랐다

치열한 민족의식을 드러냈음에도 불구하고 동시에 세계인으로서의 보편 의식과 아시아인으로서의 분권적 융합 의지를 보여 주었다. 유럽에 대해 일체의 콤플렉스 없이 대등한 의젓함을 과시했고 승리에 대한 열망과 동시에 외국 팀에 대한 관용과 우정을 아낌없이 표현해 낸 것이 바로 그것이다.

현대사회가 요구하는 세계화라는 지구 의식과 지역화라

는 민족의식의 건강한 이중적 교호 결합이 잘 나타났으며 아시아 문명권에 대한 편견이나 우월감이 아닌 정당한 문명권적 소속 의식이 그 사이에 적절히 나타났다.

그 수많은 군중의 의상이 붉은색 셔츠 일색이어서 통일성과 융합(퓨전)을 드러냈으나 동시에 그 패션은 수천만 가지로 각양각색이어서 철저한 개성과 개체성(아이덴티티)을 과시하였다.

붉은 악마 세대 자신들의 주장대로, '밀실의 네트워크' '방콕족의 퓨전'이었으니 현대 생명과학, 자유의 진화론의 핵심 개념인 '개체성을 잃지 않는 분권적 융합'이요 '자기 조직화'이며 이른바 '내부공생(內部共生, endosymbiosis)'의 현실화다.

1999년 시애틀에서 벌어진 세계무역기구 WTO 반대 시민 집회가 인터넷 소통만으로 일어난 거의 우발적 자기 조직화의 대규모 시위로 발전한 것이 그 한 예증이다.

생명체의 발전 과정에서 군집, 종, 집단이 먼저 발생하고 개체는 그 뒤에 차차 개별화, 자유화되며 전 과정에서 군집이 개체보다 더 필연적이고 더 가치 있다는 군집발생선행론(群集發生先行論)이 생물학과 진화론에서 19세기 말, 20세기 초의 정설(定說)이었으니 이에 따라 코뮤니즘, 나치즘, 파시즘과 공동체주의, 집합주의 같은 전체주의가 기승을 부렸다. 그러나 20세기 중후반에 오면서 현대 생물학과 진화론에서 돌연변이, 다양성, 자유의 기제[機制(메커니즘)]에 의해 군집보다 개체가 먼저 발생하며 개체의 가치가 더 중요시되고 그 개체마다의 숨은 차원으로서 전체성이나 우주 총유출을 각자 자기 나름으로 자기의 생활 형식을 자기 조직화하는 과정에서 다양하게 실현하는 공생론이 압도하기 시작했으니, 그에 따라 각 방면에서 공동체주의나 전체주의가 현저히 후퇴하고 개성과 개별성을 철저히 존중하는 전제 위에서 각각의 개체가 권리를 나누어 행사하는 분권적인 융합이 더 가치 있고 도리어 진리인 것으로 존중되기 시작하였다.

그 가치관의 결정적 표현이 곧 에코적인 디지털 문명이며 더욱더 결정적인 것으로는 붉은 악마 현상이었던 것이다.

생명의 자기 조직화의 주체는 마음, 영성(靈性)이니 그 핵심이 곧 신(神)이다. 다원주의나 유물론은 이제 더 이상 진화를 설명할 수 없다. 최근에 '창조적 진화론'이 두각을 나타내는 것은 필연의 대세다. 창조적 진화, 자기 조직화는 첫째, 내면의 의식(마음 · 영성 · 신령)의 주동성의 원리와 외면의 물질 및 생명의 복잡화 사이의 상호 관계의 원리, 그리고 개체 개체가 자기 나름대로의 숨은 영적인 전체성을 자기 생활 형성(life-form)으로 자기 조직화해 나가는 진화의 세 가지 원리가 바로 현대의 자유 및 자기 선택의 진화론이요 생물학인데, 참으로 기이한 것은 이미 백여 년 전인 1860년, 한반도에서 출현한 동학사상의 제일 주제인 '시천주(侍天主: 하느님을 내 안에 모셨다)'의 핵심인 바로 그 '모심[侍]'의 해설 내용이 곧바로 다름 아닌 이상의 세 가지 원리라는 점이다.

동학은 후천개벽 사상이다. 후천개벽은 지난 5만 년(호모 사피엔스사피엔스가 출현한 시기) 이후의 인류 문명사 전체가 완전히 바뀌는 대전환이요, 대혼돈의 도래(到來)를 명제화하는 변혁 사상이다.

그리고 이 대전환 속에서 인류가 살아갈 새 삶의 원형을 동학은 계시(하늘로부터의 묵시)에 의해 받았으니 그 모양은, '태극 또는 궁궁(太極又形弓弓)'이고 그 뜻은 '혼돈의 질서(混元之一氣)'라는 것이다.

그런데 아메리카와 유럽의 대신문들은 요즈음 기회 있을 때마다 현대를 한마디로 '대혼돈(大混沌, Big Chaos)'이라고 정의한다. 인간의 도덕적 황폐화, 신자유주의 세계화에 의한 세계시장의 실패와 빈부 격차의 심화, 지구 생태계의 전면 오염과 파괴, 그리고 심상치 않은 기상이변 등을 가리키는 말이다. 여기에 테러와 전쟁까지 가세한다. 이것에 대해 처방할 수 있는 것은 바로 이 혼돈을 혼돈대로 인정하고 그 혼돈에 침잠하면서도 그 혼돈 나름의 독특하고 보편적인 질서를 찾아 혼돈을 치유 해방함으로써 전 지구와 인류를 혼돈에서 탈출시키는 탁월한 통합적 과학이라고 한다. 그런데 이 과학은 인문학 또는 종교적 사상 속에서의 원형(元型, archetype)으로서의 독특한 '혼돈의 질서'가 나타나 과학을 오히려 촉매함으로써만 성립된다는 것이다. 문제는 이 원형이 유럽이나 아메리카에서는 보이지 않는다는 점이다. 유럽이나 아메리카에서 이른바 '이스트 터닝(east turning: 동아시아에 대한 관심 이동)'이라는 대유행이 휩쓰는 이유가 바로 이 점에 있다.

생각해 보자.

동학에서 '혼돈의 질서(混元之一氣)'라고 부르고 그 모양이 '태극 또는 궁궁(太極又形弓弓)'이라는 영부(靈符), 즉 원형, 그리고 동학에 이어 나타난 한국적 동양 우주과학인 정역(正易)에서 여율(呂律)이라는 개념이 무엇을 뜻하는지를 이어서 생각해 보자.

먼저 동학의 '태극 또는 궁궁'.

태극은 중국의 주나라 성립 이후 2천 8백 년을 지속되어 온 동양의 우주과학 질서인 주역(周易)의 상징으로서 질서 정연한 우주 변화를 의미한다. 궁궁은 19세기 서양 세력이 동양과 전 세계를 휩쓸던 이른바 서세동점(西勢東漸)의 혼란한 시대에 민중의 살길을 예언한 ≪정감록≫의 비결에 나타나는 혼돈의 지형(地形) 또는 풍수(風水)의 원리다. 계룡산이 대표적인 궁궁이다.

그렇다면 '태극 또는 궁궁'은 이미 그 자체로서 '혼돈의 질서'이니 현대와 같은 대혼돈에 대한 처방이자 원형으로서의 역설(逆說: 모순어법)인 것이다.

정역에서 말하는 '여율(呂律)'이란 또 무엇일까? 지난 시절 주역에서 주장하는 우주 질서인 '율려(律呂, 律은 코스모스, 즉 질서요 呂는 카오스, 즉 혼돈이다)'의 순서를 뒤집어, 카오스인 여(呂)를 앞세우고, 그 '여'를 중심으로 한 그 나름의 '율', 즉 '카오스코스모스' 줄여서 '카오스모스(질 들뢰즈의 우주 개념)'를 뜻한다.

누군가 나서서 현대 세계의 대혼돈을 처방할 '혼돈의 질서'라는 새 삶의 원형과 이런 사실들이 전혀 무관하다고 주장한다면 그것이 과연 옳은 일일까?

자, 이제 붉은 악마의 세 가지 테마로 옮겨 갈 차례다. 붉은 악마는 월드컵의 그 하늘이 놀라고 땅이 흔들린 한 달 내내 세 가지 테마를 붙들고 늘어졌다.

'엇박', '치우', '한국형 태극'이다.

먼저 '엇박'.

한 달 내내 응원의 함성은 '대-한민국'과 '따따따 따따'였다. '대한민국'은 4분박이니 2분박과 함께 질서와 균형과 고요의 박자, 이에 대비해 3분박은 혼돈과 역동과 소란의 박자다. 그런데 이 '대한민국'의 '대한'의 2분박을 길게 끌어 '대-한'의 3분박으로 만들어서 혼돈의 박자로 바꾼 뒤에 '민국'의 2분박을 그 뒤에 갑자기 붙여서 전체를 3분박 플러스 2분박의 '혼돈의 질서', 즉 '엇박'을 창조한 것이다.

'엇'이라는 우리말은 전통 예술에서 서로 반대되는 이것과 저것이 서로 '엇가면서도 함께 붙어 있는 것'을 말한다. 이 엇박이 지배적으로 나타는 전통 굿이 곧 '호호굿'인데 '호호굿'이야말로 격동과 고요가 함께 '엇걸이' 또는 '잉아걸이(베틀의 북이 들어가며 동시에 나가는 것)' 하는 (어떤 의미에서) 대단히 현대적인 굿 형태다.

'대-한민국' 다음의 장단인 '따따따 따따' 역시 3분박 플러스 2분박으로 엇박, 즉 '혼돈박'이니 마찬가지로 '혼돈의 질서'다.

그런데 우리의 전통음악에서는 '대-한민국'과 '따따따

따따'가 연속되는 경우의 '대－한민국'은 '불림[일종의 귀신 부르는 소리, 즉 초혼(招魂)]'이 되고 뒤의 '따따따 따따'는 '장단'이 되므로 신령한 카오스인 '불림'과 음악적 질서인 코스모스의 '장단'이 플러스되어 결국은 또 하나의 '혼돈의 질서' '카오스모스'가 되는 것이어서 이 역시 하나의 카오스모스 문화인 것이다.

바로 이 같은 혼돈이면서 질서인 '엇박'이 음감(音感) 예민한 유럽 선수들을 커다란 당황감과 혼돈 속에 빠트렸고 전통적인 '엇박'에 익숙한 한국 선수들에게는 역동적인 차분함을 선사했다는 것이 월드컵을 구경한 사람들의 중평(衆評)이다. 이 역설에 가득 찬 붉은 악마의 '카오스모스' 문화가 현대 세계에 진정으로 의미하는 것은 무엇일까?

'자크 아탈리'나 '질 들뢰즈'는 현대 유럽의 첨단적 철학자들이다. 그런데 그들의 21세기 세계 문명에 대한 예상과 전망은 유일하게 '유목 이동 문명'뿐이다. 그리고 이것은 또한 유럽 및 아메리카의 신자유주의적 세계화주의자들의 문명론이기도 하다. 하기야 지구상에 사는, 더욱이 한반도에 사는 그 누군들 핸드폰과 노트북, 컴퓨터와 비행기, 공항, 승용차, 호텔, 모텔에서부터 자유로울 수가 있겠는가? 인터넷, 그것이 이제는 어디서나 발화·수신하는 '유비쿼터스'

에서 벗어날 사람이 누가 있으며 그것을 벗어나서 인류의 '영적 소통(spiritual communication)'이 가능하기나 하겠는가? 21세기의 더욱 발전된 도시 유목 이동 문명은 불가피하며 필연이다. 그러나 동시에 반드시 생각해야 할 것이 있다. 급증하는 세계 인구와 북극 해체로 인한 곡창 저지대의 침수 때문에 제기되는 전 지구 식량난과 전 지구 생태계 오염 및 세계화로 피해를 보는 후진국 민족들의 지역화, 반(反)세계화 주장으로 연결되는 지역 농업 정착 문명 특히 유기 농업에 대한 요청 역시 무시할 수 없다.

결국 21세기 새 문명은 디지털적 유목 이동과 에코적인 농촌 정착의 이중적 교호 결합 문명일 수밖에 없는데 현재의 세계는 세계화 유목주의자들과 반세계화 지역주의자 및 생태주의자들의 대결 투쟁만이 있을 뿐 그 양자의 교호 결합을 주장하는 새 삶의 원형 제시는 어디에서도 나타난 바가 없다. 이것이 붉은 악마의 그 시뻘건 로고, 치우(蚩尤)의 도깨비 모양과 깊은 관계가 있다면 어쩔 터인가?

4천 5백여 년 전 고조선 직전의 배달국(倍達國) 14대 천황인 치우는 당시 과거의 유목을 숙청하고 새로운 농경을 유일 문명으로 고집하는 중국의 황제(黃帝)에 대항하여 동아시아・중앙아시아의 여러 부족들의 오래된 유목 문명과 해안의 새로운 농경 문명을 함께 이중적으로 교호 결합하며 그것을 중심으로 채취·수렵·어로 등 생산양식들을 다양하게 연대하는 복합적 문명을 주장하였다. 74회에 걸친 피의 전쟁은 곧 문명 전쟁이었다.

현대에 와서 다시금 요청되는 이 이중적 내지는 복합적인 문명에 대한 집단적 예언 행위가 다름 아닌 붉은 악마의 치우 깃발의 테마라고 해석한다면 너무 억지인가? 역사란 계몽만에 의해서 앞으로 나아가는 것이 아니다. 때로는 신화가 계몽을 앞지르는 것이 또한 역사의 신비다.

붉은 악마들이 여러 종류의 스티커로 이마에도 허리에도 엉덩이에도 바디페인팅한 그 태극기, 망토로 스커트로 블라우스로 둘렀던 그 태극기는 무엇을 상징하는 테마인가?

한국의 태극기, 태극 형상, 태극 사상은 중국의 그것과 "같으면서도 다르다". 바로 여기에 한국 태극기의 테마가 있다.

중국 사상, 동아시아 나름의 과학과 철학의 꽃은 역(易)이니 중국엔 주역(周易)이요 한국엔 정역(正易)이다. 사회주의의 변증법과 자본주의의 배제 논리를 동시에 극복할 미래의 인류 철학과 대혼돈을 극복할 탁월한 통합적 과학은 곧 역(易) 사상이라는 확신이 우리 동아시아인보다 도리어 유럽 지식인들 사이에 더 짙게 깔려 있다. 태극기는 그 주역과 정역 그리고 또 다른 하나의, 아직은 드러나지 않은 채 미지수인 '주역·정역 사이의 관계역' 또는 '간역(間易)'이라는 세 가지 역을 다 포함하고 있는 미래 철학·미래 과학의 보물 창고다.

그러나 중국의 태극과 한국의 태극은 분명히 같으면서도 다르다. 중국 태극은 흑백(黑白)이고 좌우로 나뉘어 서 있다. 그리고 백 안에 흑점(黑點)이, 흑 안에 백점(白點)이 있다. 네 귀퉁이의 네 괘상, 즉 하늘[乾], 땅[坤], 어둠[坎], 밝음[離]의 사상(四象)은 동서남북 정방(正方)에 뚜렷이 서 있다.

거기에 비해 한국 태극의 음양은 흑백이 아니라 '푸르고 붉음(靑紅)'이며 서 있지 않고 상하로 나뉘어 누워 있다. 두 개의 점은 없고 네 귀퉁이의 하늘[乾], 땅[坤], 어둠[坎], 밝음[離], 또는 제1괘인 건괘와 제2괘인 곤괘, 그리고 제63괘인 수화기제(水火旣濟)괘와 제64괘인 화수미제(火水未濟)괘, 즉 ≪역경(易經)≫ 전체 64괘의 압축 괘상인 사상이 각각 동서남북의 간방(間方)에 배치되어 있는데 서 있지 않고(역 읽는 해석 방식의 원리에 따라 말한다) 비스듬히 누워 있다. 이처럼 비슷하면서도 이처럼 다를 수가 있는가?

중국인들은 한국의 태극기를 보고 "이것은 태극이 아니

다!"라고 단언하는 형편이다. 태극이 아니라면 무엇일까? 왜 이처럼 같으면서도 다를까?

    같으면서도 다른 것.
    '아니다'이면서 '그렇다'인 것.
    또는 '그렇다'이면서 '아니다'라고 하는 동학의 논리, 생명 차원이나 물질 내지 영성의 차원 변화 논리인 이 '불연기연(不然其然, no-yes: 뇌과학과 생물학과 물리학 및 그 모방인 컴퓨터의 이진법 등의 근본원리)'론이 다름 아닌 동북공정이라는 중국의 고구려사 강탈에 대한 우리의 역사 전쟁의 사관·전략·전술에 깊이 적용되어야 할 필수의 원리이기도 하다.
    기왕의 한국 태극기에 대한 철학적 해석은 대체로 바탕의 흰색은 순수·동질성을, 태극은 우주 삼라만상의 근원이요 음양이라는 인간 생명의 원천, 네 괘상은 사상으로 동서남북 공간과 춘하추동 시간의 영허소장(盈虛消長: 비고 차고 줄어들고 늘어나는 것)의 영원한 질서의 상징으로서 생명·평화·조화를 뜻한다.
    그렇다.
    그러나 아니다. 그것만은 아니다.
    이 '아니다·그렇다'의 원리가 태극과 함께 대중화되는

날이 온다. 그때 '삼태극의 춤'과 '정역(正易)에 의한 주역의 해체·재구성'과 '주역·정역 사이의 관계역(關係易) 또는 간역(間易)의 출현'이 있을 터인데 바로 그때가 '새로운 팔괘'가 나타나 태극을 재해석하고 '시천주 단전호흡법의 대중화'를 통해 '궁궁'을 체득(體得)하는 '태극궁궁'의 원형이 과학과 생활 속에서 새 세대 중심의 대문화혁명을 일으키는 때이다(나의 회고록 ≪흰 그늘의 길≫ 제3권 227쪽과 300쪽 참조).

같으면서도 다른 한국 태극의 참다운 철학은 언제 어디서 나올 것인가?

그때가 바로 이때이다.

붉은 악마 세대(전 인구의 78퍼센트 이상이 10대, 20대, 30대 초반의 남녀)가 월드컵 때 스스로 제시한 세 가지 테마를 스스로 설명하고 자기 인식 하기 위해 자기 혼자, 또는 인터넷을 통해 여러 형태로 서로서로 공부하며 토론하기 시작할 때, 그때에 비로소 이 모든 일들이 시작되고 그들로부터 새 문명론, 새 삶의 원형으로 다가올 것이다. 문명론은 바로 문사철(文史哲)로 이루어진다. 엇박[文], 치우[史], 한국 태극[哲]이 새 과학(새로운 역학, 역학으로서의 생명학, 우주 생명학)의 성립을 촉매할 것이다.

그때가 언제일까?

그때가 한국학 최고 최대의 명제인 혜강 최한기의 기철학·역학과 수운 최제우의 동학·유불선 및 기독의 창조 통합학 사이의 사상적 이중 교호 결합이 실현될 때이다. 그때가 바로 '태극궁궁'의 원형이 확대되는 때이다.

나는 4·19세대이면서도 4·19의 테마가 무엇인지 몰랐다. 5·16이 난 뒤에야 비로소 4·19의 혁명성을 깨닫고, 그때부터 열심히 민족, 민중, 동양을 공부하기 시작했다. 그때의 우리 공부가 바로 최한기와 최제우의 결합 공부였다. 그러나 예감이었을 뿐 성취는 뒷날로 미루어졌다.

아마 붉은 악마는 지금 이미 그 공부를 시작했을지도 모르겠다.

그 공부에 조금이라도 도움을 주기 위해 다음 세 가지만을 암시한다.

첫째, 한국 태극은 중국 태극이 말은 하면서도 실제로는 일태극(一太極)만을 추구한 데 비해 그 근본의 북방계 혼돈 질서인 '삼태극(三太極: 우주의 원래의 근본 기운이요 셋을 품고 하나 노릇을 하며 음양동정(陰陽動靜)을 이미 제 안에 포함한다)의 춤'을 품고 있다. 먼저 이 방향으로부터 공부를 시작해야 한다.

둘째, 한국 태극은 1879년에서 1855년 사이에 충청도 연산(連山: 지금의 논산)에서 김일부 선생에 의해 공표된 한국역(韓國易, 즉 艮易)인 정역(正易) 및 동학과 함께 동학의 원형과 여율론 따위 정역의 역학적 과학 체계를 기준으로 해체·재구성되어야 할 동아시아 기철학과 중국 주역의 그 풍부한 내용 위에 담대한 새 해석을 가할 때에 비로소 해명·전개될 것이다.

셋째, 새 시대의 우주 생명학, 즉 새로운 역(易)은 선천의 주역(先天周易)과 후천의 정역(後天正易) 사이의 상호관계의 역, 즉 '간역(間易)'이 새로운 팔괘(八卦)와 함께 나타나고 성립되며 동학 주문(呪文)인 '시천주(侍天主) 단전호흡법의 대중화'와 함께 '궁궁수련(弓弓修練)'이 유행하면서 나타날 새 세대에 의한 새 시대의 새로운 차원의 '태극 또는 궁궁', '혼돈의 질서'라는 원형과 패러다임의 인식에 의해 비로소 적극적으로 해명·전개될 것이다.

그 관계의 역, 간역의 예언이 감옥에서 밖으로 내보낸 동학 최수운 선생의 두 구절 시 속에 선명히 드러난다.

등불이 물 위에 밝으니 의심을 낼 틈이 없고
기둥이 다 낡은 것 같으나 아직도 힘이 남았네.
(燈明水上無嫌隙 柱似枯形力有餘)

사실 오늘 우리의 개인적·지역적·민족적·문명적·

지구적이고 우주적인 삶, 그 총체적인 삶이 처해 있는 과학적 형편은 주역과 정역 사이에 양쪽에 다 걸치며 끼어 있다. 기둥은 낡았으나 아직도 힘이 남았고(先天周易) 등불이 물 위에 밝으니 의심 낼 틈이 없다(後天正易).

둘 다 유효한 것이다.

그렇다.

그 이중적 교호 관계 사이에 끼어 있는 지금 우리의 삶 자체의 생명학, 우주 생명학, 즉 새 역학이 필요하다. 그것이 한국 태극이고 그 창조적 해석의 주체가 붉은 악마다. 그들이 동아시아 태평양의 새 지구 및 우주 문명을 후천개벽할 주역들, 바로 여기 앉아 있는 여러분이다.

새 문명은 천·지·인의 세 가지 조건이 맞아야 탄생한다.

동북공정, 고구려사 문제로 인해 민족 역사에 지금 큰 대중적 관심이 일어나는 까닭은 무엇인가? 천시(天時) 아닌가!

한국이 동북아, 동아시아 물류 중심(허브)이 된다는 얘기는 왜 나오는가?

또 대륙과 해양, 유럽과 아시아 사이의 부두가 된다는 얘기는 지리(地利)가 아닌가!

동아시아뿐 아니라 아메리카에까지도 불고 있는 한류

열풍은 그럼 또 무슨 조짐인가?

그 천시와 지리를 문화 속에서 통합하는 것, 즉 '인화(人和)'를 뜻하는 개인적 또는 집단적 주체라고 내가 지금까지의 강연을 통해 내내 지적하고 있는 붉은 악마 세대, 즉 여기 앉아 있는 당신들은 도대체 누구인가?

바로 이 물음!

새 세대의 공부는 바로 이 물음에 대한 답변에서부터 시작될 것이다.

≪생명과 평화의 길≫, 문학과지성사, 2005

흰 그늘의 미학 초(抄)

머리글

여러 해 전에 미학 관련 강의록 ≪예감에 가득 찬 숲 그늘≫에서 '그늘의 미학'을, 그리고 그 뒤 부산 민족 미학 연구소 강의록 ≪탈춤의 민족 미학≫에서는 '고리[環]의 미학'을 천착했다.

이미 그때부터도 나의 미학 생각의 이면(裏面)은 '흰 그늘'이었고 지금까지도 여전히 그렇다.

지금 다시금, 그러나 도리어 명백하게 '흰 그늘의 미학 운운'하는 것은 '고리'를 원리로 하는 민족 미학과 '그늘'을 최상승(最上乘)으로 하는 민중 미학을 생명과 영성(靈性), 생명학적 변혁과 깊은 무의식의 명상을 두 기둥으로 하는 동아시아 나름의 '흰 그늘의 미학'의 차원에서 교호 결합시켜 보고자 하는 욕심에서다.

한 가지 더 욕심을 낸다면, 날이 갈수록 더욱 깊어지는 본격적인 미학 생각과 오히려 날이 갈수록 더욱더 경제와 가까워지는 현대 미학, 예컨대 광고와 PR, 기업 문화와 문화 정책 등 미학과 경제 사이의 연관성의 심화나, 방송·신문·인터넷의 베스트셀러, 시나리오, 게임 및 영화 따위 생산 미학에서 '경제성'과 '질' 사이의 긴장 관계를 배후에서 새롭게 결정하기 시작하는 '디지털-에코' 같은 근원적인 미학 원리와 관련하여 그것을 생각해 보고자 함이다.

'흰 그늘'은 또한 '아우라'는 물론이지만 과학이나 경제 따위 '코기토'와 함께 융이 '그림자'라고 부르는 현대 대중심리의 불온하고 복합적인 무의식과 광범위하게 확산하고 있는 '리비도'를 다 함축하고 있기 때문이다.

민족 민중 미학의 기초는 '풍류(風流)'에 있다. 현대 생태학 및 생명 미학의 기준 역시 풍류다. 그런데 지금 서양과 전 세계 및 우리나라의 경우에도 대규모 생산양식화하고 있는 대중문화의 앞으로의 담론 방향 또한 풍류다. 이른바 '한류(韓流)'의 지금 숨은 차원도 미래의 드러난 차원도 역시 풍류이기 때문이다.

풍류의 현대적 면목이 곧 '외면적 생명과 내면적 영성', 그중 한 면으로 좁게 말하면 역시 '디지털-에코'이기 때문이다.

따라서 나의 미학 생각도 어떤 의미에서는 현대적으로 해석된 풍류라고 할 수 있다.

풍류는 '넋의 떨림과 목숨의 흐름'이므로 다른 말로 '뇌의 진동과 신체의 파동'이기도 하다.

나는 '흰빛의 떨림'과 '검은 그늘의 흐름'을 마치 초월과 중력의 결합처럼 '흰 그늘'이라 불러 왔으니, 나의 풍류 미학, 미학적 생명학을 '흰 그늘의 미학'이라 이름 짓는 한 까닭이다.

1. 풍류의 연원(淵源)

동아시아와 한민족의 생명 문화요, 생명학, 우주 생명학의 시작인 풍류와 함께 말이 있었다. 물론 말이 세계를 창조한 것은 아니다. 풍류, 다른 말로는 율려가 세계를 창조했다. 이것은 어김없는 우리 조상들의 전언(傳言)이다. 그러나 풍류의 창조력과 함께 이미 그 동력 안에서 말 또한 중요하다.

'빛'을 뜻하는 '볽'이 있었고 '그늘'을 뜻하는 '굼'이 있었으며 이 둘이 이중 결합하는 큰 차원 변화가 또한 있었으니 '흔'이다.

'흔'이 곧 '흰 그늘'인 것이다.

'흔'은 그러매 '리비도'와 '코기토'과 '아우라'의 상호 관계의 세계요, 하늘과 땅과 사람의 셋이 해와 달의 둘과 함께 어우러지는 원형, '낱'과 '온' 사이의 '관계'의 원형이기도 하다.

'한'은 훨씬 더 나아가 빛[離]인 남쪽과 그늘[坎]인 북쪽 사이에서, 그리고 산[艮]인 동쪽과 못[兌]인 서쪽 사이에서 이중 사중으로 이루어지는 '흰 그늘'과 '산 위의 물'이라는 대개벽의 기준이다.

'흔'은 우레[震]인 동남쪽과 바람[巽]인 서북쪽의 강력한 도움으로 하늘[乾]인 서남쪽과 땅[坤]인 동북쪽의 빈터에 만물이 가고 만물이 오는 바로 선후천 전환 중의 대개벽 후천 문명, 생명과 평화의 길을 열 것이다. 이 길에 관련한 미학 생각을 통틀어 '흰 그늘의 미학'이라 부른다.

풍류는 이미 세상에 널리 알려져 있듯이 신화요, 종교요, 사상이면서 동시에, 아니 그 이전에 예술이요 미학이다.

더욱이 풍류는 한민족의 근원적 민족종교, 민족 사상, 그 연원 즉 샘물의 첫 시작인 중앙아시아 마고(麻姑) 신화의 율려론과 함께 북방 샤머니즘의 중심 흐름인 '삼태극(三太極)의 춤'과 남방 해양계의 문화가 결합한 우주 생명학이다.

그러나 풍류는 그 이후에 성립한 동아시아 사상들, 유불도(儒佛道)의 남상(濫觴)이면서 또한 제 안에 이미 그 세 가지 사상의 골수를 통합하고 있으니, 그 통합의 사상적 바탕을 일러 한마디로 '접화군생(接化群生)'이라 한다. '뭇 삶(더 나아가 생명·무생명, 인격·비인격을 다 넘어선 일체의 우주 만물)을 가까이 사귀어 화한다'는 뜻으로 신라 말 고운(孤雲) 최치원(崔致遠)의 말이다.

우선 의미심장한 말이 '접(接)'이다. 그 본뜻은 아마도 '널리 이롭게 함', 곧 '홍익(弘益)'에 있을 것 같다.

그러나 그보다 더욱 의미심장한 말은 곧 '화(化)'다. 그

참뜻은 아마도 '혼돈적 질서로 혼돈 자체를 다스리는 진화요 자기 조직화'인 '이화(理化)'에 있을 것이다.

여기서 유념해 두어야 할 것은 '화'가 단순한 '진화', '자기 조직화'에서 한 차원 더 나아가 '조화(造化)', 즉 '창조적 진화'의 뜻을 지녔다는 점이다. 그러나 유념 이상으로 도리어 주목해야 될 것은 '화'가 애당초 예술 창조와 미학적 인식의 핵심인 '감동(感動)'이나 '감화(感化)'를 뜻하고 있다는 점이다.

앞에서 언급한바 동양 사상 문화의 맥락 안에서 '뭇 삶[群生]'이 마치 '중생(衆生)'처럼 '인격·비인격을 물론하고 생명·무생명을 막론하는 일체 우주 만물을 뜻하는 것이고, '가까이 사귄대[接]'는 말이 '널리 이롭게 함[弘益]'을 뜻하여 '공익(公益)', '공심(公心)', '공공성(公共性)'을 말한다면 이는 곧 우주 만물에 대한 친밀한 관여로서 인간에 대한 사회적 공공성인 천하공심(天下公心)을 이미 포함한 우주 만물에 대한 우주적 공공성인 천지공심(天地公心)이니 이는 곧 '우주 사회적 공공성'을 지시하게 된다.

공심과 공공성의 근거는 바로 '소통(communication)'이다. 그러하니 '접'은 결국 우주 사회적 소통이며 미학적으로는 우주 사회적 차원에서의 미학적 관여를 뜻하게 된다.

인격·비인격, 생명·무생명이 모두 다 제 안에 자기 조직화의 주체인 의식, 마음, 영성과 무의식을 '모셨고[內有神靈]'(동학의 개념), 그 모심은 곧 의식, 마음, 영성과 무의식의 더 깊은 핵인 '신(神)' 또는 '한울님'을 모신 것이니, '접화'는 곧 '홍익과 이화의 주체'인 인간 속의 신이 바로 만물 속의 신과 소통함이다.

미학적으로는 창조와 향수를 통한 주체와 타자의 미학적 소통, 즉 '느낌으로써 통함[感而遂通]'이겠다.

이 '감통(感通)', 즉 '접(接)'의 결과 또는 목적이 '감동'임은 물론 더 정확하게는 '감화(感化)'라는 점에서 '접화군생'은 풍류 미학의 근본 명제, 생명 미학의 기본 테마가 되는 것이다. 더욱이 '접화'는 '미학적 감동과 깨달음(감화, 감동과 조화)'을 통해서 '인간과 신 사이의 합일'이라는 높은 종교적 차원에까지 이르러 '생명－영성적인 창조적 진화 체험'을 활짝 열어 준다.

'접화군생' 네 글자가 생명과 우주 만물의 '지극한 차원 변화(동학의 '至化', 테야르류 우주 진화론에서의 오메가 포인트)'라는 자유 만개의 대개벽(大開闢)으로 정향(定向)함으로써, 풍류는 이미 현대 인류가 갈망하고 우주 만물이 신음 속에서 고대하는 생명학, 우주 생명학이요, 혼돈적 우주 질서의 패러다임, 대후천개벽 사상으로 부활·재창조되는 새 삶의 원형, 즉 '한'의 원형, 아키타이프에 대한 생명 미학적 담론인 것이다.

19세기 동아시아와 한국의 후천개벽 사상가 세 사람, 최수운(崔水雲), 김일부(金一夫), 강증산(姜甑山)이 우주 혼돈에 대응하여 상고대 원시 동방 사상의 혼돈적 질서인 생명학, 우주 생명학을 재창조함에 있어서 유불도와 함께 서양 과학 사상 및 기독교의 충격을 통합하는 중심과 근거를 똑같이 선도 풍류(仙道風流)에 둔 것은 결코 우연이 아니다.

어디 그뿐이랴!

동방 불교의 가장 높은 봉우리인 원효(元曉) 사상의 기저(基底)에서, 동방 고대사의 복원자인 일연(一然)의 사관(史觀) 밑바닥에서, 강화학(江華學)의 근저에서, 화담(花潭), 율곡(栗谷), 남명(南冥), 이기학(理氣學)의 골격에서까지 그것을 관통할 뿐 아니라 퇴계(退溪)의 언저리나 속 깊은 경지에서까지 작동하고 19세기에 이르러 혜강(惠岡)과 동무(東武)의 개념들 밑에서까지도 약동하는 것이 모두 다 선도 풍류의 생명학, 우주 생명학이었고, 그에 연계된 풍류 사상이요 풍류의 미학이었다.

학술만이 아니다.

종교와 예술 문화에서는 더욱더 뚜렷한 바 있으니 우리 민족 미학·예술학의 전통 중의 전통은 바로 풍류요, 풍류의 연원 아닌 것이 없을 지경이다.

고구려 벽화로부터 신라의 궁중악 이래 19세기의 탈춤, 시나위, 판소리, 풍물, 민화와 속화, 춤사위와 불화와 도예 및 공예 일체를 관통하는 풍류에 대해서는 철학보다 도리어 예술 쪽의 접근이 더욱 여실해서 오늘의 풍류 미학, 생명 미학은 커다란 차원에서 '자재연원(自在淵源: 진리와 감동의 샘물이 남이 아닌 내 안에 있고, 외래문화에서가 아니라 자기 역사와 자기 철학·미학 원리 안에서 솟고 있다는 동학의 원리)'인 것이다.

이미 앞서 강조한 바 있듯이 민족 민중, 생명 예술뿐 아니라 대중문화 일반에서까지도 '영성-생명'의 세계와 '디지털-에코' 및 혼돈의 질서, 즉 '카오스모스'의 원리가 휩쓸고 있다. 이것이 나의 이른바 '흰 그늘의 미학'으로 귀일됨을 보기 위해서도 민족 사상 및 그 이전의 신화 등에 접근해 볼 필요가 있을 것이다.

2. 신화로부터 1

현대 '대중문화'의 '생산양식'이나 '경제력'의 측면이 아무리 강조된다 하더라도 그 본격 예술로서의 미학적 명제나 '소스, 리소스, 콘텐츠'의 결정성, 그리고 그로부터 비롯되는 이른바 '질'이 결코 폄하될 수 없다.

디지털이 반드시 에코와 이중 결합을 성취해야 하듯이, 또한 그것이 '유비쿼터스' 단계에 이르면 반드시 기존의 아날로그 양식을 통해 추구되었던 실존적 문제의식과 외계와의 관계의 깊이가 다시 표면에 떠오르면서 코디네이션 과정을 더욱 다차원화·복잡화하게 될 것이다.

현대 미학에서도 역시 인간 주체의 '삶과 세계'의 근본 명제는 기초일 수밖에 없다는 것이다.

동아시아 고대와 한민족의 전통의 경우 그것은 신화 속에서 어떻게 나타나고 있는가? 이미 언급한바, '홍익인간(弘益人間), 이화세계(理化世界)'가 그것이다.

인간의 삶, 또는 삶의 미학적 인식 및 창조 원리로서의 주체와 타자의 문제를 원천적으로 해결하는 명제가 '홍익'이다. '홍(弘)'은 사회적 넓이를 포함한 우주적 넓음이니 천자문의 '천지홍황(天地弘荒)'의 그 '홍'이기 때문이다. 장자류의 '천지 미학(天地美學)'의 가능성을 이미 안고 있는 셈이다.

나아가 서양 현대 미학의 소통론의 근거인 사회적 공공성을 이미 제 안에 내포한 우주 사회적 공공성의 영역, 사회생태학적 미학 연관을 먼저 전제하고 있는 셈이기도 하다.

'홍익'이 이렇게 광활한 차원의 '공익' 또는 공공성이므로 그 활동 주체도 인간이면서 인간을 초월하고 그 활동의 타자 역시 인간이면서 동시에 인간을 초월하게 된다. 이것이 무엇일까?

유럽 철학과 미학에서 잃어버린 '주체-타자성'을 회복하는 것이면서 '홍익'이라는 미적 창조 또는 미적 인식이 '인격·비인격의 우주 사회적 공동 주체성' 위에서 성립한다는 것이다.

'홍익'의 신화적 명제 안에 '이익'이라는 실용주의적 의미가 포함된 것을 도리어 유의해서 보아야 한다. 왜냐하면 그 이익과 실용이 현대 미학에서 중요시되는 기업 문화와 문화 정책, 방송·신문·인터넷의 베스트셀러 등 생산 미학의 '경제력'에 그대로 연계되기 때문이다. 그러함에도 동시에 그것이 서로 긴장 관계 속에 있는 '질'이라는 차원 변화 또는 미학적인 숨은 차원을 이미 그 이익 안에, 실용의 경제력 안에 내포하고 있기 때문이다.

'홍'이 우주 사회적 넓음을 뜻한다는 것은 그것이 '질'의 영역에 연계되며 우주적 넓음 자체가 이미 인간의 심층 무의식에 연결되어 있음을 알게 한다.

고로 '홍익'은 '경제력(드러난 차원)'이면서 '질(숨은 차원)'인 것이니 그 사이의 '긴장 관계'는 다름 아닌 보이는 차원 내부에서의 이것과 저것의 상보적 관계이면서 동시에 보이는 차원과 보이지 않는 차원, 현존 차원과 미래 차원 사이의 창조적 차원 변화 관계이게 된다.

현대 생물학과 뇌과학에서 살필 때에 우리는 생명의 숨은 차원(영성 또는 무의식)이 생명의 드러난 차원(물질 또는 생명 생태)을 추동·변화·비판·수정·보완하다가 전환점, 즉 동학 용어로 '지화점(至化點, critical point)'에 이르러 드러난 차원이 해체될 때에 숨은 차원 스스로 새로운 차원으로 드러남을 알게 된다.

이것은 대전환, 창조, 쇄신, 혁신, 혁명, 그리고 큰 깨달음과 새로운 대작(大作)의 출현 등으로서 내용과 형식의 문제이기도 하고 의식과 진화적 복잡화, 콘텐츠와 하드웨어의 관계와도 같다. 이때에 두 차원 사이의 관계를 인식·파악하는 논리나 방법론이 곧 이중성(double bind, double message) 또는 '이진법', '역설', '모순어법'이라고 불러 온 '아니다-그렇다(不然其然, no-yes)'의 생성 논리, 생명 차원 변화의 논리이다.

이것이 또한 뇌 활동을 그대로 모방한 컴퓨터의 작동 원리이니 '디지털-에코'는 단순한 당위의 차원이 아닌 것이다.

한민족의 상고대 신화로부터 우리는 우선 미학과 경제,

경제력과 질, 대중문화와 기초 예술 사이의 현실적 미학 문제를 이끌어 내었다.

3. 신화로부터 2

'홍익'은 그렇다 하자.

그다음 '이화세계'의 '이화(理化)'란 무엇인가?

'이화'의 '이(理)'는 중국 성리학에서 주장하는 바로 그 '이치(理致)'인가? '기운(氣運)'인 '기(氣)'와 대립 모순되거나 '기의 주재(主宰)'이거나 '기 위에 군림하는 창조자, 명령자'인가?

그러면서도 그렇지 않다.

'그렇다−아니다'이다.

왜 그러할까?

'이화'를 해명함에 있어 첫째는 최치원의 풍류론의 그 '접화(接化)'와의 관계를 먼저 고려해야 한다.

둘째는 ≪삼국유사≫의 다음과 같은 대목을 유의해서 보는 것이다. 환웅의 아버지인 환인이 환웅을 세상에 보내려고 세상을 내려다보니 삼위태백간(三危太白間)이 '홍익인간 하기에 적당하다'고 판단하여 그곳으로 환웅을 내려보낸다는 점이다.

홍익인간 하기에 적당하다면 이화세계 하기에도 역시 적당하다는 말이 된다. 그렇다면 환웅이 세운 고조선 사회의 구조나 이상을 살펴야 하고, 그 과정에서 바로 그 '이화'가 무엇을 뜻하는가를 알아차리며 그에 연계하여 사상과 종교 · 예술 등 민족의 전통을 새롭게 해석해야 한다.

먼저 홍익과 이화의 주체인 환웅과 웅녀가 어떤 인물인가를 살펴야 한다. 환웅은 신화에서 '하늘에서 내려온 天降 사람'으로 돼 있다. 그렇다면 '이화'의 '이'가 성리학에서 주장하듯이 하늘이나 우주 질서를 뜻하는 '코스모스'일 뿐이란 말인가?

그렇다. 그러나 아니다.

환웅이 평소에 천하에 웅대하고 신령한 뜻을 품었다고 신화는 말한다(數意天下). '그렇다'이니 코스모스요 우주적 질서다. 그러나 바로 뒤에 환웅이 인간 세상을 탐내어 구했다고 돼 있다(貪求人世). '아니다'인 것이니 카오스요 혼돈 · 욕망 · 리비도이다.

환웅 자신이 코스모스요 카오스이며, 혼돈적 질서의 사람이다. 또한 영적 존재인 그가 육적인 인간 세상에 온다는 것 자체가 혼돈적 질서, 카오스모스인 것이다.

웅녀는 어떠한가?

곰 토템의 맥족(貊族)인 웅녀, '곰녀'는 이미 '곰' 즉 '구덩이' '그늘'의 이미지이니 하늘에 반대되는 땅이요 육체요 욕망이요 세속적 삶이다. 카오스다.

그런데 이런 웅녀가 굴속에서 백 일을 견디며 쑥과 마늘(신령한 약초)을 먹고 수련한다. 전환이 시작된 것이다, 그리고 인간이 되기를 환웅에게 항상 빈다(帝祈桓雄 願化爲人). 이미 영적인 인간 환웅과 같은 코스모스적 인간이 되기를 기원한다는 것이다.

웅녀 역시 '카오스모스'의 사람이다. 육적인 사람이 영적으로 되기를 빌고 또 수련한 것이다.

웅녀는 영적으로 되기를 항상 빌고(帝祈: 하늘로 상승), 환웅은 신체적 존재로 육화한다(假化: 땅으로 하강). 두 사람의 결혼(카오스와 코스모스, 영과 육, 아우라와 리비도, 유목 이동과 농경 정착, 북방 대륙계와 남방 해양계의 이중적 교호 결합)을 중심으로 여러 부족의 다양한 생산양식(어로·수렵·채취 등)의 복합에 의한 부족 연맹체 국가가 곧 단군조선, 고조선이다.

'홍익'과 '이화'의 주체의 조건이 카오스모스, 혼돈적 질서인 것이다. '이화'는 따라서 '혼돈적 질서에 의한 자기 조직화'이며 그보다 한 차원 높은 '창조적 진화'에의 예감이다. 환웅이 환인으로부터 받아 가지고 온, 홍익과 이화의 원리일 것이 분명한 '천부(天符)'는 내용 이전에 이미 그 자체로서 '천(天)', 즉 코스모스요 보이지 않는 하늘의 숨은 차원이고, '부(符)', 즉 카오스요 눈에 보이는 드러난 차원이다. 두 차원의 결합인 '생명-영성적 카오스모스, 혼돈적 질서'의 한 모습이니 삶과 세계의 원형이다.

고조선의 시작이었다는 '신시(神市)'가 이미 '신령한 장바닥'이니 하늘과 신령과 우주 자연에 대한 숭배와 인간 사이의 호혜에 기초한 교환의 사회구조인 것이며, 바로 카오스 자체요 공포와 외경의 대상이던 비와 구름과 바람(유목과 농경에 절대적인)을 제어하고 관장하는(코스모스) 우사(雨師) · 운사(雲師) · 풍백(風佰)의 삼사(三師) 및 360가지 복잡한(카오스) 세상일을 맡아 하는 사회구조(코스모스)가 고조선 사회에 다 있었다 하니, '이화'야말로 혼돈적 질서, 카오스모스, '혼돈적 질서에 의한 자기 조직화'인 것이다.

신화로부터 우리가 배우는 동아시아와 한민족의 전통적 예술과 미적 창조 및 인식의 원리는 이와 같이 현대 미학의 여러 가지 요구, 이른바 경제력과 질, 혼돈과 질서, 드러난 차원과 숨은 차원, 생명과 영성, 에코와 디지털, 농경과 유목의 이중 교호 결합에 대한 요구에 대답하고 있는 것이다.

전통 미학과 현대 대중문화의 경제력 및 현실 예술 문화에 대한 미학적·예술학적 연찬의 방법론, 해석학의 기초를 바로 이러한 조건 위에 두어야 할 것이다.

4. 신화로부터 3

우리 민족 상고대·고대의 '한 문명', '천부 사상(天符思想)', '삼일문화(三一文化)' 등의 원류(源流)는 우선 북방 대륙계로 보아 중앙아시아의 1만 4천 년 전 인류 원문명(原文明)인 '마고성의 율려'와 북방 시베리아 샤머니즘계의 '삼태극의 춤'이며, 남방 해양계로 보아 '고인돌'과 농경 정착 문명의 구석기 문화 등이다.

한반도와 바이칼·시베리아 및 만주 대륙, 요동과 황하 유역 그리고 일본 열도는 모두 이와 같은 세 갈래 원류로부터 이루어진 것으로 보이며, 예술과 미학 사상의 원형들 역시 그러하다고 믿는다.

마고성의 1만 4천 년 전 신화 중 오늘 우리의 미학적 탐색에 의미심장한 원류는 네 가지다.

하나는, 마고성의 문화와 문명은 '소(巢)'라 불리는 높은 대 위에서 관측·청취한 당대 천문 중 천시원(天市垣), 태미원(太微垣), 자미원(紫微垣)의 거대한 세 성운군으로부터 오는 천부음(天符音), 즉 율려의 '혼돈적 질서'에 의해 조직된 것으로, 그 중심 원형은 천시원을 모델로 한 '천시(天市)'라 불렸으며, 그 이후 바이칼 시대 환인씨 단계에서 부활한 율려 체계에 의한 사회조직이 '신시(神市)'였고 이것이 고조선 사회의 기초가 되었다는 것이다.

둘은, 마고성 당시 인간은 물론 동식물과 우주 만물 안에 다 제 나름 나름의 율려가 살고 있어서 그것이 바로 우주 질서인 역(曆)으로, 인간 사회의 시간 진행인 역(歷)으로, 생명과 마음의 변화 이치인 역(易)으로 관찰되고 표현되고 활용되었다는 것이다.

셋은, 마고성 당시의 우주와 지구 및 인간 사회 질서의 원형이 '팔려사율(八呂四律)'이었는바, '여(呂)'는 이른바 카오스요 혼돈이요 생성, 생명, 변화이자 여성, 여성성, 모성이며 밤과 그늘이요, '율(律)'은 코스모스요 질서요 실체, 정신, 위상이자 남성, 남성성, 부성이었으며 낮과 빛이었으니 '여가 여덟이요 율이 넷'이라는 이 '원율려'의 여성과 카오스 쪽으로 중심이 약간 기울어진 '기우뚱한 균형'이 아마도 그 이후 주역(周易)과 악경(樂經), 율력(律曆)에서의 팔풍사유(八風四維)의 기원이자 어쩌면 화백(和白)의 논의 구조이기도 했을 것이고, 먼 훗날 육학의 도덕 정치인 '지치(至治)'의 한 형식이었다는 '팔정사단(八政四檀)'으로까지 발전한 그 첫 원형이 아니었을까? 그리고 이미 ≪주역≫ <계사전(繫辭傳)>에 예언된 바대로 만물이 바뀌는 후천시대에 조선에서 나오리라 했던 그 정역(正易) 또는 간역(艮易) 기본 우주론이 '율려(律呂)'를 거꾸로 뒤집은 '여율(呂律)'이라는 사실과 ≪부도지≫의 팔려사율은 어떤 관계가 있는 것일까?

동학 정역계 사상이 모두 다 원시반본(原始返本)에서 출발하고 있음을 생각할 때, 이것이 오늘날 지구 문명의 '대혼돈'에 대한 처방의 아키타이프나 패러다임, 그리고 담론으로서 갖는 가치는 무엇일까? 더욱이 해체, 탈중심, 생명, 여성 중심으로 기우는 '기우뚱한 균형'으로서의 새 문명이 요구되고 있는 현실의 세계 사상사와 과학 발전에 대해 어떤 관계가 있을 것인가?

넷은, 마고 시대의 질서가 모계요 모권사회였음을 ≪부도지≫의 신화가 전하고 있다는 점이다.

바흐오펜(Bachofen)에 의해 주장되고 에릭 노이만(Eric Neumann)에 의해 파헤쳐진 모계사회의 실재성의 문제와 오늘의 페미니즘계 신문명론에서, 그리고 모성과 여성성을 중심으로 한 문화 변혁을 요청하는 생태학적 전망에 대해서는 어떤 관계가 있는 것인가? 더욱이 해월 최시형의 부인도통(婦人道通) 우선론이나 '모심[侍天主]'의 최고 형태로서

포태(胞胎)를 강조한 것, 그리고 교육의 뇌과학적 절정으로서의 태교론에 어떻게 연결될 것이며, 한 걸음 더 나아가 천지인 삼계의 대권을 여성에게 모두 넘기는 '천지굿'을 집행한 강증산의 이른바 '음개벽(陰開闢)'에 대해서는 어떻게 관계 지어질 것인가?

신화에서는 인간이 '다섯 가지 음식 맛을 알게 되는 괴변(五味之變)'과 함께 그때까지 몸에 살아 있던 우주 질서인 율려가 인간을 떠나면서부터 질병이 시작되었다는 이야기가 1860년 최수운의 계시 득도와 함께 인간에게 율려가 돌아왔다는 동학계 전설과는 어떻게 이어질 것인지 의문이다.

북방계 샤머니즘의 '삼태극의 춤'은 한마디로 한민족 전통 사상과 한국적 율려 사상의 핵이다. 왜냐하면 그것은 '본디 우주 근원 질서[太極元氣]이면서 셋을 포함하고 하나로 작동하며[含三爲一] 동시에 음양동정(陰陽動靜)을 이미 제 안에 갖고 있음'이기 때문이다. 이것은 천지인 '셋'과 근원인 '한'을 줄기로 하면서도 음양의 '둘'을 함께 배합하는 것으로 인식되어온 한민족 전통 사상 문화의 원형이기 때문이다.

더욱 중요한 것은 이 삼태극 사상이 중국에 들어가 여러 우주론과 율려, 주역에 반영되어 크게 융성하는데, 역시 삼태극과 천지인, 삼재(三才)가 말로는 강조되고 있으나 실제에 있어서는 일태극(一太極) 음양(陰陽) 이기론(二氣論)

일색으로 발전하여 구성되어 왔다는 점이다.

고로 중요한 것은 삼극과 음양의 삼축(三軸)과 이축(二軸) 그리고 그 둘의 이중 교호 결합인 혼돈적 질서로서의 '한[一元]' 명백히 계승하고 있는 한민족 사상과 문화의 동아시아 사상사에 있어서의 탁월성, 창의성 및 주체성을 새 시대에 더욱 밝혀야 한다는 점이다. 왜냐하면 음양은 균형이요 질서이지만 천지인 삼극은 역동이요 혼돈이기 때문이며, 현대 인류와 지구 및 주변 우주의 기상이변과 생태 오염이 갈망하는 치유 처방의 길은 바로 이 같은 '한' 사상 안에 있음이 분명하기 때문이다.

한민족은 고조선, 부여, 고구려, 발해와 고려에까지 끊임없이 대륙계 북방 유목 문명과 해양계 남방 농경 문명을 결합·발전시켜 왔으며, 대륙을 통해 중국은 물론 머나먼 서역과 돌궐(터키)과 로마에까지, 그리고 동시에 해양을 통해 동남아와 인도와 페르시아에까지 활활발발한 무역을 일으켜 문자 그대로 강력한 해양 국가의 전통을 대륙 국가 전통과 함께 건설하였다. 그것은 해상무역을 통한 세계화와 더불어 반도 도처에 상고대 구석기 이래의 농업 정착 문명을 통한 지역적 안정성을 구축하였는데, 그 사상·문화·예술적 전통이 고고학이나 인류학 등을 통해서 차차 밝혀지고 있는 중이다.

우리가 신화와 고고학을 통해, 그리고 역사를 통해 확인하는 이 세 가지 원류를 바탕으로 그 통합과 상승(相乘)의 과정에서 우리 민족과 동아시아 나름의 독특하고도 보편적인 예술학・미학의 원형적 사유와 그 전형들을 연찬・탐색하지 않으면 안 되는 시절이 오고 있다.

유럽 문명의 하강과 동아시아 전통에 대한 전 세계인의 탐구열, 그리고 일본의 해양권 문화 중심주의론이나 중국의 저 유명한 문화 패권주의적 중화사상 강변과 고구려사 강탈의 동북공정에 대응하기 위해서도 이 작업은 필수적이다. 더욱이 절대다수 신세대의 날이 갈수록 강화되는 문화적 취향이나 지역마다의 문화 행사 붐에 대해 독특하면서도 보편적인 혼돈적 질서로서의 한국 미학, 한국 예술학의 전통과 전망의 탐색은 참으로 필요한 것이다.

5. 천부(天符)의 원형

한민족의 본격적인 사상사는 고조선 때의 ≪천부경≫으로부터다. ≪천부경≫ 81자는 북방계 샤머니즘의 삼태극론에서는 지극한 우주론의 성수(聖數)다. 이 계열에서는 '3, 9, 81'을 성수 체계로 확정하며 그 성수들은 모두 역동과 생명과 변화와 혼돈의 수열이다.

동학 정역계 사상사의 상수학도 여기에 기초를 두고 있다. 현대 과학, 특히 뇌과학과 생명학은 이 같은 성수론(聖數論)에 대한 상수학적 연찬에 힘을 쏟아야만 수리적인 물질 운동의 체계와 혼돈하고 신령한 생명이나 무의식의 세계를 연결시키는 영적인 수리 체계, 신경 컴퓨터를 훨씬 뛰어넘는 신령 컴퓨터에 접근할 수 있으며, 미학·예술학 역시 수리적 과학과 신령한 종교, 그리고 감각 체험과 우주적 깨달음을 결합하고 더욱이 그것을 대중화하는 데에서 현대 민중 문화의 당면 과제인 '경제력'과 '질' 사이의 현실적 긴장을 창조적 긴장으로 한 차원 높일 수 있을 것 같다.

《천부경》에서는 다섯 가지 정도의 문제점을 밝히고 가자.

첫째, 《천부경》의 시작과 끝이 시작과 끝임에도 시작과 끝이 아니라는 점이다. 이점에서도 《천부경》은 주역 64괘 우주론의 한 전형(前型)이다.

주역은 처음은 고대적 코스몰로지의 제시로서 시작함이 분명하지만(선천 시대의 한계다) 마지막 63괘 수화기제(水火旣濟)와 64괘 화수미제(火水未濟)는 끝을 완성으로 매듭지으면서도 이어서 새로운 처음으로 크게 무한 개방해 버린다. 주역이 그나마 오늘에까지도 질기게 유효한 것은 바로 이와 같이 일면적이긴 하나 그 나름의 혼돈적 질서의 측면을 보이기 때문이다.

그러나 처음과 끝이 분명한 '시종(始終)'의 우주 시간, 우주 변화란 점에서 선천적인 한계가 명백히 드러난다.

≪천부경≫은 '고리[環]'의 세계다.

처음과 끝이 똑같다. 처음은 처음이 아니면서 처음이고, 끝은 끝이 아니면서도 끝이다.

중요한 것은 81자의 맨 첫 구절과 맨 끝 구절이다.

"한 시작은 시작이 없는 하나다(一始無始一)."
"한 끝은 끝이 없는 하나다(一終無終一)."

이것은 '시종(始終)'의 시간관에 대비해 '종시(終始)'의 시간관이라고 부른다. '시종'의 시간관은 대개 알파와 오메가의 시간, 처음과 끝이 분명히 서로 다른, 과정과 전개의 각 단계가 전제된 상승주의적 · 미래주의적 · 목적론적 · 역사주의적 · 발전론적 시간이니 히브리와 서양의 시간관이다. 그러나 '종시'는 끝이 처음으로 돌아가고 끝난 데에서 새로이 시작하는 둥근 고리의 시간이다.

그렇지만 돌아간다 해도 주기적(週期的) 상고(尙古)는 60년, 120년 등 주기의 완성된 시간을 거꾸로 타고 옛날의 좋았던 시절, 삼황오제(三皇五帝), 삼대[夏殷周], 아니면 수사학[洙泗學(공자의 학문 시대)]으로, 그리하여 결국은 고대의 대동(大同)이라는 이상 세계로 되돌아가는 중국적 시간관이다.

거기에 비해 81자 ≪천부경≫의 시간은 한 처음이 처음이 없는, 한 끝이 끝이 없는 하나다. '고리'이니 이 '고리'가 탈춤을 비롯하여 판소리, 시나위, 풍물, 민요, 무가, 온갖 민화와 도예, 공예 등에까지 그 형식을 조금씩 바꾸면서 관통하고 있는 점은 놀라운 현상이다.

'기승전결'이라는 '역사'로부터, 물론 그 역사와 깊은 연관을 맺을 운명이긴 하나 확실히 벗어나 있고, 역시 범박한 물리학, 엔트로피론으로부터도 훌쩍 벗어나 있다.

끝이 처음이고 처음이 끝이다.

원시의 '우로보로스 시간(뱀이 제 꼬리를 물고 돌아가는 혼돈의 시간)'에 연계되어 있다. 그러나 명백히 차이를 동반한 반복이다. 그러므로 '고리'이고, 그 '고리 속[環中]'은 곧 우주의 빈터로서 '무궁(無窮)' 또는 '무궁무궁'이 사는 자리이다.

이 시간이 목적론, 역사주의, 미래주의와 상고론, 과거 회귀·복귀의 시간관을 너울질로 뒤흔들면서 지금 우리에게 다가오고 있다.

그러나 막상 이 지점에서 우리가 주목해야 할 것은 '처음과 끝'에 연계된 '제로[無]'와 '하나[一]'의 관계다. '0'과 '1'의 신비 상수학적 수리 관계라는 것이다. 깊은 무의식의 신비 체험과 새로운 역학(易學)적 상수학(象數學)의 '이중적 교호 결합'(통합이 아님) 또는 둘 사이의 '창조적 긴장'이 예감된다.

그것은 생명학, 우주 생명학이라는 새롭고 탁월한 통합적 과학, 또 그것과 연계된 과학 시대의 새로운 생명 신비적 예술 또는 미학 출현의 예감이기도 하다.

신령 컴퓨터의 시작?

디지털-에코의 시작?

유비쿼터스 단계에서의 디지털과 아날로그의 새로운 결합의 시작?

영성적 신체학 출현의 시작?

한 17세 소년이 세 시간 동안 컴퓨터 게임을 하고 나서 문득 인생의 심오한 숨은 뜻을 느끼고, 한 50세의 장년이 영화 한 편에서 난데없이 삶의 실존적 조건을 아프게 각성하면서 영화관을 나서는 시대의 시작?

조선 시대 민간에 유행했던 '매화역수(梅花易數)'는 역시 하나의 예감이다. 지금 젊은이들 사이엔 엄밀한 수학적 기제에 입각한 '디지털 카메라'가 보급되고 있으며, 엉뚱하게도 역점(易占)이나 토정비결이 대유행이다.

이 역시 하나의 큰 예감이요 조짐이다.

최수운의 말씀이다.

"한울님이 뜻을 두면 금수 같은 세상사람 얼푸시 알아내네."

물론 '얼푸시'다.

유럽은 중국 바람이 휩쓸고 아메리카는 참선 바람에 난리다. 한국 젊은이들 사이에서 일어나고 있는, 유럽과 아메리카 문화와 동아시아 및 한국의 전통문화를 연결시키고자 하는 바람, 또 다른 면이긴 하지만 일본과 아메리카에서까지 '한류'가 뜨는 현상이 모두 다 새로운 아키타이프이나 패러다임, 그리고 새 담론이 일어나기 이전에 그것을 '얼푸시' 알아내는 큰 조짐이요 큰 예감인 것이다.

둘째, ≪천부경≫에서도 가장 기이한 구절인 '삼사성환오칠일(三四成環五七一)', '셋과 넷이 고리를 이루어 다섯과 일곱이 하나가 된다'에 관한 것이다. 탈춤, 판소리, 시나위, 민요, 풍물, 굿, 춤사위 등 전통 예술을 일관하는 한민족과 동아시아 예술의 중요한 미학 원리다.

① 셋과 넷, 혼돈의 질서, ② 고리를 이루어, 끝과 처음이 확장 순환하는 고리의 시간관, ③ 고리 속의 무궁, 고리 속에서 형성되는 '무궁무궁'의 차원 변화, ④ 다섯과 일곱, 귀

신(무의식 속의 불온한 침전물인 그림자 따위의 콤플렉스, 한 등등)과 신명(집단 또는 심층 무의식, 거룩한 영성, 신령, 흰빛으로 표상되는 '아우라'나 초월성)이 ⑤ '한'으로 하나가 된다. '한(한민족의 한울님, 신, 우주 영성)' 속에서 하나로 차원 변화('무궁무궁'의 체험)하는 것을 그 내용으로 한다.

'셋과 넷이 고리를 이룬다(三四成環)'

① 혼돈의 질서, ② 고리의 시간관, ③ 무궁무궁.

'셋'은 무엇인가?

한민족 전통사상과 예술 문화에서 '셋'은 우선 천지인 삼극의 혼돈한 우주관의 표현으로 역동, 변화, 생명, 생성, 혼돈, 이동, 사랑, 정염 등의 장단이요 박자요 음보(音步)다.

'넷'은 무엇인가?

'넷'은 '둘'의 배수다, '둘' 또는 '넷'은 균형, 정착, 존재, 실체, 질서, 정지, 대립 등의 박자요 음보다, 음양 두 기운(二氣)이나 사상(四象)의 네 방위 등 질서 중심의 우주관의 표현이다.

'셋'과 '넷'이 무엇을 이룬다 했다. '이룸[成]'은 '셋'과 '넷'의 이중 교호 작용이다.

'셋'과 '넷'이 이중 교호 작용으로 이루는 것은 우선 동학의 패러다임인 '혼원지일기(混元之一氣, 至氣)', '혼돈의 질서', 동학의 아키타이프인 '태극 또는 궁궁 태극(太極又形 ㄹㄱㄹㄱ)'이며, 루이스 멈포드의 신문명 개념인 '역동적 균형(dynamic equilibrium)'이자 카를 융의 현대 유럽 인간의 정신 구조의 비밀인 '역동적 사위체(力動的 四位體)', '테트락티스(Tetractis)' 개념이다.

현대의 신세대 문화 개념으로 확장한다면 '에코와 디지털의 결합'이요, '유비쿼터스 단계에서의 디지털과 아날로그의 새로운 융합'이며, '도시 이동 유목 문명과 농촌 정착 농경 문명의 이중 교호 결합'이자 '세계화와 지역화, 숨은 차원과 드러난 차원 사이의 차원 변화의 생명 논리학', 그리고 한마디로 '내부공생(內部共生, endo-symbiosis)'이니 다름 아닌 '개체성(identity)을 잃지 않는 분권적 융합(fusion)'이다.

이렇게 형용모순·반대 일치하는 역설적(paradox) 모순어법(oxymoron)에 의해 이루어지는[成] 고리[環], 즉 '고리 속[環中]'은 '텅 빈 무(無)'요 또는 '무궁무궁'이다.

바로 이것이 ≪장자≫에서 말하는 '무궁'이요, 동학에서 말하는 '무궁무궁'인데 ≪장자≫의 '천지 미학(아직 성립되지 않았고 가능성만 있음)'이나 동학의 '지기미학(至氣美學)'에서 본다면 미학적으로는 셋이라는 혼돈과 넷이라는 질서, 또는 셋이라는 활동과 넷이라는 위상 사이의 결정적인 내적 체험이며 시작과 끝이 만나서 만드는 '공소(空所)'의 '미(美)', '빈터의 아름다움'이다. 이 빈터, 빈칸, 무, 공(空), 허(虛)라는 '제로 체험'이 탈춤에서의 미학적 전제다.

열두 마당이 모두 셋과 넷이 이루는 고리인데, 최초의 터벌임이나 길놀이 고사에서 뒤풀이까지 셋과 넷이 처음 아닌 처음에서 끝 아닌 끝으로 돌아가는 '고리'는 그 미학적 조건이 우선 '마당을 펼치는 것' '속된 마당을 성스런 마당으로 금줄을 치는 것(사실은 성·속이 이루는 고리)'이다. 먼저 '마당'의 '빈터'가 이루어져야 그다음 극적 상황이자 셋과 넷의 전개인 '판'이라는 생기 넘치는 생성이 시작된다.

마당이 먼저 텅 비지 않으면 관객의 '추임새', 즉 '비판적 감동'이 일어나지 않는다. 극정 상황(성·속의 결합적 전개)이 수렴(마당으로 집중) 확장(마당으로부터 판이 구경꾼들 속으로, 그리고 구경꾼의 마음마다에서 온 세상과 온 우주 사방을 포함한 열 가지 방향으로 퍼져 나가는 것, 예컨대 사방치기, 사방뿌리기 따위)되지 못한다.

'무궁무궁'은 동학의 경우 '나(주체의 영)의 무궁 체험이 동시에 세계(우주의 신)의 무궁 체험과 함께 일어남'을 뜻한다. 이것이 숨은 차원(마당 속의 판)이 드러난 차원(객석을 지나 온 우주로까지 나아가 실현되는 판의 사방뿌리기)으로 개벽함으로써만 완성되면서 동시에 무한 개방(一始無始

一, 一終無終一)되는 것이 탈춤이다. 나는 이 원리 위에 판소리의 그 판의 원리, 시나위의 원리 등이 준거한다고 본다.

④ 본디 우리말의 '귀신'은 무속의 정신상징학적으로 검은 그늘의 무의식인 '귀신'의 다섯과 흰빛의 심층 무의식인 '신명(神明)'의 일곱으로 구분되고 통합된다.

혼돈의 질서가 역동과 균형의 엇걸이로 고리를 생성하면서 빈 마당 안에 솟아나는 판으로 '무궁무궁'을 체험할 때(제로의 체험, 제로의 전개, 빈칸의 우주적 확대) 비로소 리비도 등 무의식의 욕구불만이나 근친상간, 패륜 또는 패배와 회한 같은 중력 체험, 귀신의 검은 그림자, 그늘이 탈춤의 마당극과 마당굿을 통해 드러난다. 웃음과 눈물, 무의식과 의식, 칠식(七識)과 팔식(八識), 할미와 영감, 중과 창녀, 익살과 청승, 저승과 이승, 싸움과 사랑이 서로 부딪치고 어울리는 복잡한 그늘이 극(劇)으로 장단(長短)을 바탕으로 진행되는 과정에서 굿[祭儀], 불림[招魂]이 섞여 들면서 초월성, 아우라, 희망, 화해, 상생의 신명들이 드러나 흰빛을 뿜으며 제의적인 성스러운 넋풀이가 진행된다.

드디어 검은 그늘과 흰빛, '다섯'과 '일곱'의 이중적 교호 결합으로(통합이 아님) '흰 그늘'이 떠오른다. 그리하여 마침내 '한'의 세계가 열린다, 차원의 큰 변화다. 마당은 성스러운 판으로, 신들의 유희장으로 드높여지고, 재담과 춤들은 전 우주의 사방팔방 시방으로까지 뿌려지면서 뒤풀이로 들어가 굿이 끝나면서 동시에 무한 개방된다. 차원의 큰 변화, 즉 ⑤ '핟(一)'의 실현이다.

마침내 '다섯과 일곱이 한으로 하나가 되는(五七一)' 경지다.

융 등의 정신의학, 칼 프리브럼(Karl Pribram)의 뇌생리학, 켄 윌버(Ken Wilber) 등의 영성 담론 등이 참고되면 좋을 듯하다.

중요한 것은 '삼사성환', 곧 탈춤이니 판소리, 시나위 등이 끝나면서 끝나지 않는 것, 그리고 그 처음도 시작되지 않으면서 시작된다는 것, 이것이 곧 고리의 시간이고 혼돈의 질서이자 후천개벽이니, 태극의 우주 질서이면서 ≪정감록≫이나 풍수의 '궁궁'과 같은 혼돈 생명론에 새 원형의 출현·전개가 만드는 '고리 속의 무궁무궁'이 결국 수학에서의 '제로(0)'의 세계라면, 그 뒤를 이은 '오칠일'이 '흰 그늘'의 출현과 함께 이루어지는 '한' 또는 '하나(1)'의 경지라는 점이다.

주지의 사실이지만 '제로'와 '하나'의 관계(0+1)는 앞으로 성립할 생명학, 우주 생명학, 창조적 진화론에 의한 과학 종교, 과학과 신비체험의 결합에 의한 감각적 관조에서 깨달음에 이르는 새로운 민중 예술, 대중문화, 그리고 그것과 함께 새 시대, 새 세대의 심오한 무의식과 생명 사이의 미학적 탐색에, 어쩌면 신령 컴퓨터의 길, 역학(易學)과 서양 수학, 수학과 미학 등의 관계에 새로운 여명이 될 수도 있다.

이때에도 그 창조적 대전환(제로 체험에서의 한의 새로운 정신 및 무의식적인 영성 생활로의 차원 변화)의 조건은 '흰 그늘[五七一]이 한이라 불리는 큰 살림(생명·영성의 자각)의 차원을 열어 주는 것'이다.

'흰 그늘'의 미학은 바로 여기서 시작된다.

6. 오묘한 추연(推衍)

역(易)의 해석 과정을 '추연'이라 한다. 역의 괘(卦)와 효(爻)의 배치, 재배치, 해석, 새로운 해석, 또 다른 차원에서의 뜻풀이 등 괘상의 도상학, 숫자의 상수학, ≪주역≫ <계사전>의 철학적 해석의 확정, 변경, 보완 등이 모두 추연이다.

중국 사상사의 꽃은 주역이다.

주역은 문자 그대로 2천 8백 년 전 주나라 성립 이후 오늘까지의 선천(先天) 시대의 생명과 우주 생명 질서의 체계적 코스몰로지다. 그러나 그 안에는 혼돈의 계기와 혼돈학적 해석의 가능성이 무궁하다. 그래서 "주역의 힘은 아직도 남음이 있다(枯似柱形力有餘)"고 수운 선생은 읊었던 것이다.

주역과 미학은 어떤 관계인가?

생명과 영성, 숨은 차원과 드러난 차원, 감(感)과 통(通), 리비도와 코기토와 아우라의 예술 및 미적 창조 체험에서의 결합, 에코와 디지털, 그리고 나아가 현대 미학에서의 이른바 '경제력'과 '질'의 긴장 문제, 개체성과 융합, 미적 인식과 내적 범주 및 관계, 미적 향수(享受) 등의 심오한 내적 연관, 사실 인식과 상징 읽기, 상상력과 무의식, 생태학과 명상 등등의 미학 생각을 주역에 연결시킬 때 반드시 그것은 '추연'에 의해서만 가능하다는 것을 잊지 말아야 한다.

주역은 아직도 힘이 남았다. 그러나 새로운 시대, 후천(後天)과 대전환 시대의 다가오고 있는 새 역학, 예컨대 김일부의 정역(正易)은 또한 "의심을 낼 틈이 없다(燈明水上無嫌隙)".

선후천 사이의 대전환기. 이 전환기 자체의 특징은 '대혼돈'이다. 그리고 이 대혼돈의 전환기는 너무 길고 너무 복잡하고 마치 잉아걸이나 완자걸이, 모든 엇걸이, 이른바 '혼돈적 질서'의 역설, 모순어법처럼 최수운의 두 시구와 같이 이중적 증상(더블 바인드)이고 이중적 처방(더블 메시지)이

요구되는 '아니다-그렇다'의 판단 대상이 되고 있다.

이 양역(兩易), 주역과 정역 사이의 관계에 대한 새로운 '간역(間易)'이 필요하게 되었는데 곧 동학 원형인 '태극 또는 궁궁'의 예언처럼 새로운 '시천주' 단전 수련법인 '궁궁'과 함께 새로운 팔괘가 나타나 '태극궁궁 원형을 앞에 세운 새로운 시대, 새로운 세대의 새 간역'의 시대가 올 것이다.

바로 그 원형과 기준, 즉 패러다임의 해석학적 촉매에 의해 주역의 저 풍요한 문화 · 철학 · 과학 · 신비학적인 내용들을 담대하게 해체 · 재구성하며 재해석할 수 있을 때 주역으로부터 도리어 도움을 받는 오묘한 새 미학 원리들이 나타날 수 있을 것이다. 오늘의 생명학, 우주 생명학은 옛 주역과 새 정역 등의 변화의 학으로부터 혼돈적 질서, 태극궁궁, 여율(呂律) 또는 '흰 그늘'의 현대적 미학의 길을 걸어나가야 한다.

이때 필요한 것이 ≪천부경≫의 기이한 개념인 '오묘한 추연', 즉 '묘연(妙衍)'이다. '묘연', '오묘한 해석'은 그 이전의 '삼사성환오칠일'을 조건으로 하고 '묘연' 다음의 '만물이 가고 만물이 오는(萬往萬來)' 후천개벽, 즉 <계사전>에서 말한바 '만물이 끝나고 만물이 새로 시작하는(終萬物 始萬物)' 대문명 전환을 결과로 하여 탐색해야 할 기이한 개념이다.

이 '추연'의 조건인 '오묘함[妙]'이란 무엇일까? '삼사성환오칠일'로 풀어 본다면 '고리[環]', '그늘[影]' 또는 '흰 그늘[白闇]'이다.

이 글의 머리글에서 나는 이미 말한 바 있다. 이미 ≪예감에 가득 찬 숲 그늘≫에서 '그늘의 미학'을, ≪탈춤의 민족 미학≫에서 '고리의 미학'을 천착했고, 이제는 '흰 그늘의 미학을 찾아서' 여행하는(추연은 여행이기도 하다) 것이기도 하다.

'오묘한 여행'이다.

'그늘', '고리', '흰 그늘'의 탐색 과정에 숨어 있는, 후천개벽이란 이 전환기 나름의 오묘한 해석학, 생명학, 우주 생명학이 곧 '묘연'일 터이니 그것은 곧 새 시대, 새 세대의 '태극궁궁' 원형 문화 운동과 직결될 터이다.

새로운 단전법인 시천주의 '궁궁' 수련과 '새로운 팔괘' 출현에 의한 새 간역(間易)의 '태극' 공부가 결합되는 곳에 바로 그 '오묘한 추연'이 있을 것이다.

'묘연' 이후의 '만왕만래'와 그 뒤를 이은 '태양이 높이 떠 밝게 비치는(太陽昻明)' 그것은 이미 개벽이다.

그러매 중요한 것은 그 개벽의 태양 시대가 오기 전까지 소위 '백 년 만의 폭염'이 오고 있다는 이 '대혼돈'의 전환기의 고통에 대해 '오묘한 추연'을 통해 새 예술학, 새 미학을 찾고 그로써 전 세계 카오스 민중의 카오스모스 문화와 문명을 가져다주는 세계 대문화 혁명을 촉발하는 일이다. 또 그것을 위해 '오묘한 추연'을 해석학적 촉매로 중국의 동북공정에 대한 참다운 대답으로서 고대 동아시아 르네상스를 제안하고 주도하는 일이다.

'만왕만래'라 했다.

< 계사전 >은 '종만물 시만물'이라 했다. 그때 간역(艮易) 즉 정역(正易)이 한반도에서 나오리라 했다. 거기 '간방보다 더 왕성한 곳이 없다(莫盛乎艮)' 했으니 오직 정역만은 아닐 것이다. 주역과 정역 사이의 간역(間易), 관계역(關係易)도 가능하다는 뜻이다.

중요한 것은 주역이 아직도 유효한 중에(先天力有餘) 정역이 나타났으니 의심 낼 틈이 없다(後天無嫌隙)는 점, 그 사이의 '있음'과 '없음', 그 '아니다 — 그렇다'의 생명학, 우주 생명학이 필요하다는 것이 최수운의 감옥 안에서의 결론이라는 점이다. 그래서 수운은 주문의 마지막 절정을 '만사지(萬事知)'라 했고, 그 '만사'를 해석하여 '수의 많음(數之多)'이라 했으니 바로 '막성호간(莫盛乎艮)'과 같은 뜻이다. 주역만 아니라 그 이전 동이족 문화의 소산인 복희역(伏羲易)과 함께 주역 이후의 정역과 주역과 정역 사이의 관계와 전환기역인 관계역, 간역(間易)의 가능성을 다 열어 놓고서

'지', 즉 '도통'을 '독공으로 열심히 수련 공부하는 중에 계시를 받는' '합발도통'으로 명시한 것이다. '모심'과 '살림'이라는 드러난 질서 속에 숨은 '깨침'의 드러남이다.

'수(數)'.

'수'란 동양 문화의 맥락 안에서 '공(功)'이 반드시 혁명이나 정치사를 뜻하는 것과 똑같이 '역수(易數)', 즉 '역경(易經)'을 말함이니 '수의 많음'이란 '역수의 여러 갈래(易數之各類)'를 뜻한다.

당시 유학(儒學)의 유일 과학 체계인 주역 법통에 대한 분명한 반역이다. 동학 자체가 이미 선천에 대한 반역이 아닌가! 이 역시 '막성호간'이 아닌가!

그러나 후천개벽은 첫째, 후천 원형(태극궁궁, 혼돈적 질서)을 중심으로 하되, 둘째, 선천 원형(주역의 태극·군자·중국·남성 중심의 코스모스론)을 해체·재구성하여 선·후천이 공존하는 기우뚱한 균형이니, 이 같은 '아니다 ─ 그렇다(더블 바인드에 대한 더블 메시지)'의 선후천 교합과 '엇걸이' 시대(이 시대가 계속 장기화되고 있다) 나름의 개벽 원형, 새로운 '태극궁궁', 새로운 혼돈적 질서(카오스모스), 그리고 새로운 궁궁 수련과 태극 공부의 간역을 중심으로 한 새 세대(10대, 20대, 30대 초반) 중심의 새 문화 운동, 생명 문화 운동이 일어나야 한다.

이것이 다름 아닌 '묘연'이니 주역과 정역 공부, 그리고 내 나름의 수련과 직관 등에 의해 이루어지는 기이하고 오묘한 '추연'이기 때문이다.

태양 시대(≪천부경≫), 용화 세계(강증산), 유리 세계 4천 년(김일부) 등이 사실은 모두 '유토피아'다.

나는 '유토피아'를 믿지 않으며 따르지도 않는다. 다만 하나의 비전을 형태로 고려할 뿐이다.

'고리의 시간'은 그러나 유토피아를 향하지 않고 지금 여기 살아 있는 나로부터 시작하여 지금 여기 살아 있는 나에게로 시간·공간·육체와 정신 등 온갖 삶의 차원 변화와 함께 되돌아오는 '나를 향한 제새[向我設位(해월 최시형)]'의 시간이니 여기에 전제된 원리가 ≪천부경≫에 있다. 그것은 무엇일까?

7. 사람 안에서 하늘과 땅이 하나다

'사람 안에서 하늘과 땅이 하나로 통일되어 있다(人中天地一).'

이것이다.

천지인은 북방 샤머니즘계 '삼태극의 춤'의 원형 이후 동아시아와 한민족의 근본 사상이요, 우주론이다.

수운 선생은 '천지인'을 현대적으로 해석하였다.

하늘은 우주 물질 구성의 상징인 오행의 벼리, 법칙, 원리이고

(天爲五行之網),

땅은 우주 물질 구성의 상징인 오행의 바탕, 질료, 재료이고

(地爲五行之質),

사람은 우주 물질 구성의 상징인 오행의 기운, 생명, 주체이다.

(人爲五行之氣).

하늘이 질서요 코스모스라면 땅은 혼돈이요 카오스이며 사람은 그 코스모스와 카오스, 그 질서와 혼돈, 그 법칙과 질료를 제 안에서 창조적으로 통합하는 기운이요, 주체이니 곧 생명이다.

음악 쪽에서 본다면 하늘인 건괘(乾卦)가 율려(律呂)요 그 중심음인 황종(黃鐘)이며 중국의 아악(雅樂)이라면, 땅인 곤괘(坤卦)가 여율(呂律)이요 협종(夾鐘)이요 한민족 궁중악인 정악(正樂)인데, 주역 둘째의 곤괘에 있는 '누른

치마를 입으면 으뜸으로 길하다(黃裳元吉)'란 상징의 의미처럼 재상이 임금 자리에서 통치함이라 협종이 황종 자리에서 중심음 즉 궁음(宮音) 노릇을 하면 아주 좋다는 뜻이다. 협종은 본디 이월춘분(二月春分)의 대장괘(大壯卦)이나 건괘인 황종에 대응해서 곤괘의 '육오(六五)'의 '황상원길'로 기능한다. 이 '황상원길'은 다시 '카오스가 코스모스 자리에 들어가' 우주를 통치하면 매우 좋다'란 뜻이 된다.

이것은 역(易) 질서로 볼 때 '정역의 여율(呂律)이 주역의 율려(律呂) 자리에 들어가 지배하면 매우 좋다'로까지 의미 확장이 될 수 있다. 마찬가지로 여성, 여성성, 모성, 사랑과 대지의 생명학이 남성, 남성성, 부성, 도덕과 하늘의 이법(理法) 자리에서 통치하면 으뜸으로 좋다는 말이 될 수도 있다.

선천 체계를 위상으로, 후천 원형을 활동으로 하여 그 네 개의 위상 위에서 궁궁의 역동이 푸른 별 뜨듯, 붉은 꽃 피듯 시천주 주문의 네 단전에 폭발하는 '궁궁(弓弓)'은 '태극 자리에 궁궁이 들어가면 매우 좋다'로까지 발전한다. 바로 후천개벽이다.

미학적으로는, 특히 음악에서는 무슨 뜻이 되는가?

협종적 황종, 여율적 율려, 혼돈적 질서[混元之一氣]나 '그늘'에 해당한다면 숨어 있는 차원에서 새롭게 드러나는 차원으로 올라오는 초월성, 아우라, '한'의 경지인 '흰빛'에 결합된 '그늘', 즉 '흰 그늘'이 될 터이니, 다름 아닌 산조(散調)나 속악(俗樂) 등의 '정간보(井間譜)'의 미학이 그것이다.

왜냐하면 정간보는 탈중심, 해체, 혼돈과 생성, 생명의 시대에 중심 아닌 중심이라 해야 할 계열화, 촉매, 뿌리 등의 기능을 가진 본청(本淸)을 천지인 중의 '사람' 즉 '인(人)'의 역할에 배치하고 그 위아래의 음역에 '하늘[天]'과 '땅[地]'을 획정하여 사람을 중심으로 하늘과 땅을 아우르거나 오르내리거나 너울질(꺼꿀잡이, 혼돈)하거나 엇걸이(중층화, 복잡화)해 나가기 때문이다('人中天地一'이 정착한 것이다). 혼돈적 질서, 하늘과 땅의 이중 교호 결합 그리고 '그늘'이 아무리 훌륭한 미학적 범주라고 해도 구체적인 경우에 구체적으로, 개별적인 조건에서 개별적으로, 개체가 자기정체성(identity)을 잃지 않고 혼돈과 질서, 하늘과 땅을 '분권적으로' '융합(fusion) 표현' 하기는 쉽지 않기 때문이다.

판소리에서 엄격한 소리꾼 자질의 첫째 덕목으로 치는 그늘, 웃음과 눈물, 익살과 청승, 잉아걸이, 엇걸이 등과 농(弄), 묵(默), 틈[間], 앞소리가 끝나기 전에 뒷소리를 겹치거나, 허공에 소리끌텅(줄거리)을 던져 놓고 기침하거나 가래를 뱉거나 물 한 잔 먹고 나서 허공에 아직도 떠 있는 소리끌텅을 홱 낚아채다가 다시 이어 가도 조금도 단절감이나 위화감을 느끼지 않을 정도의 재능의 수련과 연마의 조건이 되는 '시김새(삭힘의 명사)' 역시 바로 개별적 조건의 개별적 조율이라는 '사람 속[人中]' 그 '본청(本淸)'에 좌우되는 것이다.

한 걸음 더 나아가 '시김새'나 '그늘'이 다 충족된 소리꾼이 걸걸한 '수리성'으로써 가히 명인의 경지에 이른다 하더라도 '귀신 울음소리[鬼哭聲]'를 내지르는 신령의 영역, ≪천부경≫의 이른바 '오칠일(五七一)'의 경지에 이르지 못하면, 중력으로부터의 초월성, 중력과 초월성의 통일, 이른바 '땅과 하늘의 통일[天地一]'을 '사람 속[人中]' 즉 개별적 조건에서 개별적으로 신산고초를 제 나름 나름으로 견뎌내지 않으면 통달하지 못한다. 동학의 주문 앞머리 '모심[侍]'의 마지막 명제인 "각자 각자 서로 옮길 수 없는 것을 나름 나름대로 깨달아 다양하게 실현한다(各知不移者也)". 또는 "밝고 밝은 이 운수를 각각 제 나름으로 밝혀라(明明其通各各明)"가 그것이다. 그렇기 때문에 귀곡성은 제 나름의 '삭힘(忍辱精進 수련, 연마, 신령한 차원 변화, 동학의 至化至氣·至於至聖)'의 지극한 경지에 이르지 못하면 어림없다.

이것이 '흰 그늘'이다.

19세기 말, 20세기 초의 그 숱한 명창들이 기라성같이 등장했음에도 귀곡성에서는 이동백(李東伯)을 따라갈 자가 없었다는 것은 이동백의 시김새가 곧 '지리산 삵힘(지리산의 험산준령 같은 신산고초와 수련의 역경, 정신적·영적 인욕정진을 상징 비유함)'에서 터득되지 않았다면 어려웠을 것이란 후세의 평 또한 정확함을 말해 준다.

요컨대 '그늘'은 '흰 그늘'이어야 한다. 그것이 '인중천지일'에서 '인중'의 어려움이다. '인중'은 존재핵이니 유학에서 '허심단(虛心丹)', 역학에서 '황중월(皇中月)'이라 부르는 바이고, '천지일'은 우주핵이니 유학에서 '무중벽(無中碧)', 역학에서는 '천심월(天心月)'이라 부르는 바다.

'흰 그늘'이란 바로 이 '인중'에 '천지일'이 일치하는 것이니 존재핵과 우주핵의 합일, 즉 '신인합일(神人合一)'의 경지다. 이것이 또한 '흰 그늘'이다.

그러나 놀랄 것은 없다. 이것은 우리네 민족 예술가들의 드높은 기상이요 뜻이었지 현실에서 늘 수월히 할 수 있고 또 그래야 당연한 무슨 당위 같은 것은 아니겠기에 말이다.

그리고 그 '합일'은 또한 역사를 가진다. 끝없이 양자가 서로 일치했다 싸웠다 멀리 떨어졌다 또 가까워졌다 하는 끝없는 갈등 관계인 것이다. 그러나 때가 되면 그 긴 역사 자체가 바로 새 차원의 근거다 된다.

드디어 중심 명제에까지 도달했다. 그러나 이 명제는 다시 뒤로 유보한다. 동학 정역계 사상사와 탈춤, 판소리, 문인화, 민화, 민요 등에 가까이 가서 그리고 나의 당대 현실에 이르러서 다시 살피고자 한다. 커다란 원리만으로, 원리의 복합만으로 해명되지 않는 것을 또한 '본청'이라 하노니.

8. ≪삼일신고≫에 대한 몇 생각

≪삼일신고≫는 국권 상실기 36년 전체를 통해서 가장 전투적이고 가장 신비주의적인 민족주의 집단인 대종교(大倧敎)의 국수(國粹: 민족혼) 그 자체이다. 대륙의 거칠고 찬 칼바람에 백발을 흩날리며 목청을 높여 낭송하던 그 내용 한 구절 한 구절이 내게는 모두 시다. 그러나 아직도 어렵기 끝이 없고 두렵기 한이 없다.

미학적 통로에 서서 우선 다섯 가지를 생각해 본다.

하나.

'신은 사람의 뇌 속에 내려와 산다(神降在爾腦)'에 관해서다.

내 삶에서 ≪삼일신고≫를 보고 두 번 크게 놀랐는데, 아주 오래전에 읽다가 땅을 '한 개의 구슬 같은 둥근 세계

(一丸世界)'라고 언명한 곳에서 처음 놀랐다. 중화(中華)를 자처하던 중국이 '하늘은 둥글고 땅은 모나다(天圓地方)'고 말할 때보다 훨씬 더 옛날이고 천동설은 당연하고 당연할 때다. 유목민적 세계관의 산물이 아닐까 생각하는 정도에 그쳤다.

두 번째 놀라움은 '신과 뇌' 관계에서다. 이미 아메리카 뇌과학이 전 인류 과학사, 나아가 전 우주 진화사의 화살 끝으로 진화된 뒤의 일이다.

무서울 정도로 아름다운 사태는 다음의 세 가지다.

하나는 뇌생리학 쪽의 홀로그램 관측 결과다. 대우주에서 벌어지는 블랙홀 출현이나 초신성(超新星)의 폭발, 은하계군(群)의 기이한 변화 등 온갖 현상이 인간 뇌세포의 활동 안에서 거의 그대로 압축 재현된다는 점이다. 뇌는 곧 우주인 것이다.

둘은 뇌세포의 90퍼센트가 아직 잠자는 상태라는 것이다. 범인이 그 100 중 6퍼센트 정도를 활용하고 천재가 9퍼센트를 사용하는데 아직도 90퍼센트는 긴 잠 속에 빠져 있다는 것이다. 아마도 크게 깨달은 성인이 있다 할 때 이 90퍼센트 중의 10퍼센트나 15퍼센트가 갑자기 크게 깨어나 확장한 것 아니겠는가. 그렇다면 신의 거처는 허공이 아니라 인간의 뇌 속에 있는 것이다.

예언자가 처음 계시를 들을 때 소리는 허공에서 울린다. 그리고 정신질환자가 환청을 처음 듣는 것은 역시 허공의 울림을 통해서다. 그러나 예언자의 계시 내용이 주밀해지거나 정신병자의 환청이 오래 계속되면 그 소리는 뇌 안에서 울린다.

최근의 정신과학, 뇌과학의 결과다.

그런데 달이나 해를 보고 신이라 숭배하고, 이상한 늙은 나무를 보고 절을 하던 그 수천 년 전 한민족은 인간의 뇌 안에 신이 내려와 산다는 대폭발음 같은 발견을 어떻게 발표했는가?

훗날 동학이 '한울님을 인간이 자기 안에 모셨다(侍天主)'고 주장한 것 역시 이런 아득한 옛 진리의 무왕불복(無往不復), 한 번 간 것이 돌아오지 않음이 없음을 믿었기 때문이다.

셋은 바로 인간 안의 우주요 신이 두개골만이 아니라(물론 두개골 안에는 그전 활동의 고농축이 있겠거니와) 세포 하나하나, 장기와 피부 하나하나의 온몸에 퍼져 있다는 전신두뇌설이다. 무릎 등이 외부 자극에 대해 대뇌의 명령 전에 즉각 반응한다거나 배꼽 밑 조금 안쪽에 있는 하단전, 즉 기해혈(氣海穴)에 소뇌(小腦) 기능이 집결에 있다는 20년 전의 일본 분자생물학계의 보고 등을 보라, 이것은 점점 공리(公理) 단계로 나아가고 있다.

≪삼일신고≫는 말한다. "생명의 주체는 한 기운[一氣]이요 그 한 기운 안에 세 신[三神]이 모셔져 있다"고. 옛 북방계 신화 '셋을 품고 하나로 작동한다(숨三爲一)'이니 곧 '셋과 하나의 신 이야기(三一神誥)'인 것이다.

뇌에 모신 우주 활동, 신, 두개골만이 아닌 온몸의 한 기운[一氣: 태극과 같은 우주 생명의 질서] 안에 모신 생성 혼돈 중의 삼극, 삼신을 청하고[請神] 맞이하는[迎神] '어아(於阿)의 음악'이라는 신시(神市)의 노래가 있었다 하고, 또 삼신을 기쁘게 하고 함께 놀았다는 신시 음악에 '공수(供授)'와 '두열(頭列)'이 있었다 하니, 옛 신시의 예술이 '신성한 우주와 속된 장바닥의 결합(神市)' 위에 세워졌고 또 그것이 무궁혼돈의 삼신(三神)을 한 기운[一氣]의 질서 안에서 청신(請神)·영신(迎神)·오신(娛神)하는 선도 풍류의 전통적인 굿을 이미 놀고 있었던 것을 알겠다.

넷 역시 한 기운, 한 몸 속의 삼신에 대한 수련 공부와 관련된다. ≪삼일신고≫가 가르치는 우주 생명학적 수련 연마의 가장 큰 원리요 철학은 '반망환진(返妄還眞: 거짓을 되돌려 참으로 바꾼다)' 네 글자에 있다.

≪삼일신고≫에서 '망(妄)'으로 제시한 생명학적인 체계가 바로 '정력·기운·신령[精氣神]'의 삼단전론이다. 하

단전에 성적인 힘, 중단전에 사회적 활동력, 상단전에 정신작용이 있다 함이고, 최근의 단학(丹學) 역시 이 체계를 고수한다.

이것은 분명 생명의 단전 체계요 이른바 '드러난 차원'이다. 그래서 고태(古態)적 표현으로 '망(妄)'이라 부르는 것이다. 여기에 비해 신고가 '참[眞]'이라 부르는 영성적 신체의 삼신(三神)은 무엇일까? '성품[性]·목숨[命]·정기[精]'이다.

영적인 생명의 숨은 차원이다. 숨은 차원은 드러난 차원 밑에서 숨은 채 드러난 차원을 추동, 변화, 비판, 수정, 보완한다. 그러다가 드러난 차원이 한계에 이르러 해체 단계에 들어갈 때 숨은 차원 스스로 새로운 차원으로 드러난다. 바로 이때의 변화를 표현하고 그 두 차원의 관계를 인식하는 동학의 논리가 곧 '아니다-그렇다'이다.

이것은 흔히 전환, 쇄신, 개혁, 현현(顯現), 개시(開示), 대각성, 혁명 같은 현상으로서, 이때 생명은 피나는 노력을 통해 새 차원에 적응하는 '학습'을 행한다. 바로 이렇게 차원 변화하는 관계를 일러 ≪삼일신고≫는 '거짓을 뒤집어 참으로 돌아간다(返妄還眞)'라 부르는 것이다.

실제에 있어 신고류의 옛 생명학에서 수련하는 과정은 생명 중심의 '정력·기운·신령[精氣神]'의 삼단전 수련의 절정에 이르면 영성 중심의 삼신영통(三神靈通)인 '성품·목숨·정기'의 신령 공부로 차원을 바꾼다.

'반망환진'에서 삼단전의 생명 수련을 드러난 차원, 즉 외면으로 보고 삼신영통의 마음 공부를 숨은 차원, 즉 내면으로 보면서 두 차원 사이의 '아니다-그렇다'의 '되돌림[返]'과 '돌아와 바꿈[還]'의 '반환(返還)'이라 명기한 것 역시 우리의 미학 생각에 큰 발걸음의 자취를 남긴다.

'망진(妄眞)'은 '허실(虛實)'이기도 하지만 특히 오늘의 영상매체나 디지털 코드의 경우에서 살피면 또 다른 진실이 드러난다. 이미지와 콘텐츠의 관계요 에코-디지털이나 디지털-아날로그 등 여러 가지 미학적 논의를 유발시킨다.

다섯, 《삼일신고》에는 "생활 발전(生活發展)을 삼신을 모신 마음으로 살고"라는 말이 있다. '생활 발전'이란 생성, 변화, 발전이니 혼돈적 생성이요, 생명의 변화 발전이니 진화요, 자기 조직화요, 혼돈적 복잡화 즉 기화(氣化)요 조화(造化)인데, 그것을 '마음으로 담는 것' 그리고 '그 마음은 삼신을 모신다는 것'은 무슨 소리인가?

문자 그대로 '생명-양성', '에코-디지털'의 미학적 원리 아니겠는가!

돌이켜 보건대 《천부경》과 《삼일신고》에 함축된 미학 생각은 옛 선도 풍류로부터 종교적 표현이나 예술 문화를 통해 불변의 주류를 형성·계승하면서도 우선은 외래 사상이라 할 유불도(儒佛道)의 패권의 추이를 거치며 그것들을 격의(格義) 토착화(土着化) 저류 형성(底流形成) 하거나 어떤 형태로든 보존하면서 마침내 동학 정역계 사상사를 통해 원시 반본의 거대한 분출을 하게 된다. 그 대폭발에 이르러 미학 생각의 창조적 비약이 일어났는바, 거기 도달하기 이전에 우리는 그간 우리 민족사에 영향을 끼친 유불도의 미학적 주류 안에 어떻게 천부(天符)나 ≪삼일신고≫ 등등의 미학적 원형이 변형되고 결합되며 나타났는가를 간략히 살펴보기로 한다.

9. 전통 미학과 유불도

우리 민족의 전통 미학 안에 이미 일부를 이루고 있는 유가·도가·불가의 미학 원리를 간단히 살펴보자면, 우선 고운 최치원은 "풍류가 이미 유불도 삼교(三敎)를 애초부터 아울러 갖추고 있다(包含三敎)"고 했고 그 통합의 바탕을 "뭇 생명을 가까이 사귀어 감화, 변화시킨다(接化群生)"는 근원적 생명학, 우주 생명학에 넌지시 두려 하였다.

분명 도가 사상이 한민족 상고대·고대의 선도 풍류의

중국적 버전임이 분명하고 유학의 정수인 '사람[人] 사상'과 '어짊[仁] 사상'이 이미 선진동이(先進東夷) 문화로부터, 예컨대 역시 동이족이었던 순(舜)임금을 통해 중국의 주공(周公)과 공자에 이르러 철학적·문학적 대완성에 도달했고, 역시 동이 문화의 산물인 음양길흉(陰陽吉凶)의 우족점(牛足占)이 은(殷)에 접속되어 갑골점(甲滑占)으로 전변하며, 또한 동이계 우주 생명학인 복희역(伏羲易)이 중국에 흘러들어 이후 주나라 문왕(文王)에 의해 주역으로 크게 풍요로워졌다는 점을 전제해야 한다.

또한 정신사적 입장에서 볼 때 일연의 ≪삼국유사≫에서처럼 한민족의 땅이 오랜 인연을 가진 거대한 불국토(佛國土)였고 화엄학이나 선(禪)불교 자체가 본류(本流)인 선도 풍류와 다양하게 습합(習合)돼 있음을 전제할 때 최치원의 '접화군생'을 기저에 둔 '포함삼교'는 그리 어려운 바도, 생경한 바도 없는 말인 것이다.

1) 원효의 삼태극 춤

삼태극이나 천지인 삼극 사상이 원효 불교에서 여하히 그 기저(基底)로서 작용하는가?

세 가지만 지적한다.

첫째, 원효교학(元曉敎學)의 절절은 ≪대승기신론소(大

乘起信論疏)≫이다. 그리고 '소'에서 가장 주목해야 할 깃발은 그 첫마디 '목숨을 들어 삼보에 돌아간다(歸命三寶)'에 꽂힌다.

'남무(南無)'를 '귀명(歸命)'으로 옮긴 것부터가 생명학적 해석이다. 특히 '귀명'이 그 번역 해설자인 이기영(李箕永)에 의해 '목숨을 들어 돌아간다'로 해석된 것은 참으로 놀라운 일이다. 선도 풍류의 생명학을 불변으로 승화시켰으니 옛 '솟대' 자리마다 '절'을 세운 신라불교의 생명학의 참다운 부활을 본다. 그러나 여기에 나는 한 마디를 더 붙여서 생명학과 생명운동의 일치를 강조코자 한다. 즉, '귀명'을 '목숨을 들어 삼보라는 이름의 목숨의 진리에 돌아간다'로 확장 해석하는 것이다. 그렇다, 삼보는 목숨의 진리이니 곧 그 원형이 한민족의 경우 삼태극, ≪삼일신고≫, ≪천부경≫의 '천지인 사상'에 있다, 삼보, 즉 부처님[佛寶], 부처의 가르침[法寶], 그리고 그것을 실천하는 스님[僧寶]이 곧 천지인이요 삼신(三神)이요 삼태극이니 그것을 목숨의 진리(혼돈 생명의 우주 질서)로 삼아 목숨을 바쳐 그 실천과 공부에 돌아간다는 것이다.

둘째, 원효는 인식에 있어서도 삼태극을 본다. 현실 총괄 의식인 칠식(七識)과 초의식, 무의식의 시작인 팔식(八識)을 연결, 결합시키되 마치 ≪삼일신고≫에서 거짓[妄]과 참

[眞] 사이의 이중성을 '반환(返還)'으로 차원 변화시키듯 깨달음[覺]과 어리석음[無明]을 이중적으로 함께 가진 팔식인 '아뢰야식'에 기초를 둔 '한마음[一心]'으로 칠식이라는 감각적 의식의 통합 체험을 무의식의 깨달음, 그러나 깨달음과 어리석음의 이중성·양면성을 내포한 팔식에도 연속, 결합시키는 곳에서 다름 아닌 '셋과 하나'의 옛 풍류가 되살아나는 것이다.

이미 누누이 강조했듯이 동아시아 및 우리 민족 고유의 세계관은 '우주의 원기임에도 셋을 품고 하나로 작동하며 이미 제 안에 음양 두 기운을 포함'하고 있는바, 천지인 삼축(三軸)과 음양 이축(二軸)과 그 셋과 둘을 혼돈적 질서의 '아니다-그렇다'로 이중적 교호 결합하는 '한'의 사상이다.

셋째, 원효는 ≪대승기신론소≫만이 아니라 ≪십문화쟁론(十門和爭論)≫과 ≪판비량론(判比量論)≫에서도 바로 이 '셋과 둘과 한'의 풍류 생명학, 우주 생명학을 강조하고 있다. 잊지 말아야 할 것은 당대의 숱한 스님들과 똑같이 원효도 그 이름이 '서당화상(誓幢和尙)', 곧 화랑 스님이었다는 점이다. 선도 풍류도의 화랑이면서 불교의 스님이었다는 점이다. 풍류의 생명 사상과 불교의 영성 사상의 통전 또는 이중 교호 결합을 공부하고 실천했다는 뜻이다.

그러한 그가 삼국 통일, 즉 ≪삼일신고≫의 핵심인 '셋이 모여 하나로 돌아가는 일(會三歸一)'이라는 큰 도끼를 마련하기 위해 그 도낏자루를 찾겠노라고 밤의 문천(蚊川) 위에서 고공(高空)에 대고 큰 소리로 서원한다. 곧이어 파계를 하고 자칭 '소성거사(小姓居士)'로서 '불교 관행'을 벗어 버린 뒤 곧 선도 풍류 ≪천부경≫의 핵심인 '울타리를 걷어치우면 천지인 셋이 자연스레 진화한다(無匱化三)'와 ≪삼일신고≫의 핵심인 '거짓을 뒤집어 참에 돌아간다(返妄饋還眞)'를 참으로 실천한다.

그의 '무애무(無碍舞)'가 바로 그것이다. 물론 동방 불교의 정수인 '뭇 이단 중생 속에 들어가 삶(異類中行)'과 '털을 입고 뿔을 단다(被毛載角)' 같은 중생 구제의 운수행(雲水行)이라고는 하나 원효가 보여 준 '무애의 춤', 커다란 박을 들고 남무아미타불(목숨을 들어 목숨의 땅인 아미타 극락에 돌아가리라)을 연호하며 장바닥과 촌락의 민중들 복판에서 춤을 추고, 서라벌의 밑바닥이었던 사복(蛇福)과 친구(同事)로서 함께 장바닥의 떠돌이 풍각쟁이처럼 유랑한 것은 하나의 거대하고 심오한 생명학적 미학 행위, 예술 중의 최고 예술이라고 생각된다.

'무애무'라는 원효의 민중 예술, 중생을 위한 카오스모스 예술의 원리는 물론 '삼태극'이다. 그러나 '무애(無碍)'라는 혼돈한 근원 목숨의 진리(삼보, 삼태극), 즉 혼돈적 질서를

'춤'이라는 미적 양식(또는 장단) 안에서 표현한 점은 그대로 오늘에까지 이어지는 대중적 구도 예술의 모범이다. '화삼(化三)'이 '무궤(無匱)'에 의해 이루어지기 때문이다. 그리고 PC방에 앉아서 10대 소년이 혼돈스런 게임을 칠식(오감 통합의 현실 총괄 의식)을 통해 즐기는 도중에 문득 숨은 차원이 드러나듯 팔식 체험을 하는데, 예컨대 '인생은 부질없으나 성실히 살아야 한다'고 깨닫고, 더욱이 그것을 한편 긍정하면서도 한편 고개를 갸웃거리며 PC방 문을 열고 집으로 돌아가는 이전과는 무언가 크게 다른 마음의 한 서늘함을 느끼게 해 주는 것이 곧 요청되는 새 시대, 새 세대의 대중문화, 민중 예술의 한 방면이라 한다면 여기에 필요한 미학 원리를 이미 아득한 옛날에 제기한 것이 또한 원효임을 깨닫고 새삼 마음이 서늘해짐을 느낄 것이다.

이 역시 혼돈적 질서이며 '흰 그늘'의 미학이다.

2) 유가의 역(易)의 미학

동양 음악이 '철학적 세계관을 음(音)으로 드러내는 예술'이라고 한다면 동양 음악의 궁극은 음악을 통해 도(道)와 일치하는 경지라고 볼 수 있다.

유가의 미학은 '5음(音)과 12율(律)의 질서 정연한 짜임새'를 통해 천지자연의 도(道)를 드러내는 것이다. 천지자연의 도를 괘상(卦象)으로 드러내는 주역은 유가에서 가장 존중되는 경전이지만 본디 유가에서 만든 것은 아니다.

유가의 미학은 역(易)의 미학이다. 역과 거문고의 관계를 보자. 서계(西溪) 이득윤(李得胤)의 시다.

> 역(易)은 소리 없는 금(琴)이요
> 금(琴)이란 소리가 있는 역(易)이다
> 이는 옛날 포희씨가 만든 것으로
> 처음 팔괘(八卦)를 그었고

역은 음양, 오행, 삼재, 십천간(天干), 십이지지(地支) 등이 조화롭게 조직되면서 쉼 없이 흐르는 천지자연의 도를 표현한다. 요컨대 코스모스요 율려요 이법(理法)이니 우리가 탐구해 오고 있는 혼돈적 질서, 카오스모스나 여율 또는 생명과는 정반대이거나 어떤 경우 혼돈 위에 '기운생동'이라는 이름의 양식적 봉인을 씌운 또 하나의 정연한 질서인 것이다.

그러나 혼돈적 질서와 여율이 휩쓰는 후천개벽기 예술 안에서 이 같은 주역의 미학도 조건부로 용납된다는 것, 즉 해체·재구성·재해석된다는 조건 위에서 도리어 적극적으로 활용된다는 점을 잊지 말아야 할 것이다. 동학이 고대 이래의 후천 생명학인 '수심정기(守心正氣: 궁궁단전법)'를 중심에 두되 다른 한편 공자의 네 가지 덕[四德: 태극 사상, 四象에 해당하는 인간 윤리 덕목인 인의예지(仁義禮智)를 도리어 용납하는 까닭을 잘 알아야 한다. 후천개벽은 선천을 섬멸적으로 파괴하는 단절이 아니라 후천에 의해 그것을 해체·재구성한 뒤 공존하되 후천 쪽에 중심이 약간 더 가 있는 '기우뚱한 균형', '비평형적 공존·공생'이라는 것을 잘 이해해야 한다는 것이다. 더욱이 역(易)은 봉인의 한계 안에서이지만 주역의 경우에도 역시 생성과 변화의 학임을 부정할 수는 없다.

3) 도가의 무현금

도가에서는 작위적이고 인위적인 음악은 타기되고 원초적이고 자연적인 '소리'는 도리어 '큰 음악(大音)'으로 긍정된다.

'큰 음악'은 우주 만물의 배후에 숨어 있는 숨겨진 질서요, 차원이다. 그래서 '큰 음악은 소리가 없다(大音希聲)'라고 말한다.

바로 이 경지가 도가의 미학에서는 최고의 경지다.

"말해지지 않는 가르침(不言之敎)과 하지 않음의 이익(無爲之益)에 도달하는 사람은 천하에 드물다."

노자의 말이다.

바로 이 같은 '무'와 '텅 비움'과 어떤 의미에서 혼돈이요 여성성이며 굴속의 어둠이나 '그늘'에 해당하는 도가의 미학 원리를 상징하는 것이 곧 '줄 없는 가야금(無絃琴)'이다.

'무현금'의 도가 미학은 유가에서도 흔한 유행이었으니 우리 민족의 기철학(氣哲學)의 원류인 화담(花潭)의 시에까지도 <무현금명(無絃琴銘)>이 있을 정도다.

이 역시 외적인 드러난 차원에 머물지 않고 내면적인 미학의 절정으로서 숨겨진 차원, 즉 강태공의 '줄 없는 낚시'와 같은 경지인 것이다.

그렇다고 '무현금'이 단순한 불가식의 '공론(空論)'만은 아니다. 왜냐하면 노자든 장자든 제 나름대로의 현실 관계, 드러난 차원의 현실 속의 있음[有]과 함[爲]의 정치에 대해 숨은 차원으로부터의 비판, 추동, 변화, 수정, 보완의 개입 작업을 결코 포기하는 일이 없었기 때문이다.

이는 옛 개념의 '몸[體]'과 '씀[用]'의 관계이니 제언하거니와 드러난 차원과 숨은 차원 사이의 '아니다―그렇다'의 이중적 교호 관계에서, 그리고 혼돈과 질서 또는 생명과 영성, 에코와 디지털, 농경과 유목 등 현실적 이중성(더블 바인드)이라는 명제와의 관계 안에서 그 의미(더블 메시지)를 해석해야만 한다.

그러매 '무현금의 미학'은 '역의 미학', '무애무와 한 마음의 미학'과 똑같이, 동양 예술의 한 경지이자 나아가 유가·도가·불가의 철학을 통합하는 큰 원리의 상징이라고도 볼 수 있다.

다만 그와 같은 통합이 참으로 살아 생동하는 혼돈, 과정, 생성, 생명, 변화의 차원에서, 그리고 무(無), 공(空), 허(虛), 자유(自由), 빈터[空所], 빈칸[空間], 그리고 고리 속[環中]의 텅텅 비어 있으면서도 영생불멸한 생명의 '무궁무궁(無窮無窮)'에 대한 인간의 미적 인식, 창조, 재창조와 향수, 미적 감동과 비판을 동반한 차원 변화 위에서 이루어지느냐 어떠느냐의 문제만 남을 뿐이다.

유불도와 기독교, 그리고 각종 철학, 과학 등의 평화로운 공존과 살아 생동하는 미학적 통합은 최치원의 풍류의 요점인 '뭇 생명(나아가 생명·무생명, 인격·비인격을 막론한 우주 만물)을 다 가까이 사귀어 감화, 변화, 진화, 조화시킴(接化群生)'의 원리 위에서 성립 될 것이다.

'접화군생' 네 글자야말로 현대 생명 의학의 알짬이다. 왜냐하면 그것이 곧 오염된 생명에 대한 생태학적 사랑이고 생명학적 모심이자 자비로운 치유 해방이며 그 생명의 안쪽인 마음 또는 영성을 감동·감화시키는 천지 미학(天地美學)의 근본이념이기 때문이다. 또한 '접화군생'은 현대 생태학과 생명의 네 가지 근본 특성을 다 담고 있기 때문이다. '접'이 '관계성'이고 '화'가 '순환성'이고 '군'이 '다양성'이라면 '생'은 그 주체가 '영성'이기 때문이다.

최치원의 풍류 문맥을 다시 한 번 살피자.

"나라에 현묘한 도가 있으니 그 이름이 풍류다. 본디부터 유불도 삼교를 아울러 갖추고 있으니 그 아우름의 바탕이 접화군생이다."

나는 이렇게 읽는다. 포함삼교의 바탕이 접화군생이라는 것이다. 풍류의 실천 과정에서 포함은 '모심'을 접화는 '살림'이 된다. 그리고 포함이 평화라면 접화는 생명을 지시한다.

이 전통, 선도 풍류의 접화군생을 바탕으로 유불선을 아우르는 이 전통은 그 뒤 19세기에까지 이어진다. 가장 뚜렷하게는 최수운, 최해월, 김일봉, 강증산의 동학 정역계 사상사 전체가 아주 명백히 선도 풍류를 유불선의 통합의 중핵으로 제시하고 있으니, 풍류, 접화군생의 생명학, 우주 생명학은 중앙아시아 마고 신화의 율려론과 북방계 샤머니즘의 '삼태극의 춤' 이래 유불선과 기독교까지를 모두 통합, 새롭게 창조하며 19세기의 절정기를 거쳐 생태학과 무의식의 이중 교호 결합이 대유행을 형성하는 현대의 '에코-디지털 시대'에 있어서까지도 여전히 삶과 세계의 근본 명제가 되고 있는 것이다.

10. 그 뒤 근대에 이르러

그 뒤 근대에 이르러 일제의 식민 통치라는 대문화 말살 시대에 그나마 한민족의 미적 사유의 흐름을 지켜 준 두 사람을 잊을 수 없다. 하나는 일본인 야나기 무네요시(柳宗悅)이고, 다른 하나는 한국인 고유섭(高裕燮) 선생이다.

두 사람 다 민예(民藝)적 전통을 중심으로 파악한 점에서 크게 보아 역시 풍류와 접화군생의 길 위에 서 있다. 다만 시각의 상당한 차이가 있다.

야나기의 경우 '선묘(線描)적인 것', '백색', '슬픔', '한(恨)'과 같은 여성성, '그늘'에 강조점을 두었고, 고유섭의 경우 좀 더 밝고 담대한 역설이나 모순어법 또는 혼돈적 질서에 빛을 비추었다. '무계획의 계획', '구수한 큰 맛', '어른 같은 아해' 등이 그것이다.

두 사람 다 생활과 종교와 예술의 미분화 지점에서 미학 생각을 일으켜 풍류 속에서 유불선을 아우른다.

만약 우리가 두 사람의 미학 생각을 결합하려 한다면 결국 두 방면인 것이다. 고유섭의 빛과 야나기의 그늘, 반대로 고유섭의 그늘과 야나기의 빛, 야나기의 선적인 연속성과 고유섭의 역설에 의한 이중성이라는 상호 모순이니, 어찌 보면 상호 보완적이라거나 서로서로 바꾸는 관계(相換性)이거니와 나의 문맥에서 보면 다음 세 가지 명제로 발전한다.

  하나는 '흰 그늘'.

  둘은 '아니다―그렇다'의 이중 모순 교호성.

  셋은 숨은 차원의 이중성과 드러난 차원의 연속성 사이의 차원 변화 관계.

  그러나 두 사람 모두 학문 연령이 깊어지면서 초월성과 일상성 사이의 교호 관계로 더욱 나아가는 지점에서 근대 한국 미학과 예술학의 중요한 법통을 만나는 것이다.

11. 풍류와 율려: 동학 정역계 미학 사상사 연찬의 시작

예컨대 이런 말이 가능할 것인가?

  "당신은 율려만 해라, 나는 풍류만 할 테니."

  예컨대 이런 말이 가능할 것인가?

  "당신은 미학이나 해라, 나는 예술학만 할 테니."

  예컨대 이런 말이 가능할 것인가?

  "당신은 춤이나 춰라, 나는 노래만 할 테니."

가능하다, 나눌 수 있다. 그러나 나눌 수 없다.

'아니다-그렇다'이다.

이것이 풍류의 논리, 생명학, 우주 생명학의 기본 논리다.

그리고 이것을 '서로 반대되지만 상호 보완적인 것', '이중적 교호 결합'이라고 부른다. 이것은 혼성(混成)은 아니지만 자기 섬멸적인 지양(止揚), 변증법적인 통일도 전혀 아니다.

그것은 현 차원의 이것과 저것의 관계이지만 그 역이기도 하다. 그러나 동시에 그것은 숨은 새 차원과 드러난 현 차원 사이의 관계, 어느 날 숨은 차원이 드러난 차원으로 스스로 개시(開示)되는 것 같은 모든 생명 관계에 적용되는 생성 논리, 진화의 논리학, 혼돈적, 질서의 논리학, 생명과 영성, 생명 차원 변화, 그리고 에코-디지털의 논리학이다.

생명과 영성은 똑같이 역설적인 이중성, 사이버네틱적인 이진법과 두 차원 변화 관계의 생성 구조를 갖기 때문이다.

말하자면 이것은 미학적 논리학으로서는 '흰 그늘의 논리학'이라 부르되 특히 문화가 정치·경제보다 더 첨단적 삶의 영역으로 돌출하여 그 삶, 그 생명이라는 눈동자의 뒤에 있는 거대한 망막의 숨은 차원으로서의 영성 또는 심층 무의식의 탐색과 함께 그 숨은 차원의 현실적 개입이나 극에 이르러 그 숨은 차원 자신의 눈에 보이는 개시(開示)·현현(顯現) 과정에서 생명과 영성, 뇌수학과 생명학의 변화 논리인 '아니다-그렇다'의 이중성·이진법과 기존의 지배 논리인 배제의 논리 및 변증법과의 사이에서 폭발할 것으로 예상되는 '대언전(大言戰)', '대논리 전쟁[大論戰]'에서 요청되는 새로운 생명 논리인 삼지창의 논리, 즉 '당파 논법(鐺把論法)'의 기본 구조이다.

살아 있는 생명체인 뇌의 거룩한 영성 운동인 우뇌·좌뇌·뇌간 세 차원의 연쇄 고리에 입각하여 비흥(比興)의 우뇌·좌뇌·뇌간 기능 순서로 연속된 배제론 또는 변증론의 공격에 그 연쇄 고리를 따르는 논쟁으로 대응하는 과정 자체를 승리나 패배 따위가 아닌 '무궁무궁'의 큰 깨달음으로 차원 변화시키는 각비(覺非)와 흥비(興比)의 생성 논리학의 이름이 바로 '당파 논법'이다.

'당파'는 길이가 다 각각 다른 삼지창으로 큰 짐승을 서서히 안락사시켜 극락으로 보낸다는 무기 아닌 무기다. 본디 이것은 그 대중화된 전설에 따르면 원효가 취한 논법으로, '비슷하면서도 전혀 다른 것 사이에서 그 마땅한 것을 얻는 설득 과정(이른바 '似然非然之間當然之法' – 나의 해석학적 견해)'인데 '일심(一心) 차원에서 말을 일으켜 서로 우주의 근본에서 비슷한 심정에 접근하고 팔식 차원에서 그 현실적으로 깊은 차원임에도 어리석음과 깨달음의 시비를 가리며 이어서 칠식 차원에서 감각적 합의에 도달하는 방법론'이니 최수운의 <흥비가>에서 먼저 시비를 가리고 다음 개벽에 대한 정서적 합의에 도달하는 '비흥법(比興法)'이 잘못임을 깨달고(覺非) 나서 그것을 거꾸로 뒤집어 '흥비법(興比法)'으로 나아간 것과 깊이 관련된다.

'흥비법'은 먼저 숨은 차원의 후천 세계에 대한 묵시적 동의에서 출발한 뒤 그것의 선천 세계에서의 현실성을 시비하고 그러고 나서 다시 새 차원에서 정서적 합의에 도달하는 참다운 논쟁의 기술이다. 수운의 <흥비가>에 의하면 이때 인간은 '인간 주체인 나의 무궁함과 바깥세상인 우주의 무궁함이 겹쳐진(神人合一) 무궁무궁'에 도달한다 하였다.

수운의 시구에 다음과 같은 말이 있다.

"바람이 숲 속 호랑이를 이끄니 이로 말미암아 그 뒤를 다시 바람이 따른다(風導林虎故縱風)."

무슨 뜻일까?

상고사에 대해 생명학적 해석 과정에서 결과된 다음과 같은 추론이 있다.

고조선 이전의 풍류(風流), 신시(神市), 화백(和白)의 상호 관계에 관한 것이다. 신시는 반드시 '산 위에 물이 있는 곳'(수운 시에 "山上之有水兮"란 구절이 있다. 신시의 전통을 읊은 것이다), 즉 백두산 천지 같은 곳에서 열렸다고 한다. 먼저 풍류 음악과 춤판이 크게 벌어지고 그 굿판, 즉 신시(신령한 제사와 교환과 증여와 신성한 호혜의 경제적 차례)가 끝나면 화백이 열려 부족과 부족 사이, 유목민과 정착민, 수요계와 공급계 사이 또는 대의 기구와 민중 사이에 치열한 토의, 율려적 질서와 각론 사이의 대단히 복합적인 정치 시비가 있고 그것이 대강 합의 언저리에 접근할 때 풍류가 다시 크게 일어나 마침내 전원이 감성적으로 완전 합의, 전원 일치에 도달한다는 것이다.

바로 이것을 반영한 것이 '당파 논법'이니 치열한 논쟁을 오히려 주체와 세계의 무궁무궁에 대한 깨달음으로 연결하여 그 차원을 결정적으로 변화시키는 논법이다.

이것이 무엇일까?

우선 주역의 율려(律呂) 구조를 공부해야 이해한다. 그러나 막상 정역(正易)의 여율(呂律)과 함께 그것을 알지 못하면 참으로 이해하지 못한다. 그리고 끝내는 율려도 여율도 아닌 산조(散調)와 속악(俗樂)의 정간보(井間譜)의 음악 원리, 그중에도 중심 없는 해체 속에서의 계열화와 촉매와 뿌리의 기능을 노는 본청(本淸)의 본질을 알지 못하면 알긴 알아도 그것을 스스로 활용할 수는 없다. 더욱이 그 본청 안에 '여율적 율려'라는 역설적 이중 교호 결합이 개성적으로 반영되지 않으면 어림 반 푼어치도 없다.

이 논법은 고려 적 강화 중심의 무신(武臣) 정권 때, 그에 결탁한 지식인층[文臣]과 무신과 왕실 관료 삼자에 대한 춤과 노래와 불할(佛謁)을 배합한 기승(氣僧) 혜정(惠正)의 사활을 건 치열한 논쟁과 비판으로부터 시작되었다.

그 결과 혜정은 세 세력 모두에게 갈기갈기 찢긴 뒤 난간 아래로 던져져 개밥이 되었다 한다. 어느 노을 진 무협 강화에서다. 비판이 얼마나 혹독했길래 그랬을까? 후천개벽과 생명의 대전환, 문화혁명의 천시(天時)가 아직도 캄캄하고 요원했던 시절, 과격 무쌍한 한 불행한 선국자의 슬픈 전설이다.

풍류와 율려의 관계는 바로 이 '당파 논법' 안에 있다. 율려의 기둥은 시비 논쟁의 '비(比)'에 있고, 풍류의 바람은 바로 그 시작이자 끝인 '흥(興)'에 있는 것이다.

율려가 곧 풍류라고 말한 것은 중국 책 ≪술수탐비(術數探秘)≫다. 교술[比]이 곧 서정[興]이 된다는 말인데 이는 신중한 주의를 요한다.

풍류가 먼저 일어나서 율려를 이끄는 법이다. 그러고 나서 다시 풍류가 일어나는 것이다. 이것은 바꿀 수 없는 후천 문화 개벽의 순서다.

상고 때 마고 신화에서의 팔려사율(八呂四律)이나 그

전통과 결코 무관할 수 없는 팔풍사위(八風四位), 심지어 유교 정치학의 지극한 경지라 하는 팔정사단(八政四檀) 역시 일설에는 그 옛날 화백(和白)의 치열한 논의 구조, 시비 논쟁의 극교술(極敎述)이었다고도 한다. 그 앞에서는 팔풍의 혼돈 풍류에 의해, 그리고 맨 뒤에서는 다시금 혼돈적 질서의 대풍류에 의해 감성적 합의와 전원 일치에 도달했다 하니 음양 사상 등 엄정한 시비 차원의 율려에 앞서 풍류가 십무극(十無極)의 혼돈한 바람을 일으키는 팔풍이요, 팔정이었으니 곧 팔려(八呂)인지라, 다름 아닌 정역의 저 '여율(呂律)'에 연속된다 하겠다.

어려울 게다, 이게 다 무슨 소린가 할 것이다.

분명히 알아 두어야 할 것은 이 글은 실증이나 논증 따위가 아니라 신화적 해석 과정이라는 점이다.

이런 진술 방법이 미학에서 용납되는가?

"용납되지 않으면 대수냐? 내가 한다면 하는 것이지!"라고 내가 말할 것이라고들 모두 짐작할 것이다. 틀림없다.

그러나 나는 결코 그렇게 생각하거나 말하지 않는다. 나는 전공이었던 '추(醜)와 질병의 미학' 외에 긴 시간 독일의 저 지독한 규범미학인 발터 에를리히(Walter Ehrlich)의 '노르마티브 에스테틱'을 거의 전공하다시피 했다. 신화와 신화, 신화와 역사, 실증과 신화, 계몽과 신화 사이에 거리낌

없이 '대시'를 끼워 넣어 수평적 브리지를 만들어 가는 중에 '실증적 상상력'과 '계몽적 계시' 또는 '계시적 계몽' 비슷한 양식으로 먼동 터 오는, 논리적이면서 극도로 비논리적인 새 미학 세계의 체험을 푸른 그 먼동 자체에까지 브리지를 걸어 계시적 사유를 진행하는 내 나름의 규범미학 공부를 오랫동안 진행한 적이 있다.

풍류가 율려를 배우고 율려가 풍류를 배울 수는 있다. 그러나 풍류의 '흥(興)'이 앞서고 율려의 '비(比)'의 교술이 그를 따르며 다시 풍류가 십무극, 팔풍과 같은 큰 광풍(狂風)으로 전원 합의에 몰아넣지 않으면, 다시 말해 '여율적 율려'가 되지 않으면 후천개벽과 같은 궁극적 차원 변화의 대풍류는 일어나지 않는다.

'당파 논법'은 배제의 논리와 변증법을 겨냥한다. 그러나 그 '피 비린 싸움'[그 싸움은 사실 피범벅 이상이다. 한 문명 단위가 아니다. 전 문명사의 대전환이다. '정신적 피범벅'을 각오하지 않을 도리가 없지 않은가! 물론 후천개벽은 선후천의 공존이다. 그러나 그 중심은 분명히 후천에 있다. 바로 이 '시중(時中)' 원리에서는 언어와 논리의 전쟁이 필요하다. 그럼에도 불구하고 그 논쟁은 바로 큰 무궁무궁의 깨달음에 직결된다]의 끝은 참으로 서늘한 무궁무궁의 깨달음이다.

이것을 어찌할 것인가? 치열한 논쟁을 큰 깨달음으로 연결하는 '당파 논법'의 이 기이함을 도대체 어찌할 것인가? 율려가 풍류 즉 바람이라고 말한 ≪술수탐비≫를 신중하게 주의하라고 했다.

율려를 이끄는 것은 분명 풍류이니 '접화군생'의 생명학, 우주 생명학이다. 그러나 그 바람에 의해 일어나는 율려는 수학이다. 특히 미(美)의 수학이요, 역(易)의 미학이다. 이 신비수학이 새로운 컴퓨터 게임, 새로운 애니메이션, 새로운 영화, 새로운 캐릭터를 조직할 수는 없을 것인가?

예컨대 삶의 신비적 직관도 사물의 수리과학적 탐구도 역시 거리가 먼 평범한 한 소년이 PC방에서 세 시간 동안 게임을 하고 나서 일어설 때 문득 삶과 세계의 깊고 커다란 아름다움과 따뜻함을 깨달을 수는 없는가?

동화로서의 ≪어린 왕자≫는 성공적이다. 그러나 우주관으로서의 생텍쥐페리의 ≪어린 왕자≫는 실패작이다. 인간은 우주 속에서 미아에 불과하다는 자크 모노(Jacques Monod)의 가없이 쓸쓸하고 외로운 우주론의 뒤풀이에 불과하기 때문이다. 거기에 비해 ≪삼국유사≫에서 "어린 화랑 셋이 금강산에 놀러 가는데 별이 내려와 길을 쓸어 준다"는 어떠한가? 이 따뜻한 우주와 따뜻한 지구, 따뜻한 우주와의 우정의 아름다움이라는 풍류를 새로운 컴퓨터 수학, 율려라는 이름의 미학적 수학, 이른바 '신령 컴퓨터'가 신령한 영상과 힘찬 리듬으로 조직해 낼 수 있다면 청년 문화 안에 분명 어떤 폭발이 일어나지 않겠는가? 그것은 진정한 신세대의 '대풍류'가 아니겠는가!

지나간 날의 다중적 민중의 생명 미학, 즉 풍류와는 또 다른 우주 생명학의 대풍류가 오늘에 와서 또 하나의 여율적 율려의 예술인 '본청(本淸)'에 의해 일어나야 하는 것 아니던가!

평화시장의 한 허름한 민중이 탈판에 끼었다고 하자! 그 탈판에서 한 광대가 재담 중에 '비류직하삼천척(飛流直下三千尺)'이란 시를 읊조렸다 하자! 평화시장의 그 허름한 사람은 즉시 자기가 번지수를 잘못 찾아왔음을 직감하고 슬그머니 빠져나와 노래방이나 영화관으로 갈 것이다.

앞의 시는 이태백이다.

지금 민중 예술이라 자칭하는 탈판의 이태백 시를 이해할 사람이 도대체 몇이나 될 것인가?

풍류는 '바람의 떨림'이니 영구적이어서 극도의 세련성과 예민성을 요구한다. 그리고 그것은 초월성이다. 즉 '아우라'다. 우리는 이것을 카메라를 비롯한 모든 대중매체 속에서 살려야 한다. 이미 디지털 카메라는 LNG 시대의 카메라가 아니다. 그만큼 혼(魂)의 표현에 가까워졌다. 혼은, 영상은 이제 단순한 피사체가 아니다. 물질도 육체도 이미 피사체를 넘어 기체(氣體)이면서 영체(靈體)인 것이다. 민감한 카메라에 대해 육체의 혼이 춤추고 노래 부르기 시작한다. 그것은 카메라워크라는 자기 조직화, 특히 창조적 진화 과정의 주체이자 동시에 조건이다. '아우라'가 대중문화 매체에 접근하고 있다. 베냐민의 '뒤집어짐'이다.

풍류는 또 한편 '물의 흐름'이라 했다. 중력의 철저한 긍정이다. 신체적이고 물질적이며 생태적이다. 거의 마력적일 만큼 기계·인공·연장의 물리적 수리(數理)의 세계이면서 광선과 물질 경향의 조직 관계다. 여기에 새 시대, 새 세대의 새로운 역(易)이 창조되어야 한다. 역은 상수학(象數學)이다. 눈에 보이는 생명의 차원이다. '코기토'와 '리비도'의 세계다.

오감 통합적 오디오-비디오 시스템의 현장성, 대중성, 경제성을 일단 전면적으로 받아들이지 않으면 안 된다. 이것이 민중, 다중적 민중, 카오스 민중, 그리고 더욱이 다가오고 있는 '두뇌 민중'의 미학적 대개벽에 대한 적절한 수단이 되어 주어야 한다.

바람의 떨림과 물의 흐름으로서의 풍류, 중력과 초월의 이중 교호 결합으로서 생명 미학의 두 조건이다. 다만 풍류 미학으로의 학문적 중심 이동에는 큰 논쟁이, 큰 언어 전쟁이 전제되고 있다. 또 중심 이동 이후에는 새 미학의 건설과 전개와 완성에는 그보다 더 커다란 율려 전쟁이 기다리고 있다. '여율'은 그 자체가 개벽이니 정역에서는 이것은 '십오일언'과 '십일일언'으로 대비·대립시킨다.

풍류와 율려의 문제를 미학 차원에서 제기하면서 내가 먼저 '당파 논법'과 <흥비가>를 전제한 까닭이다.

미학, 현대 미학에 대한, 동서양 통합적인 새로운 미학에 대한 탐구 과정에서 제일 먼저 요청되는 것이 '각비(覺非)', 즉 '지난 잘못을 깨닫는 일'이 되는 것이며, 그 뒤에야 비로소 흥비법에 의한 '무궁한 주체와 무궁한 세계의 무궁무궁'을 체험할 것인데 이 과정 전체가 사실은 '당파 논법'이다. 시비 논쟁이 우주의 큰 정체에 대한 깨달음으로 연결되는 바이니 그 자체가 이미 현대 미학의 새 차원이기 때문이다.

12. 태극 또는 궁궁 - 원형

'태극 또는 궁궁'은 인류 문명사 전체의 대전환, 즉 5만 년 후 천개벽기의 인류의 새 삶을 지시하는 새 원형(元型, archetype)이다. 원형의 제시 없이 참다운 문명 전환, 문화 변혁은 어렵다. 원형은 기준(基準, paradigm)을 낳고 기준의 담론(談論, discourse)을 낳고 담론은 새 과학의 성립을 촉발하매 새롭고 탁월한 과학만이 지금과 같은 전 인류, 전 지구와 전 태양계와 우주의 '대혼돈(big chaos)'을 처방・치유할 수 있다. 노벨 물리학상 수상자인 스티븐 추(Steven Chu)는 과학의 시작을 문학과 예술이라고 공언하고 있다. 뉴턴은 연금술사 아니었던가!

원형은 종교에만 해당되는가?

그럴는지도 모른다. 지금 우리가 제시하고 있는 '태극 또는 궁궁' 자체가 동학의 계시 내용이니까. 그러나 종교를 통한 계시 원형이라 해서 미학과 무관하다고는 결코 말할 수 없다. 신체는 그 자체가 두뇌의 체계이며, 감각은 그 자체가 이미 영성과 생명의 활동장이기 때문이다. 특히 생명의 기준이 되는 현대 미학에서 오감 통합의 감각을 통해서 참으로 우주 생명학적인 직관 및 관조로 나아가는 길 그 자체가 바로 요청적 미학인 까닭이다.

원형은 그렇다면 철학에만 해당하는가?

미학 속의 철학적 사유나 개념 영역 말이다. 그럴는지도 모른다. 그러나 우리는 철학적 대논쟁을 오감 통합적・미적 관점의 대풍류로 연속시키는 '당파 논법'이나 <흥비가> 애기를 금방 끝마쳤다. 아직도 이 점에서 회의감이 든다면 그것은 그야말로 낡은 선천적 '쪼가리 지시 체계

(Fachwissen)'의 탓이든가 아니면 절집에서 항용 지적받는 '여우의 의심[狐疑]'에 불과하다.

넘어서야 한다.

차라리 원형이야말로 감성학으로서의 미학, 특히 감성이 생명과 생성과 과정과 변화와 혼돈을 주된 특징으로 하는 현대 민중의 삶의 미학에 있어서 미학 생각 중의 미학 생각, 즉 후천 미학의 절대 명제가 되지 않겠는가!

최수운은 비록 서출이지만 양반이니 전실(典實)한 유가의 훈도(薰陶) 속에 자란 참선비(김법부의 ≪최제우론≫)다. 기독교의 충격 아래 물론 옛 선도 중심으로 유불도의 사상을 통합했으나 그의 교양의 뼈대는 부친 근암(近庵)의 성리학 위에 있다고 봐야 한다.

≪동경대전≫에서 다음과 같은 구절이 나타남을 유의해 보라.

"인의예지는 옛 성인의 가르친 바이니 그대로 따를 것이나 마음을 지키고 기운을 바로잡는 선도 풍류는 이 시대에 맞추어 내가 다시 정하는 바이다(仁義禮智 先聖之所敎 守心正氣 唯我之更定)."

원형에 있어서 후천 혼돈의 원형인 궁궁에 앞서서 선천 질서의 원형인 태극이 우선하고 있는 까닭이다. 동학의 후천개벽은 물론 후천 원형에 중심을 더 많이 두되 선천 원형

또한 후천 원형에 의해 선천 원형을 해체·재구성·재창조하여 선후천 사이의 '기우뚱한 균형'을 실현하는 것이다. 파괴적 단절이 전혀 아닌 것이다. 그때 이미 원형은 후천 활동과 선천 위상의 관계로도 발전한다.

그러매 태극으로 표상되는 선천 주역의 미학 원리와 궁궁으로 표상되는 후천 정역이나 ≪정감록≫의 혁명적 미학 원리, 그리고 양자 사이의 관계의 역, 간역(間易) 또는 '태극궁궁'의 새로운 체험, 수련, 깨달음, 공부에 의한 참으로 신세대 중심의 개벽적 미학 원리의 세 가지 생각을 연속성, 특히 '당파'나 '흥비'의 혼돈적 질서 위에서 밝혀 나가야 할 것이다.

'태극 또는 궁궁'의 원형에 대한 인식의 세 가지 과제 및 세 가지 단계를 해명해야 할 것이다.

수운이 계시를 받은 1860년은 분명 후천개벽이 시작되는 때이긴 하나 아직 선천의 도덕과 선천 우주 질서의 상징인 '태극'이 결정적으로 유효하며 도리어 지배적이었던 때다. 그 때문에 원형 계시가 궁궁(혼돈)으로부터 시작되지 않고 태극(질서)으로부터 시작되는 것이다.

이미 적시했듯이 수운의 옥중 시 두 구절은 이 시절 문명 전환기 시작의 선후천 관계를 잘 보여 주는 것이다.

태극은 아직도 힘이 남았던 것이고 지금에까지도 그렇

다. 그러나 지금은 도리어 그 중심이 궁궁 쪽으로 이동했다. 이미 주역과 태극의 미학 원리인 율려(律呂)가 수운 뒤 20년, 1879년에서 1885년 사이에 한반도 충청도 연산에서 김일부(金一夫) 선생에 의해 공표된 정역의 미학 원리인 여율(呂律)로 뒤집어지는 사정을 유념해야 한다.

1879년에서 1885년경이면 황종(黃鐘) 중심의 중국 제례악인 아악(雅樂), 당악(唐樂), 송악(松樂)이나 드러난 차원에서는 황종 중심으로, 숨은 차원에서는 오히려 그 반대에 가깝거나 반대의 기능을 노는 협종(夾鐘) 중심으로 연주된 신라 이래 궁중악인 정악(正樂)이 귀족들의 정가(正歌)와 함께 모두 쇠퇴하면서 도리어 산조(散調)나 속악(俗樂), 시나위, 판소리, 민요, 육자배기들이 판소리나 민화, 속화와 함께 농상공(農商工) 민중층의 사회적 대진출을 통해서 대규모로 유행하기 시작한다.

이것이 정역에서 '여율'이라는 미학 원리가 출현하게 된 현실 예술사적 배경인 것이다. '정역'과 '여율'의 출현은 민간 사조(民間思潮)에서는 ≪토정비결≫과 ≪격암유록≫과 함께 ≪정감록≫의 궁궁 사상이 동학 이외에도 여러 형태로 변형, 출현한 사정을 반영한다. 그야말로 여율적 율려, 율려적 여율의 상관관계가 이후 개화기를 거쳐 오늘에 이르기까지 속악, 정간보의 '사람 안에 천지가 하나다(人中天地

一)'라는 원리를 압축한 바로 그 '사람 안(人中)'인 본청(本淸) 안에 반영되어 나타난다.

'태극궁궁의 관계, 균형이다. 그러나 현실에 이르러서는 그 균형은 확실히 뒤집어진다. 미학 사상적으로도 유럽의 혼돈 예술, 생태, 생명, 과정, 변화 또는 에로스나 가이아, 카오스, 심지어 악마적 경향으로까지 배척되었던 우로보로스(뱀 또는 용 신화에 연계된 원시 회복 경향) 미학까지도 등장한다. 쉽게 말하자면 원형의 형태 중심이 반대로 이동한다.

'궁궁 또는 태극'이라야 옳다.

그리고 '여율적 율려'라 정리함이 옳다.

그러나 이 역시 '아니다-그렇다'이다. 이미 수운 단계에서도 원형의 형태는 '태극 또는 궁궁'이요 '인의예지 사덕(四德)이 수심정기의 선도 부활보다 앞에 세워지지만', '지극한 기운(至氣)'의 해석 속에 등장하는 기준은 도리어 '혼돈한 근원의 우주 질서(混元之一氣)'라 하여 '혼돈한 근원'을 앞에 세우는 이중적 교호성, 상환성(相換性)이 이미 나타나고 있기 때문이다.

여하간 지금의 원형은 한 세기 가까운 서구 문화의 영향 밑에서 차라리 '카오스모스', '카오스모시스'로 표현되어야 오히려 더 알아듣기 쉽다는 것이 대중적 반응이다. 그러나 이 역시 원형으로 따지면 '궁궁 또는 태극'에 다름 아니다. 또 그래야 동아시아 전통 사상사를 효과 있게 반영한다.

여기서 주의할 것은 이상 제기한 3단계나 3대 과제가 변증법적 전형이 아니며, 현재의 '궁궁태극', '혼돈한 근원의 우주 질서'가 '합명제(Synthese)'가 결코 아니라는 점이다.

최근의 '대혼돈'이나 카오스, 가이아, 에로스 우로보로스 등 신화를 명칭으로 하는 여러 과학, 철학의 등장은 '지양(止揚, Aufheben)'이나 '봉합(封合)'이나 '통일(統一)'이 전혀 아니라 그야말로 숨은 혼돈의 중심의 새 질서 차원이 문득 드러난 차원, 즉 질서 중심의 부분적 혼돈의 용납 차원을 제치고 전면적으로 개벽, 열고 나오는 것일 뿐이다.

지금의 대혼돈과 그 혼돈에 대해 심미적 혼돈 질서의 처방을 찾고 있는 미학적 현실로 볼 때 후천개벽은 이제 와 본격적 단계로 들어가는 것이고, 1860년 직후의 동학은 그저 예언이나 예감의 단계에 불과했다고 말할 수 있을 정도다.

동학과 정역계 사상들은 생명학, 우주 생명학이 요구되는 요즘에 와서야 비로소 그 원형, 기준, 담론으로서의 압도적 가치가 나타나고 있다고 생각해야 한다.

수운이 이미 그 시절에 말하기를, "우리의 도(道)는 지금에는 다 알 사람이 없고 백여 년 뒤에라야 다 알 사람들이 나타날 것이다"라고 했었다.

'모심'과 '살림'이 후에 오는 '지(知)' 즉 '앎'이니, '만사지(萬事知)' 즉 깨침의 단계의 도래를 예언한 것이다.

태극은 역(易)의 총괄 개념이다. 북방계 삼태극에 연계된 천지인 삼극과 마고 이래 팔려사율의 '율려적 여율'과 중국 주역의 '일태극 음양 사상'은 모두 한민족 및 동아시아 예술과 미학의 근본원리다.

태극은 중국으로부터 영향받기 이전에 이미 한국에서 자생적으로 나타난 사상이다. 중국에 태극이 나타나는 것은 송나라 때 주렴계(周濂溪)의 ≪태극도설(太極圖說)≫이 처음인데, 그보다 4세기나 앞서 신라 시대 감은사삼층석탑의 두 탑, 동탑과 서탑 사이의 두 댓돌에 태극이 이미 새겨져 있었다.

한국 태극과 중국 태극은 같으면서도 다르다. 중국 태극은 흑백(黑白)으로 좌우에 나뉘어 서 있으며 흑 안에 백점이, 백 안에 흑점이 있다. 한국 태극은 청홍(靑紅)으로 상하에 나뉘어 누워 있다. 태극기의 경우에는 더욱 그렇다. 중국의 네 괘상(卦象)은 동서남북 정방(正方)에 서 있으나, 한국 태극의 네 괘상(역경 64괘 전체의 압축)은 동서남북 간방(間方)에 비스듬히 누워 있다.

역은 읽기와 해석에 따라 같은 내용도 다른 의미를 띠게 된다. 위아래, 좌우, 앞뒤, 반대로 거꾸로, 방위, 서 있고 누워 있음, 빛깔과 방위, 안에서 밖으로, 밖에서 안으로 어떻게 읽고 어떤 원리에 따라 해석하느냐가 매우 중요하다.

이렇게 본다면 동학의 원형으로서의 태극은 매우 복잡하고 중첩된 의미망의 구조다, 수운 자신이 본 주문의 마지막 '만사지(萬事知)'의 해설에서 '만사'를 '수의 많음(數之多)'이라고 한 점에서 이미 그것을 알 수 있다. 수운 당시까지도 유일 과학 사상이었던 수(數), 즉 주역 이전에 동이계 문화의 소산인 복희역이 있었음을 암시하는 것이고, 동시에 주역의 수이자 <계사전>에 이미 앞으로 올 후천개벽과 그 개벽기에 간방[艮方(한반도)]에서 새로운 역수(易數)가 나타날 것으로 예언되었던바, 1879년에서 1885년 사이에 충청도 연산에서 정역(正易)이 출현했고 또 수운 자신의 옥중 시에 예견된 것처럼 선천 주역과 후천 정역 사이의 관계역(關係易) 간역(間易)의 가능성까지 생각한다면 그 네 개의 팔괘에 토대한 네 가지 태극론에 의해 동학의 계시 원형을 해석하고 읽어 간다면 아주 복잡하고도 매우 풍요한 내용이 나타날 것이란 말이다.

유가에서는 태극을 도(道)라고 믿고 그 변화의 체계인 역(易)을 미학의 기본 원리, 예술의 법칙으로 보고 있다. 음과 양의 순환을 배제하고는 동아시아 미학과 예술학은 성립되지 않을 정도다.

음양 역시 태극과 마찬가지로 한민족의 고대 동이 문화의 소산이다.

음양 길흉은 실제에 있어 은대(殷代) 갑골점(胛骨占)에서 크게 확산되는데, 그 원천이 동이족의 우족점(牛足占)이다. 소 발굽에 불을 댕겨 갈라지면 흉하고 합쳐지면 길하니 이것이 음양의 시작이요 역(易)의 비약적 발전이며 주나라 문왕의 유리 감옥 속에서의 '작역(作易: 새 역을 짜기)'의 근거였다. 그 증좌가 ≪삼국유사≫의 '만파식적(萬波息笛)' 설화에 남아 있다.

'궁궁'에 대해서는 어찌 이해해야 할 것인가?

첫째, 궁궁은 수운 자신의 ≪용담유사≫에 의해서도 다음과 같은 이해를 얻을 수 있다. 당시 유럽 세력은 동아시아 전체를 침략하고 있었다. 아편전쟁에서 중국을 패퇴시키고 북경 궁궐에 불을 지르며 태평천국을 중국 봉건세력과 연합하여 진압하였다. 중국은 서양 제국주의 침략에선 바람 앞의 촛불이었다. 이양선은 매일 서해 바다에 나타나고 악한 질병과 가뭄과 흉흉한 소문이 세상을 휩쓸었다.

수운은 이를 '악한 질병이 세상에 가득 찼다(惡疾萬世)'라 표현했고 '입술이 떨어지면 이가 시리다(脣亡齒寒)'며 중국의 변란에 의한 우리나라의 위태로움을 표현했다. 이때에 ≪정감록≫은 '궁궁에 가야 이롭다(利在弓弓)'는 예언 비결을 내어 놓는다.

소문은 반도에 가득 차서 계룡산을 비롯한 전국 지리의 십승지(十勝地: 재앙이 미치지 않는 땅)를 찾는 사람의 대열이 끝이 없었다. 궁궁은 점차 민중에게 무릉도원화하여 후천 낙원을 상징하기까지 한다.

궁궁은 계룡산의 전설에서 그 구체적 모습의 한 면모를 드러낸다. 그 형국이 '회룡고조(回龍顧祖)'이기 때문이다. 산세가 크게 '궁(弓)' 자를 그리며 돌아간 뒤 그 꼬리가 그 할아비를 되돌아보는 지형, 즉 숨는 구멍이면서도 뒤를 향하여 눈을 떠 노려보는 지형이다. 고구려 무사들이 동쪽으로 향하여 말을 달리면서도 몸을 서쪽으로 돌려 화살을 쏘는 '반궁수(叛弓手)'가 그것이니 피난과 변혁을 동시에 성취하고 요구하는 혼돈의 질서로서 풍수지리의 요해처를 뜻한다. 이에 따라 궁궁은 자연히 평화와 함께 혁명을 요구하는 민중 내면의 이중적 소망의 생성을 상징하는 혼돈한 질서의 새 사상을 의미하게 된다.

둘째, 궁궁은 수운의 발언대로 동학의 도학(道法)인 '1, 3, 5, 7, 9'의 상징이다. 이것은 이른바 '삼수분화론(三數分化論)'으로서 북방계 삼태극의 3, 1사상의 흐름인 생명, 역동, 변화와 혼돈의 사상이다. 이른바 성수(聖數) 체계다. 끝과 처음이 일치하는 우로보로스적 원시간(原詩間)의 복귀요 역동과 균형이 둥글게 순환, 확장하는 고리[環]의 사상이자 나로부터 시작해서 나에게로 돌아오는(최해월의 향아설위 제사, 즉 나를 향해서 내가 제사 지내는 제사법) 새로운 시간의 상징이기도 하다. 또한 그것은 ≪천부경≫에서 '한 처음이 처음이 없는 하나'라는 처음에서 시작하여 '한 끝이 없는 하나'로 끝나는 81자의 성스러운 우주 혼돈 질서, 곧 '제로와 하나(0+1)'의 세계다.

셋째, 현대에 와서 본주문 '시천주조화정영세불망만사지(侍天主造化定永不忘萬事知)' 13자 수련은 단전법과 통합된다. 본디 옛 선도 풍류에 의하면 우리 몸의 단전은 상·중·하 세 군데다. 배꼽 아래 안으로 3치 5푼의 기해혈, 가슴과 양 폐 중간의 단중혈, 그리고 인당 안쪽과 두개골 가장 안쪽 부분 사이의 상단전인 수해혈이다. 여기에 성기와 항문 사이 약간 안쪽으로 회음혈이 추가되어 네 단전이 형성된다.

네 단전은 태극 음양 사상, 특히 사상(四象)의 사위체(四位體)로서 융에 의하면 유럽의 경우 피타고라스 이후의 대안정(大安定)의 자리 '테트락티스(Tetractis)'요 볼프강 파울리에 의하면 '우주사력[宇宙四力: 弱核力, 强核力, 電子氣力, 重力(이른바 빅뱅의 순간에 결합했던 우주의 네 가지 기본 에너지)]'의 자리다. 이 네 단전에 시천주 주문이 '①

시, ② 천주, ③ 조화, ④ 정', 그리고 반복해서 '⑤ 영세, ⑥ 불망, ⑦ 만사, ⑧ 지'라고 궁궁형상을 만들며 순환한다. 그러나 이 순환은 불연속적 연속이다.

각 단전에 별 뜨듯, 꽃봉오리 열리듯 터지는 것이지 흐르는 것이 아니다. 회음에서 '시', 단중(가슴 복판)에서 '천주', 기해(배꼽 아래)에서 '조화', 수해(상단전)에서 '정', 다시 돌아와 회음에서 '영세', 단중에서 '불망', 기해에서 '만사', 수해에서 '지'로 터진다. 주문은 단락의 위상은 네 가지이면서 의미 맥락은 세 가지다. 시(時), 정(定), 지(知), 즉 활동이요 역동이요 개벽이며 후천이 궁궁이요, 네 단전은 태극이니 사상이요 사위체, 융의 주장대로라면 '테트락티스'요 '만다라'이다.

이러한 궁궁단전법은 그 자체로서 이미 '태극궁궁'의 원형 체험이다.

이 글의 앞부분에 '새로운 팔괘'의 출현에 관해 상세히 썼다. 바로 이 새로운 팔괘로부터 작역(作易)되는 새로운 '태극(수운 옥중 시를 새 팔괘시로 하는 관계역, 간역)'과 지금 언급하고 있는 '궁궁'이 이중 교호 결합되어 새 시대, 새 세대의 '태극궁궁원형수련 공부법'이 될 것 같다.

이것은 미학인가?

그렇다.

미학 중의 미학이다.

왜냐하면 인류의 새 시대를 불붙이는 것은 새 원형, 새 기준, 새 담론에 의한 평화적·자발적 세계 문화 대혁명이며 그것은 고대 동아시아 문예부흥을 지향하는 후천개벽 운동에서 시작되기 때문이다. 그 시작이요 주동력이 바로 문화와 예술과 상상력에 결합된 영적 신체학일 터이고 '에코-디지털'인데, 그것이 학술과 과학으로서는 '생명학, 우주생명학'이요 예술 문화 및 수련 공부로는 새 시대, 새 세대의 새로운 '태극궁궁원형' 운동일 것이기 때문이다.

새로운 시대는 옛 정치, 옛 경제가 아니라 새 정치, 새 경제의 씨앗을 품에 잉태한 새 문화의 개벽 시대다. 새 문화는 반드시 생명과 영성의 문화이어야 하며, 새 정치는 생명과 평화의 정치, 직접민주주의와 전원 일치제의 완전 민주정치인 화백(和白)일 것이고, 새 경제는 호혜(互惠)와 교환(交換)의 이중 시장에 의한 획기적인 재분배의 새 차원을 여는 경제일 것이니 다름 아닌 신시(神市)요 契의 경제요 '한 살림'일 것이다.

'한'은 '낱', '온', '중간=관계'의 우리말 중의 대종(大宗)이다. '개체성을 잃지 않는 분권적 융합'을 뜻하는데, 바로 이 자기 조직화, 창조적 진화의 주체인 '한'을 살리는 일, '한 살림'이 새 문명이니 새 과학을 촉발하는 담론의 시작이다.

이 모든 시작이 새 원형과 새 기준과 새 담론을 안은 새 세대 중심의 문화 개벽이니 바로 이 중심 아닌 중심에 새로운 미학, '흰 그늘의 미학'이 가진 창조력과 생산력이 있는 것이다.

13. 지기, 혼원지일기 – 기준

새 시대의 미학, '흰 그늘의 미학'은 또한 '지기학(至氣學)'이다. '지기'의 '지(至)'는 '극(極)에 이른'이란 말이다. 그냥 기(氣), 기운이 아닌 것이다. 기는 기로되 극에 이르러 이미 성리학사 내내 분별되고 혼란을 일으켰던 바로 그 '이(理)', '이치(理致)'를 그대로 회통(會通)해 버린 기이기에 그냥 기운이 아니라 '지극한 기운', '지기'라고 하는 것이다. '지기'는 아마도 혜강 최한기의 '신기(神氣)'와도 일치할 것이다. 왜냐하면 혜강의 신기 역시 그냥 기가 아니라 '제 한 몸 수련(一身運化)'의 내용에 '우주와의 일치 수련(大氣運化)'을 통일시킨 '기 수련(氣運化)'이기 때문에 이미 그것은 단순한 기가 아니라 '신기(神氣)'인 것이기 때문이다.

수운은 이미 서학(西學) 비판에서 '기화신령(氣化神靈)'이 없다는 결정적 한마디를 남겼다. 기화신령이란 말 그대로 에리히 얀치의 이른바 '자기 조직화하는 우주'의 주체인 '신의 영적 진화 활동'을 말한다. 수운의 '모심[侍]' 해설에서 창조적 진화의 3대 명제인 '안으로 신령이 있고(內有神靈)', '밖으로 기화가 있다(外有神靈)', '한세상 사람이 각각 개체 개체 나름으로 제 안에 숨겨진 서로 옮겨 살 수 없는 전체 우주 유출을 나름 나름으로 깨달아 다양하게 실현한다(一世之人 各知不移者也)'를 제시했을 때 벌써 안팎의 생명과 영성의 주체를 '신기(神氣)'라고 명명한 바 있다.

'신기' 안에 이미 '이(理)'보다 더 '이(理)'인 '신(神)'이 움직이며, '이기론(理氣論)'의 그 통일, 분리, 절충, 이원-일원-보합 논쟁 따위, 그리고 불교·도가 등과의 회통 문제 등 동아시아 전체 철학사에 대한 결정적 해답을 내어놓음으로써 '최한기-최제우 사상의 이중적 교호 결합'이라는 한국학 최고 최대의 난제가 바로 해결의 물꼬로 들어간 것이다.

다시 '지(至)'로 돌아가자.

해설에는 '극(極)에 이르러'로 돼 있다. '극언지위지(極焉至爲至)'다. 바로 테야르 드샤르댕의 '오메가 포인트(omega point)'다. 테야르는 우주 진화사, 인류 진화사 전체는 현대의 대전환기에 극한점(critical point)에 도달하여 그야말로 엔트로피 최대의 증가와 함께 지구 물질이 붕괴하고 전면 고도의 '신경망화', '영화(靈化)된 지구 물질의 표면'인 새 행성이 창공에 두둥실 뜬다고 했다. 새 예루살렘의 출현이라는 것이다. 그리하여 묵시록에 예언된 선택된 자들의 거대한 '하나'의 꽃이 만개한다는 것이다.

이 꽃을 피우기까지의 우주 진화는 첫째, 시작이 좁고 결말도 좁으나 그 과정은 매우 넓은 생명나무의 '배흘림(entasis)'이라는 것이고, 둘째, 인류 속에서 진행되는 우주 진화의 가장 첨단적인 화살은 인간 뇌수에 관한 뇌과학, 즉 가상현실의 학술인 '사이버네틱스(cybernetics)'를 통과하므로 그 사이버 학문의 디지털적 뇌 모방의 수학 및 과학, 즉 내면의 의식이 인류 진화 전체의 현 단계 문화, 곧 외면의 문명 복잡화를 크게 수정, 변화, 보완하다가 드디어 그 스스로 차원을 변화시키고 개시(開示)하는 '오메가 포인트(일종의 변증법적인 질적 비약)'가 온다는 것이다.

그러나 테야르의 경우 이 두 가지 점은 오늘날 똑같이 오판으로 비판되어야 한다. 테야르의 '오메가 포인트'에 해당하는 수운의 '지화점(至化占)'에서 모든 생명, 물질이 '지화지기(至化至氣)'하고 '지극한 신성에 노닐게 된다(至於至聖)'는 점은 변함없다. 그러나 그것은 묵시록에 예언된 '선택된 소수의 단 하나의 거룩하고 거대한 우주 꽃'이 배흘림나무(서양에만 퍼져 있는 시프레 따위의 소수 품종) 모양으로 피어나는 것이 아니라 '수만 년 진화 나무에 천 떨기의 꽃이 피는(萬年枝上花千朶)' '드넓은 느티나무'의 비전이 정당하다. 모든 개인, 모든 민족과 문명, 모든 비인격의 자유의 만개가 옳은 비전인 것이다.

그리고 뇌수학의 발달과 그 모방인 디지털 문명의 성립은 부분적으로 정확하다. 그러나 이와 동시에 신체학, 지구학, 우주 생명학, 생명학의 발달, 즉 에코 문명의 동시 성립을 그는 보지 못했다. 내면 의식과 외면 복잡화의 진화의 절정은 '에코-디지털' 또는 '디지털-에코'이기 때문이다. 기독교 우주과학의 한계다.

중요한 것은 '신'만이 아니라 '신기'이며 '지기'인 것이다. 또한 엔트로피 최고의 증대 단계는 대혼돈인데 이때에 지구 물질이 해체, 붕괴하고 그 속의 영성만이 육화되어 허공에 상승한다는 것은 거의 유사 과학 수준이다. 혼돈마저도 받아들이면서 엔트로피 증대와 그 나름의 질서, 즉 네겐트로피 증대를 함께 볼 수 있는 눈이 서양 사상사, 과학사, 종교사, 미학사에는 없는 것이다. 테야르만의 오류는 아니다. 오늘날 이와 비슷한 오류는 제레미 리프킨도, 스티븐 호킹도 흔히 범하고 있다.

따라서 수운의 대개벽기의 '기론(氣論)'이 안팎의 신기, 즉 창조적 진화론만이 아니라 동시에 '지기'로 되는 오묘한 까닭이 있음을 알아차려야 한다. 왜냐하면 '지기'에 대한 수운의 해석이 '혼돈한 근원의 우주 질서(混元之 一氣)'이기 때문이다. '혼돈한 근원(混元)'은 그야말로 우로보로스, 카오스, 가이아, 에로스를 다 품에 안고도 더욱더 혼돈한 근본 생명 속의 핵, 영, 신의 비밀이다.

이 근본 혼돈 안에서 시작된 그 나름의 독특하고 오래고 보편이며 새롭고도 새로운 그 나름의 질서만이 오늘의 엔트로피론, 영적 행성론, 지구 물질 붕괴론, 반대로 지구 생태계 전면 파괴론, 영성과 생명의 이원적 분리론, 선택된 소수(아마도 유럽의 진보주의자와 기독교인과 유태인 따위)만의 지구 탈출과 같은 애니메이션 수준을 넘어 심각한 '대혼돈'에 진정한 처방을 줄 새 과학에 대한 새 기준(패러다임)이 되어 줄 수 있을 것이다.

새로운 미학, 미학 생각이 '지기학'에 터를 잡아야 한다는 내 말은 까닭이 있다. 지기는 '극에 이른 기'이며 그러므로 '혼돈한 우주 기운'이자 '혼돈한 우주 질서', '영성적 생명'이며 '신령한 기운'이다. 아마 '신(神)'과 '기(氣)'가 이중 교호 결합해 '이(理)'와 '기(氣)'는 당연하게도 전적으로 회통한다.

우리는 일제 치하의 근대 시기에 일본인 야나기 무네요시에 의해 한국미가 '한(恨)', '여성성', '흰빛'과 '그늘', '슬픔',

'초월과 안정성의 결합' 등으로 규정되었고, 그에 이어 고유섭 선생에 의해 '무계획의 계획', '구수한 큰 맛', '어른 같은 아해' 등으로 개념화됨을 보아 왔다.

과연 '지기학', 즉 '혼돈한 근원의 우주 질서', '혼돈적 질서'로부터 미학은 무엇을 얻을 수 있을 것인가?

'멋'이 무엇인가?

깊이 생각해야 할 미적 개념이다. 한국의 '멋'은 혼돈과 질서 사이에서 문득 드러나는 설명 불능의 숨은 차원이다. 쉽사리 때려잡으려 들면 안 된다. 이제부터 찾아야 한다.

① '멋'이 무엇인가?

그야말로 반대 일치요, 이중성이요, 혼돈적 질서요, 처음과 끝의 동시적 진행의 고리이다.

② '걸이'란 무엇인가?

③ '농(弄)'이란 무엇인가?

④ '묵(默)'이란 무엇인가?

⑤ '잉아걸이'며 '완자걸이'는 무엇인가?

⑥ '틈'이란 무엇인가?

이 부분에서 공(工), 무(無), 허(虛) 등이 개입하는데 쉽게 유불선으로 때려잡으려 들면 안 된다. 이 문제는 뒤에 다시 상론할 것이다. 미학의 핵심 사안이기 때문이다.

⑦ '이면(裏面)'이란 무엇인가?

물론 '숨은 차원'이다. 그리고 표면적 주제 뒤에 숨어서 표면에 개입, 작용하는 이른바 이면적 주제다.

⑧ '허튼소리'란 무엇이며 '산조(散調)'란 무엇인가?

문자 그대로 혼돈, 무질서, 흩어지는 멋이다.

⑨ '허름'이란 또 무엇인가? 한자로는 '졸(拙)'이다.

⑩ 일본이 한국에서 가져다가 저희 국보로 받들고 있는 막사발 '기자에몬 오이도'의 주둥이가 삐뚤랑하게 삐뚤어진 아름다움의 본질은 무엇인가? 왜 매혹하는가?

⑪ '빈터[空所]의 아름다움'이란?

⑫ '빈 마당'에만 일어나는 '추임새'란?

⑬ '빈 마당' 속에서 일어나는 숨은 극적 차원인 '판'의 비밀은 무엇인가?

⑭ 술 취한 선비가 갓을 삐뚜름하게 쓰고 휘청거리는 것이 어째서 매혹적인가?

⑮ '고리'는 미학적으로 무엇이며, '고리 속의 무궁(環中無窮)'은 또 무엇인가?

⑯ '무궁(나)무궁(울)의 무궁무궁'은 그러면 무엇인가?

⑰ '비흥(比興)'에 대한 '깨달음(覺非)'으로 시작되는 '흥비(興比)'의 독특한 미학은 무엇인가?

⑱ '신'은 무엇이고 '신명'은 무엇인가?

⑲ '흰빛'을 '신'이라 부르는 까닭은 무엇인가?

⑳ '한'은 분명 신진화론, 생태학의 '내부공생(endosymbiosis)'이요 '개체성을 잃지 않는 분권적 융합'의 미학적 개념이다. 왜냐하면 '한'은 '낱[各, 個]'이요 '온[全, 合]'이며 '중간=관계[相互水平]'이기 때문이다.

㉑ 광명인 '붉'과 어둠인 '금'의 교호 결합으로서의 새로운 차원[합명제가 아니다, 도리어 '붉'과 '금'과의 관계가 혼돈·대립·반대·공존·상보 차원일 때 이 차원 밑에 숨어서 작용하다가 문득 솟아오르는 숨은 차원이기 때문에 '당파'에 의한 '무궁무궁'의 깨달음이지 변증법적 지양이 전혀 아니다. 중국 미학자 장법이 그의 ≪중서미학≫에서 지양을 초월로 뒤바꾸려 하나 이것은 중대한 오류다. 초월은 바로 숨은 차원의 개시(開示), 현현(顯現), 개벽(開闢)인 것이지 지양이나 통일 또는 봉합 따위 평면 속에서의 도달이 아닌 것이다. 최고의 아름다움이 지닌 초월성·신성성을 밝히려면 분명히 이것을 구분해야 하고 넘어서야 한다].

㉒ '끊어지면서 이어지는 것'은 무엇 때문이다.

㉓ 이것이 곧 이중성(더블 바인드, 더블 메시지)이요 형용모순이요 드러난 차원과 숨은 차원 사이의 '아니다-그렇다'의 변화 내지 동시 진행, 계기적 생성이다.

㉔ 이러한 모든 한국적 미학의 근저에는 삶의 신산고초, 쓴맛 단맛을 피하지 않고 또 함부로 대들지도 않고 묵묵히

견디며 정면으로 돌파하는 참다운 '살림'의 윤리적 패러다임과 온갖 장애와 좌절을 딛고 독공(篤工)에 독공을 거듭하여 한 차원을 넘어서는 '수리성'과 같은 자유자재한 재능에 도달하는 예술 수련의 미학적 패러다임을 하나로 묶어서 보는 탁월하고 우월한 삶의 사상, '접화군생'의 풍류 미학의 차원이 있음을 잊지 말아야 한다.

㉕ 바로 이 같은 '지기' 또는 '혼원지일기', '혼돈적 질서'의 미학 담론을 성립시키는 원리가 '삭힘(인욕정진, 피투성이 독공, 견딤, 참음, 발효)'이요 그 미학 용어인 '시김새'다, 그리고 '시김새'에 의해서만 비로소 '그늘'이 가능한 것이며, 그야말로 그 고통스럽고도 아름답고 진지하면서도 덧없는 그늘이 우주를 바꾸려 할 때(影動天心月), 그리하여 '귀신 울음소리(鬼哭聲)'라는 한국 소리 최고 최대의 차원에 접근할 때 나타나는 미학의 경지가 '흰 그늘'이다. 우리는 현대 대중 예술에서 잃어버린 '아우라'를 다시 찾아야 한다. 다중적 민중, 잡계급 연합적인 카오스 민중, 두뇌 민중의 카오스모스 문화 예술에서 말이다.

㉖ '흰 그늘'의 '흰'을 '신'이라고 부르는 한국말의 신화적 관통력을 이해해야 할 때다. '머리가 하얗게 새어 버린' 즉 '한 차원 다른 삶을 달관해 버린' 노인을 '신할아비'라 해서 굿에, 꼭두각시놀음에, 여러 민예에 등장시켜 소슬한 바람

을 일으키는 미학적 연원이 바로 이 같은 '혼돈한 초월적 질서'의 탐색에 있는 것이다.

지극한 기운이 지금에 이르러 나에게 크게 내림 내리기를 바라옵니다(至氣今至願爲大降).

강증산은 '지기금지(至氣今至)'를 '율려주문'이라 불렀다. 그리고 즉시 "율려가 후천 세상을 다스린다"고 했다. 그러나 그가 막상 가장 중요한 개벽의 상징적 집행인 '천기굿'에 동원한 음악은 율려도 여율도 허튼소리도 아닌 밑바닥 중의 밑바닥 소리, 황종(黃鐘)도 협종(夾鐘)도 본청(本淸)에도 끼지 못하는 '걸뱅이 각설이타령'이었으니 그야말로 '지극한 기운이 지금에 이르러'의 '지'가 곧 '극(極)에 이르러'의 '지'이고, '지금에 이르러(今至)'의 그 마지막 말 '지' 또한 다름 아닌 '극에 이름'이니 '지화지기(至化至氣)', '지어지성(至於至聖)'이라는 수운 주문의 담론의 마지막 결론을 상징한다.

시몬 베유 가라사대, "천민만이 가장 성자(聖者)에 가깝다"고 했다. 천민 중의 천민의 소리, 음악이 아닌 소리, 소리 속에도 잘 끼워 주지 않는, 허튼소리(散調)에도 못 끼는 타령, 농민들의 풍물류에도 끼지 못하는 천민의 소리, 그것도

'거지, 동냥아치'의 구걸 타령을 바로 천지인 삼계 우주를 통치하는 율려라고 불렀던 강증산의 천지미학 사상 앞에 서늘한 마음으로 옷깃을 여민다.

강증산은 자신의 후천개벽 계획서인 ≪현무경(玄武經)≫ 첫머리에 '지기금지'라고 써넣었다. '지기'는 바로 1만 4천 년 전 중앙아시아아의 마고성에서 포도 맛을 알면서 일어난 '다섯 가지 맛의 괴변'으로 인해 인간의 몸에서 떨어져 나간 율려가 인간에게 다시 돌아오는, 다시 돌아오게 하는 율려이니 '지기금지'는 바로 율려 주문인 것이다.

그런데 그 '지기금지'가 곧 '걸뱅이 각설이타령'인 것이다.

"참다운 초월은 역시 중력 안에서만 일어난다."

기준치고는 참으로 기막힌 기준이다. 서늘할 뿐이다.

14. '모심' 그리고 '님' — 담론

모심은 무엇일까?

　모심을 모를 사람은 없다. 그러나 제대로 아는 사람도 없다. 왜냐하면 옛사람들은 섬김만 알았지 사랑을 몰랐고, 요즘 사람들은 사랑만 알지 섬김을 모르기 때문이다. 모심은 섬기는 사랑이다. 그러면 곧 이렇게 반응할 것이다.

"아항! 예수가 제자들 발 씻어 주는 거."

그렇다, 그것이다.

그러나 아니다. 그 이상이다. 예수도 중요하지만 그 이상을 알아야 하는 것이 동학의 계시가 내린 19세기 1860년이요, 지금 21세기의 시대정신인 것이다. 무엇이 그 이상인가?

테야리즘이다.

테야르 드 샤르댕이 우주 진화사, 인류 진화사의 기본 동력을 사랑으로 본 것 때문이다. 사랑으로 본 것은 우선 그가 예수회 신부이기 때문이었겠지만 진화의 동력이라 했을 때에도 역시 답은 '아니다-그렇다', '그렇다-아니다'이다.

우선 '그렇다'부터 시작하자.

테야르는 우주 진화의 3대 법칙을 다음과 같이 정리한다.

진화의 내면에 의식 증대가 있고(inward consciousness)
진화의 외면에 복잡화가 있으며(outward complexity)
군집은 개별화한다(union differentiates)

그리고 기회가 있을 때마다 그는 그 진화의 주체를 신으로, 그 동력을 사랑으로 강조했다. 다윈 이후 진화론을 자연선택의 약육강식과 도태의 끔찍한 유물론으로부터 건져 내고 자기 조직화와 창조적 진화론의 여명기로 신학과 과학철학을 비약시키는 한 발판을 마련한 우수한 고생물학자, 철저한 과학적 진화론자로서 우리는 테야르를 참으로 높이 평가해야 한다.

특히 우리는 테야르의 진화론을 통해서, 궁벽한 한반도의 시골 구석, 경주 언저리 그 좁은 골짜기에서, 참으로 서양인들이 전 세계인과 동양인을 형편없는 야만인, 노랑까귀 정도로 폄하하던 그 서세동점과 동아시아 문명 대붕괴 시대의 한복판, 그 불안과 공포와 괴질과 흉년과 굶주림의 한복판에서, 그것도 성리학 따위 공부에 의해서가 아닌 한울님의 계시에 의해서, 찰스 다윈이 저 유명한 ≪종의 기원≫을 발표한 1859년 바로 그다음 해인 1860년 음력 4월 5일 오전 11시에 동양 초유의 진화론, 그것도 자기 조직화와 창조적 진화론의 3대 명제를 다음과 같이 현대적·초현대적 양태로 깨달았다는 놀라운 사실을 우리로 하여금 비로소 확인시켰다는 그 점에서 드높이 평가해야 한다.

'그렇다'이다.

수운 사상의 핵심은 인류 새 삶의 원형인 '태극 또는 궁궁' 그리고 그 새 삶과 새 세계 및 우주의 기준인 '지기(至氣)' 또는 '혼돈한 근원의 우주 질서(混元之一氣)' 다음에는 본 주문 13자에 있고 더욱이 그 첫마디인 '모심(侍)'에 있다.

수운 자신이 해설한 '모심'의 뜻을 살펴보자.

안으로 신령이 있고(內有神靈)
밖으로 기화가 있으며(外有神化)
한세상 사람이 각자 각자 사람과 생명이 서로 옮겨 살 수 없는 전체적 우주 유출임을 제 나름 나름으로 깨달아 다양하게 실현한다(一世之人 各知不移者也).

이것이 무엇인가?
이것이 테야르의 진화의 3대 명제와 같은 뜻이라는 말인가? 우선 그렇다.

수운은 체포되기 직전인 1863년에 계시를 통해 저술한 글인 〈불연기연(不然其然)〉(아니다-그렇다, no-yes의 진화 논리) 편에서 우주 진화와 인류 진화, 그 생명 진화의 숨은 차원과 드러난 차원, 그리고 그 두 차원 사이의 관계와 변화에 대한 인식 논리를 현대 생물학(그레고리 베이트슨, 정신과 자연)과 현대물리학(데이비드 봄, 숨겨진 질서) 그리고 고생물학(테야르 드샤르댕, 인간 현상)에서와 똑같이 기술하며, 또한 뇌생물학과 사이버네틱스, 그리고 그 모방인 컴퓨터의 이중성이나 이진법, 불교의 깊은 무식의에 대한 알파파 여행인 참선의 근본원리 그 자체로서의 진화의 이중 차원 '아니다-그렇다'의 이진법적 인식 논리 및 더블 메시지의 방법론을 개진하고 있는 것이다.

그뿐인가?

현생인류인 '호모 사피엔스 사피엔스' 즉 '생각을 생각하는 인간'의 출현을 5만 년 전으로 본 것이 종교인 수운과 과학자 테야르의 공통점이다. 이것이 다가 아니지만 우선 이것만 제시해도 동학이 무엇인지를 짐작하고도 남는다. 사랑만으로는 우주와 인류 진화의 동력이 될 수 없다. 섬김만으로도 안 된다. 그렇다고 섬기는 사랑만으로도 결코 해결되는 것이 아니다.

19세기, 20세기 초(테야르의 과학적 활동 시대) 생물학의 생명 발생사의 정설에 따르면 개체보다 전체가 먼저 발생하고 그 전체의 진화 과정에서 서서히 개별화가 이루어지고 자유가 주어지는데, 이 같은 필연성에 비해서 개체성 발생의 기제인 돌연변이 · 다양성 · 자유 등은 우연 혹은 부분적 현상에 불과하다고 여겨졌고, 그리하여 코뮤니즘 · 나치즘 · 파시즘, 일체의 전체주의나 공동체 주의에서 강조되는 '서로서로 들어붙어 한 덩어리가 되는 사랑'이 인류 최대, 생명체 최고의 진화력으로 믿어졌다. 물론 이것은 다윈의 약육강식을 넘어섰지만 그 자체로서 이미 오류라는 것이 20~30년 전 자기 조직화의 진화론, 즉 개체 발생이 전체 발생보다 선행하며 그 개체 속의 숨은 차원으로서의 전체성을 나름 나름으로 깨닫고 자기 스타일에 맞는 분권적 융합의 형태로 자기의 생명 형식을 조직화한다는 새로운 진화론에 의해 밝혀진다.

누가 그 자기 조직화의 주체인가? 인류는 물론 모든 생명, 모든 물질 안에서까지 숨겨진 의식, 영(靈), 마음이다. 그 의식, 영, 마음의 주체는 누구인가? 신(神)이다. 여기에서 자기 조직화의 진화론은 과학 종교의 기초가 되는 창조적 진화론에 길을 열어 준다. 그렇다면 그 창조와 진화의 원동력은 무엇인가? 주체인 신과 그 신의 창조 및 진화에 대해서 인간, 생명, 물질의 외피, 생명 형식이 갖는 윤리와 태도는 무엇이어야 하는가?

섬김인가?

섬김은 이른바 성리학에서 공경(敬)이라 강조해 부르는 것이다. 이 점에서 해월 최시형 같은 분은 모심을 곧바로 공경이라고 잘라 말한다. 유학이 지배하던 시대, 후천개벽이 이제 막 시작되던 시대와 사회, 그리고 후천개벽이 선천을 섬멸적으로 파괴하지 않고 중심은 후천에 두되 선천을 또한 해체·재구성·재평가하여 선후천을 공존시키는 '기우뚱한 균형'임을 특히나 명심해야 하는 바로 그 여명기의 시대적 한계라고 하겠다.

섬김만으로는 창조와 진화의 동력이 가동되지 않는다. 그것은 낡은 공경 윤리에 쉽게 흡수되어, 참다운 후천개벽기의 참다운 '균형의 기우뚱함'을 실현해야 하는 시대, 예컨대 젊은이와 여성의 주체성, 그리고 혼돈과 혼돈 나름의 질서의 중요성이 강조되고 또 강조되는 에로스와 카오스와 가이아(촉각의 신, 대지적 모성의 신)의 시대, 나아가서는 우로보로스(뱀 또는 용 등의 욕망학, 신체학, 자기 회귀적 시간과 고리의 생성학이 나타나는 문명)의 시대에 전 문명사의 대전환의 동력으로는 알맞지 않다. 더욱이 감각적 관조에 의해 자기 나름의 독특한 깨달음에 도달해야 하는 카오스 민중의 신체학적 미학의 시대에는 어울리지 않는다. 그것은 조금 옛 시대의 종교요, 윤리이니 존중은 하지만 의지하기는 힘들다.

내가 너무 경박한가?

미학 논의이니 강조하지 않을 수도 없다.

섬기는 사랑이 대안인가?

그렇다. 그러나 역시 아니다.

그 동력은 과거나 현재만의 문제는 아니다. 현재와 미래, 그리고 인격 · 비인격, 생명 · 무생명을 막론한 우주 진화의 공동 주체성을 인정하는 혼돈적 질서에 따른 자기 조직화와 창조적 진화의 참다운 동력이어야 한다.

절충만으로는 부족하다.

'모심'은 수운 계시의 핵심이요, 첫째 조건이다. 더욱이 생태학적 '적정 거리'와 '틈'(전깃줄에 앉아 있는 참새들 사이의 거리와 틈을 관찰하라! 사랑이 흔히 근친상간이나 상호 범람, 상호 소유의 관계로 전락하고, 섬김이 지나치게 상대와 틈과 거리를 전제함으로써 창조적 파트너십이 결핍됨을 생각하라! 그 절충인 섬기는 사랑이 섬김과 멸시 사이에서 쉽게 분열하며 비과학성, 비창조성으로 기우는 것을 보라!)을 전제하여 부모와 같은 모든 인간, 모든 생명, 모든 물건, 모든 사태, 심지어 욕망과 한(恨)과 콤플렉스와 증오심 안에서마저 살아 생동하는 '님'이면서 수평적인 친구[同事]로 창조적 진화에 동역하는 윤리와 삶의 관계로, 과학적 동력으로 변화하는 곳에 참다운 모심의 위대함이 있다.

열석 자 주문 맨 처음 '시천주(侍天主)'의 첫마디 '모심[侍]'과 함께, 그다음의 '하늘[天]'을 빈칸으로 그냥 놔두고서 훌쩍 건너뛰고 난 다음의 '님[主]'은 곧 자기 조직화 또는 창조적 진화로서의 '모심'이요 '님'이며, 창조와 진화의 주체인 한울님·한·하늘·신을 빈칸으로 남겨 두고 이 빈칸, 즉 '활동(창조적 진화, 자기 조직화)하는 무(無)'를 모시고(진화의 3대 명제) '님으로 불러 부모와 더불어 친구로서 사귀며 창조적 진화 활동에 동역[同事]함'이 곧 '모심'이요 그리움의 다른 이름인 '님'이다. 동어반복이다.

고대 전통 사상과, 이어서 미학에서의 '모심'과 '님'은 과연 무엇일까?

나는 이렇게 생각한다.

≪천부경≫에 "사람 안에서 하늘과 땅이 하나다(人中天地一)"란 말이 있다. 이것이 ≪천부경≫의 핵심인데, 이때의 '사람 안', 즉 '인중(人中)'은 사람 마음이다. 사람 마음의 작용, 사람 정신의 작용이니 '사람 안'이란 '사람 마음 안'이지만 그것은 동시에 '사람 몸 안의 중심'이니 '존재핵'이다. 그러니까 사람 마음 안(몸 안의 중심)에 천지가 하나로 통일되어 있다는 말, 사람 안과 천지가 또한 하나로 통일되어 있다는 이 말은 사람 중심으로 볼 때 '모심'이다. 사람이 제 안에 천지를 하나의 통일체로 모시고 있다는 말이다. 뒤집어 보면 천지를 자기 안에 모시고 있는 것이 사람이라는 말이다. 이래서 '시천주'가 된다.

수운이 1860년에 '시천주'를 계시받았는데 ≪천부경≫이 암각본으로 발견된 것이 1917년 묘향산에서다. 그러니까 57년 후에 발견되었으니 나는 이것이 원시반본(原始返本), 즉 한국 동학 정역계 사상사의 다물(多勿), 복본(複本)함의 상징적 사건이라고 생각한다. '인중천지일(人中天地一)'이 '시천주(侍天主)'로 차원 변화하며 차이를 가진 반복을 한 것이다. '인중' 중심으로 '천지일'을 '모심'이다. 또는 '인중'에 '천지'를 '모심'으로써 '일[一]'인 것이다.

아름다움, 미(美)란 무엇일까?

온 지구 생명이 오염되고 주변 우주에 기상이변이 일어나는 이 시대의 참다운 미학은 바로 천지 미학이 아닐까?

하늘과 땅, 우주의 신령한 전체성·포괄성을, 뭇 생명과 무생명을 다 인간 안에 모신 것이 곧 천지의 아름다움이 아닐까? 그렇다면 모든 것이 다 아름답다고 보므로 존재 자체가 모심이 아닌가?

미적 인식론의 근거는 모심이 아닌가?

따라서 미적·윤리적 패러다임의 핵심은 모심이 아닌가?

종교적 어필을 가진 모심, 사물이든 생명이든 인간이든, 또는 대상이든 자기 자신이든 간에 모두가 신령하다면 신령한 우주를 모셨을 때가 참다운 미의 발생 순간이 아닌가?

미적 존재론, 미적 인식론, 미적 관계론 모두의 기원에 모심이 있지 않은가!

더욱이 우리 민족 민중 예술의 훌륭함의 극치는 미적 패러다임과 윤리적 패러다임의 일치에 있으니 모심이야말로 최고의 미학이 아닌가!

미적 인식, 즉 아름답다는 판단은 분명 이 같은 모심에서 발생한다.

미적 대상을 모셨을 때, 아름다운 대상을 모시는 태도가 모심이 아니고 함부로 대함, 아무렇게나 대함일 때 아름다움도 이미 아름다움이 아닐 것이다. 대상을 아름답다고 생각하고 각별히 모시는 태도에서 비로소 참다운 미적 인식, 미적 감동이 발생하는 것이다.

그렇다면 우리는 동서를 불문하고 미학을 다시 생각해야 한다. 대상을 함부로 대하거나, 이것도 아름답고 저것도 아름다우며, 이것도 쾌감을 주고 저것도 쾌감을 준다는 그런 판에 휩쓸려 버려서 미적 희귀성을 잃어버릴 때 그때 이미 판단으로서의 미학은 끝나는 것이다. 오히려 미적 희귀성까지도 넘어서서 매 사물과 매 인간, 매 심리적 충동까지, 어쩌면 추한 느낌, 아니 추악한 마음까지도 아름답다고 모실 수 있는 종교적 숭고(崇高)의 높이를 우리가 가질 때에야 비로소 미학이 참다운 미적 교육과 상상력을 통해 새 인간 새 세계로 현실을 변혁할 수 있는 세계적 문화대혁명의 근거가 될 것이다.

우리 예술의 오랜 전통 중에서 아무도 미학적으로 접근하지 않는 한 예를 들어 말하겠다.

고조선 가사로 전해지는 <공무도하가(公無渡河歌)>를 어찌 생각하는가?

백수(白首)의 남편이 술 먹고 물을 건너는데, 아내가 건너지 말라고 말리러 쫓아가는데도 가다가 그만 빠져 죽는다. 이 노래의 감동은 어디에서 오는가? 어디에서 그 미학적 적합성을 찾을 것인가? 공후를 가지고 켜는데, 그것이 고조선과 같이 안정되고, 소위 '팔조금법(八條禁法)'이었다고는 하나 그래도 신시(神市)의 여운이 있고 화백(和白)의 기운이 줄기차며 풍류(風流)가 지배했던 고대 태양 정치의 이상사회에서, 그 뒤 신라에까지 이어져 ≪삼국유사≫의 도처에 드러나는, 그처럼 원융한 고대 세계에서 이것은 단순한 애상(哀傷)이거나 비장(悲壯)이기만 한 것인가?
　백수의 공(公)에 대한, 남편에 대한 비극적일 정도의 깊은 '모심'이 아니겠는가!
　반대의 예를 하나 든다.
　유교적 가부장제가 사실 지역적 삶에까지 뿌리를 내린 것은 병자호란 이후부터이고 그 이전까지는 고대적인, 상당한 정도의 독특한 여성 우대 전통이 남아 있어서 부인과 남편이 서로 경어를 쓰거나 반대로 부인이 남편을 '자네'라고까지 했으며, 제사를 모시는 데서나 재산을 분해하는 데까지 여자건 남자건 철저히 모시는 태도가 우리 민족 사상과 삶의 뿌리에 있지 않았을까 하는 것이다. 사정이 악화된 것은 약 3백여 년 전부터라는 설이 있다.

성(誠) 대신 경(敬)을 성리학의 제일 명제로까지 드높인 것은 퇴계(退溪)나 남명(南冥)의 귀족적인 철학에서이지만 민중적 삶과 예술적·미적 태도에서까지 자각적으로 크게 나타난 것(예컨대 탈춤에서 미얄할미의 죽음에 임하는 무당과 남강노인의 태도)은 동학 정역계에서부터이고, 이것은 유불선 이전의 한민족 고대 전통이 숨어 흐르다가 '원시반본'과 함께 19세기에 돌출한 것이라고 본다.

모심은 미학에서 주체와 타자, 또는 주체와 대상 사이의 관계를 일신한다. 물론 그것은 상호 소유도 상호 적대도 아니다.

모심으로서의 미적 인식.

미적 인식으로서 모심은 먼저 거리를 둔 모심이다. 상호 근친상간적 모심이 아니고 사랑하되 섬기는 사랑이니 거리와 틈을 전제한 사랑이다. 어떤 의미에서 생태학 시대의 사랑이다. 전깃줄에 늘어앉은 새들도 반드시 일정한 거리를 두고 앉으며 틈을 두고 날아간다. 뜨거운 여름날 1.75평의 감방에 한꺼번에 8~9명의 죄수를 수감하는 것은, 그래서 끊임없이 짜증과 싸움을 일으키는 것은 바로 모심의 철저한 상실이요 반(反)미학적 '죽임'이다. 이 '죽임'에서 미학적 모심을 살리는 것이 '살림'의 미학, 즉 생명 문화 운동으로서의 '모심'의 미학이다.

미학에 있어서도 모심이 곧 살림인 까닭이다.

달라붙어서 떨어지지 못하는 것이나 너무 멀어서 서먹서먹한 것이 아니고 사귀고 사랑하면서도 거리를 두는 것, 존경하면서 사랑하는 것, '님'으로 높여 불러 부모와 더불어 친구하는 것(稱其尊而學父母同事者), 이것이 곧 '님의 미학'이다.

여기 '동사(同事)'란 말이 나왔다. 함께 같은 일을 하며(同務), 뜻을 같이하는[同志] 친구가 바로 '동사'다. 그러나 그 '친구[同]'를 '섬김[事]'이 비로소 '동사의 미학'이다. '님으로 높여 불러 부모처럼 섬김[事]'이면서 동시에 '친구로서 함께 동역하면서 섬김[同事]'이기 때문이다.

중국 현대 미학자 장법(張法)의 《중서미학(中書美學)》은 그 기본이 '사론(事論)'이다. 유럽 사회주의적 사실주의 미학의 기본인 '모방'과 중국 미학의 핵심인 《예기》의 '사(事)'의 결합이다.

《예기》는 춤(舞蹈)의 근원을 '사'로 본다. '사'는 바로 '모방'이니 백성이 우주를 모방하는 것이 춤이다. '사는 백성의 바람과 비(民之風雨)'라는 말이 그 말이다. 민중이 우주의 풍우상설을 모방한다는 뜻이니, 춤으로써 우주를 섬기고 모방으로써 하늘의 뜻을 따른 것이다. 이것이 예(禮)의 기원이다. 표현(表現)보다 묘출(描出)이다.

숭배와 숭고를 중심으로 한 비극적 예술이 아지프로(선동 선전)는 바로 '사'인데, 이는 미학적 실재론(實在論)으로서 묘출을 중심 기법으로 하므로 대체로 어김없이 자연주의로 기운다. 원숙한 리얼리즘과는 큰 거리가 있다.

중요한 것은 우리의 민족 민중 미학의 한 원칙이 바로 '사(事)'이면서 '동사(同事)'에 있다는 것이다. '사'이니 섬김이요 실재론이자 묘출 지향인데, 동시에 '동사'이니 사랑이요 창조론이자 표현 지향인 것이다. 우주에 대한 숭배이니 객관주의요, 어떤 의미에서는 오히려 군주제적 미학이면서 동시에 분권(分權)과 사귐이니 주관적 객관성이요 민주제적 미학인 것이다.

전자는 주역의 '참찬론(參贊論)'과 같으며, 인간이 우주 객관을 바꿀 수는 없고 우주의 객관적 필연을 배우고 거기에 참여·일치해서 모방하는 질서의 활용이 있을 뿐이다. 후자는 한국의 19세기에 정역의 '역수성통(易數聖統) 원리'와 같으니 섬김이면서 동역(창조적 파트너십), 생성적 섬김, 창조적 섬김이겠다. 인간이 우주를 배우되 그 우주핵과 인간 존재핵의 일치 체험을 통해서 우주를 재조정할 수 있다는 일종의 '관찰자 참여 우주론'의 한 발 더 발전한 '창조적 진화론'의 미학이 된다.

다시 정리한다.

'사'가 우주의 객관적 질서를 모방하고 묘사함으로써 섬기는 것이라면, '동사'는 스스로 개입해서 우주의 객관적 질서 또는 혼돈을 인간의 희망이나 희로애락과 함께 우리와 우주 만물이 고대하는 방향으로 표현을 통해서 바꾸는 것이다. 즉, 왜곡, 변화, 과장, 찬탈과 폄출(貶黜)에서 극단적으로는 추상, 환상, 몽상과 상상과 같은 반사실적 변형 표현이 다 가능한 것이 바로 '동사'다.

우주 객관 질서나 혼돈에 내가 개입하는 것이니 나의 느낌 역시 매우 중요한 사건이 되는데 이때 '동사'에 더 중심이 가는 '사'와 '동사'의 관계를 '기우뚱한 균형'이라 부른다. 서양철학적으로 말한다면 '비스듬히 가로지르기'와는 분명 다르지만 서로 연관된다. 왜냐하면 서양의 철학과 미학에는 진정한 '섬김'이 없고 '사귐' 즉 친구간의 '파트너십'만 있기 때문이다.

중요한 것은 인간 내면에 생성하는 '무궁무궁'한 우주의 창조력을 섬기되, 거리를 두고서 그 창조력을 나의 창조력으로 하여 친구로서 함께 일한다는 태도인데, 바로 신과 인간의 창조적 파트너십이라는 점이다.

이것은 미학, 특히 미적 교육에 있어서 굉장히 중요한 역할을 하게 된다. 미적 교육을 통해서 우주적 신인간(新人間)을 배출하고 완성시킬 수 있는 후천개벽의 길이 바로 이 원리 아닐까? 프리드리히 실러가 희망하듯 '아름다운 혼'을 지닌 미적 인간으로서의, 놀이와 제의에 의한 세계의 새로운 건설의 길이 아닐까?

우리 민족 민중 예술, 특히 탈춤에는 바로 이 같은 '사'와 '동사'가 함께 움직이고 있다.

'민지풍우(民之風雨)', '사(事)'의 경우는 머리나 상체, 중공(中空) 중심의 춤으로, 궁정무, 태평무(太平無)에 연계된 양반, 노장(老丈) 등 하늘의 질서 이법(理法)의 '솔개춤'이고, '활개춤', '나래체', '학체(鶴體)'의 세계다.

'비정비팔(非丁非八)', '동사(同事)'의 경우는 순 아래쪽, 발, 허벅지, 회음, 배꼽 아래 단전(丹田)을 중심으로 한, 노동과 성교와 생식에 연계된 땅의 질서, 생명과 혼돈의 '깨기춤', '자라춤', '오금춤'이다. '말뚝이', '취발이', '소무', '미얄' 등 무수한 허름한 민중의 '혼돈적 질서'의 세계다.

좀 더 미학적으로 말하자면 구체적으로 무엇을 모심인가?

전자가 '질서'와 '태극'을 모신다면 후자는 '혼돈'과 '궁궁'을 모시는 것이다. 그러매 간단히 줄여 말해서 탈춤은 '혼돈적 질서'와 '궁궁적 태극(또는 태극궁궁)'을 모시는 것이다.

다시 돌아간다.

'사람 안' 즉 '인중(人中)'이니 '상체' 즉 '중공(中空)' 안에 모시든, 아니면, '인중'은 동시에 '신중(身中)'이니 '하체' 즉 '회음'에 모시든, 역시 '천지인'을 모심이든가 아니면 '천지를 모셔서 한으로 통일함'이든가 간에, 모심으로써 아름다움, 미적 인식이요 미적 생존인 '춤판'이라는 차원 변화를 창조하는 것이다.

이것을 감상하는 향수 측면의 감상 역시 한 원리가 작동하는 '판'의 미학이니, '모심으로써 살림을, 살림으로써 모심'을 이룬다.

왈, 모심의 미학이다.

그러나 모심의 미학이 탈춤만의 독자적 미학은 아니다. 판소리에서도 시나위나 풍물에도, 민화와 속화에도 민요에도 모두 통용되는 보편적 미학 원리, 특히 미적 인식인 것이다.

15. '한'과 '무궁무궁'

동학 주문의 첫마디 '모심[侍]'이 현대의 첨단적 진화론인 자기 조직화의 진화론, 자유와 자기 선택의 진화론의 3대 명제라고 했다.

자기 조직화는 '공생(symbiosis)론'이다. 그런데 진화의 내면에는 의식 또는 신령이 있고 진화의 외면에는 복잡화 또는 기화(氣化)가 있는데 전체보다 먼저 발생한 개체들이 저마다 제 안에 숨은 차원으로 감춰 가진 나름 나름의 우주적 전체성을 제각각 깨달아 다양하게 실현한다. 이 실현 과정이 곧 자기 조직화로, 내면의 의식 또는 신령이 제 안의 우주를 외면으로 복잡화 또는 기화, 즉 자기 조직화하여 제 나름의 '생명 형식(life form)'을 만드는 과정이다. 이 생명 형식이 다름 아닌 예술 작품이요 '미(美)', '아름다움'이다.

이 과정이 또한 '내부공생(內部共生, endosymbiosis)'인데 이것을 두고 '개체성(identity)을 잃지 않는 분권적 융합(fusion)'이라고 부른다.

자기 조직화의 진화론은 찰스 다윈 이후 진화론과는 완전히 절벽의 저쪽이었던 창조론과의 사이에 다리를 놓기 시작했다. 마음이 자기 조직화하는 우주 진화의 주체를 신이라고 볼 수 있는 길을 열었기 때문이다.

그러나 유럽 진화론과 기독교 신학의 경우 창조적 진화론으로 융합해 나가는 데는 아직도 조건이 까다롭다. ≪신학과 과학철학≫의 저자인 볼프하르트 판넨베르크는 창조와 진화 사이의 융합의 조건을 다음과 같이 나열한다.

① 생명을 향한 끝없는 '목마름' 또는 '비어 있음' 또는 '배

고픔'으로서의 영(靈), 즉 '네페쉬 하자(nephesh hajah)'
의 전제

② 신의 창조에 대한 '우연성'으로서의 창발적 진화(emergence)

③ 생명 진화의 '자발성'

④ 창조적 자기 조직화의 '유기성'

⑤ 물질적 부패성으로부터의 '해방성'

⑥ 생명과 영의 '충만성'

⑦ 진화의 창조적 단계마다의 '자유성'

⑧ 생명의 영이 '무한정' 주어짐(<요한복음> 3장 34절)

기독교 신학으로부터 보아 이 모든 조건이 충족될 것 같지는 않다. 신·구약을 통해 볼 때 신에 대한 규정이 너무 많고 복잡하기 때문이다. '복수하는 자', '저주하는 자', '사랑하는 자' 등등이 그것이다. 그러나 그럼에도 불구하고 이러한 조건을 충족시키는 방향으로 신학과 과학이 나아가고는 있으니, 기독교의 믿음은 '희망에 입각한 행동'이기 때문이다.

그러나 이 까다롭고 복잡한 조건에 애초부터 대응하는 신관(神觀)이 있다면 어찌할 것인가? 그것도 이미 자기 조직화를 전제하고 그 진화의 주체에 대한 인간의 윤리적 태도와 함께 그 창조 과정에 대한 동역(董役) 관계까지 규정한 한복판에, 그 기초에 바로 그러한 신관이 주어져 있다면 어찌할 것인가?

21세기, 22세기 내내 계속될 것이 틀림없는 인류 문명사 전체의 대전환, 이른바 후천개벽의 성취와 함께 현실의 지구 대혼돈을 극복, 처방할 대비약의 조건이 창조적 진화론을 앞세운 탁월한 과학 종교라는 새 문화의 출현이라 할 때 이 문제는 심각한 것이다.

더욱이 인류 예술과 미의식의 역사, 미학 발생사 이래 줄기차게 요구되어 온 무(無) 또는 자유에 입각한 생명과 영성의 미학적 탐구에 대해 참으로 의미심장한 것이다.

탈춤의 경우 '빈 마당', '마당에 빈터'를 조성할 때(마을 마당에 금줄을 쳐서 비우는 것으로부터 시작해서 연회가 진행되는 과정에서도 그물망, 그물코, 틈처럼 마당의 빈칸을 여기저기에 이루는 것) 비로소 '판'이 생성하는 것과 똑같은 원리가 동학 주문의 첫마디 '모심'과 '님', 즉 '시천주' 해설에서 불쑥 솟아 일어난다.

'시'와 '주'를 눈부시게 해설한 수운이 막상 그 자기 조직화의 주체인 '하늘(天)', '한울님', '신(神)'에 대한 단 한마디도 없이 '빈칸'으로 남겨 둔 채 '시'에서 '주'로 넘어가 버린다는 것이다.

우연적 누락인가?

그렇게 본 사람도 있다.

그러나 그것은 동학, 동아시아, 한민족 사상사를 참으로 우습게 여기는, 철이 덜 든 사람이나 하는 짓이다.

고의적 침묵인가?

그렇다. 그러나 아니다. 그 이상이다.

수운의 주문 해설은 모두 다 계시의 영역이다. 이것은 신의 계시인 것이다. 신이 신 자신을 비운 것이다. 창조적 진화의 기본 조건이고, 이 조건의 충족에서 비로소 판넨베르크 명제의 모든 것이 다 해석된다.

나는 지난 세월 내내 미적 창조와 감동의 주체 및 조건을 '활동하는 무(無)'라고 불러왔다. 그러나 이것만으로는 부족하다.

자기 조직화하는 우주의 주체인 신, 창조적으로 진화하는 우주의 주체인 신, 스스로 '아름답다는 판단'(《구약》〈창세기〉)에 이르는 창조적 3진화 행위(미학적 창조 및 전개와 감동의 전 과정)의 주체인 신의 그 주체성이 곧 '빈 터', '무(無)', '공(空)', '허(虛)', '자유', '틈'이다.

'한울님', '신'의 본디 우리말은 무엇인가?

'한'이다.

그래서 본디 '한님'이다.

'한'은 '한 개[個] 또는 낱개[各]'이면서 '온[全], 우주[天地]'

요 '중간, 관계, 수평'이다. 그러므로 애당초 '개체성(한 개, 낱개)을 잃지 않는 분권적(중간, 관계, 수평) 융합(온, 우주)'이다. 즉, 자기 조직화의 과정이요, 자기 조직화의 주체다.

그러나 '한'은 '텅 빈' '외로움'인 동시에 '변화'의 '주체'다. ≪환단고기(桓檀古記)≫에 "사백력(斯白力: 시베리아)의 '빈 하늘(한)'에 '독화지신(獨化之神)', '고독한(외로움, 낱) 변화(진화 과정, 관계)의 신(주체, 전체, 우주)'이 내내 외쳤다"고 되어 있다.

이 '한'이 19세기 동학의 창조적 진화의 계시를 내리는 그 주체인 신이다.

계시 내용 이외에 수운이 체험한 '한'은 <흥비가>의 경우 '무궁무궁(無窮無窮)'이니 '나, 즉 인간의 무궁'과 '우주, 즉 세계의 무궁'을 동시에 체험함이다. '무궁무궁'은 아마도 '홍익인간(弘益人間)・이화세계(理化世界)'의 체험이자 인간의 존재핵(나)과 우주핵(울)의 통일 체험(神人合一)으로서의 '무궁무궁'일 것이다.

'무궁한 이 울 속에서 무궁한 나 아닌가!'라 했다. 정역에 의하면 황중월(皇中月: 나・존재핵)과 천심월(天心月: 울・우주핵)의 통일이 곧 후천개벽이다.

주역의 문맥에서는 허심단(虛心丹: 나・존재핵)과 무중벽(無中碧: 울・우주핵)의 일치이니 불교 쪽에서 말하면

'화엄'이요 대해탈이겠다.

그런데 바로 이 '무궁무궁'을 노장학(老壯學)에서 무엇이라 하는가와 수운 <흥비가>의 문맥 사이의 관계를 밝혀야만 비로소 이 황홀한 신인합일의 감통(感通) 체험에 대한 미학적 접근 원리가 나타난다.

≪장자≫ <제물론(齊物論)>에는 '우주의 중심이 고리 속을 얻음으로서 무궁에 응한다(極得其環中以應無窮)'는 구절이 있다. 바로 '고리 속이 곧 무궁(環中無窮)'이라는 뜻이다. 장자 나름의 천지 미학(天地美學), 즉 천악(天樂), 지악(地樂), 인악(人樂) 등의 핵심 미학 원리, 창조와 감동의 핵은 '무궁'에 있다.

동학의 수운은 한 발 더 나아가 '무궁무궁'에까지 이르니, 장자가 주역의 이른바 '참찬론(參贊論)'을 아직 못 벗어나는 '무궁'론임에 비해 정역적인 '역수성통원리(易數聖統原理)'의 실현이라고 볼 수 있는 인간과 세계 사이의 궁극적 통일 체험, 후천개벽으로서의 '무궁무궁'론으로 점프, 차원 변화한 것이다.

우주 미학, 우주 생명학의 큰 실현이니 그 조건은 '비흥(比興)'(좌뇌·우뇌·뇌간 순서의 초기 개벽 문화, 시비 교술로 시작해서 우주 개벽 체험으로 나아가고 그것이 다시 신체와 영성의 통일 체험으로 완성되는 수운 포덕의 초기 방법. 공자의 가르침이나 배제의 논리, 변증법이 다 이에 속한다)의 잘못을 깨닫고[覺非(점환전·지화점)] 나서 이를 거꾸로 뒤집어(차원 변화, 문화 개벽, 대언전, 대논리 전쟁) 오히려 '흥비(興比)'(좌뇌·우뇌·뇌간 순서의 논리에 대한 전투로서 우뇌·좌뇌·뇌간의 역순으로 그러나 동일한 뇌간의 새 차원 변화에 도달하는 당파 논법. 먼저 우주 후천개벽의 숨은 차원을 전제한 뒤 그것을 '아니다―그렇다'의 생명 차원 변화와 생성 논리학으로 생각하고 논파하고 비유하고 가르쳐 실행해 나감으로써 마침내 큰 풍류, 즉 무궁무궁에 도달함)로 전화하는 것이니, 여기에 바로 후천개벽의 새로운 미학이 있다.

보라!

비흥(比興)이 세간에 유행하는 것을 보라!

환유, 제유의 범람과 이미지 범벅[比]의 생태 시[興]의 홍수를 보라! 무엇보다 먼저 생명, 우주 생명의 대혼돈에 따른 대개벽의 흥(興)이 넘쳐 나고 실존적 감흥으로 흐를 때, 그에 절실한 그 혼돈 나름의 질서인 독창적 비유나 교술(敎述)이나 이미지의 '아니다―그렇다(比)'의 진술로 나아가야 하는 것이 아닌가?

이것이 '줄글과 행갈이'라는 한국 시학 최대의 문제 영역이 아닌가! '흥비'만이 새로운 행갈이를 창조하는 것이다.

이 전환이 현 시가 우리 미학과 시학이 단행해야 할 '각비(覺非)'다. 바로 이 각비만이 흥비의 차원 변화에 의해 미학적 시간의 '시종(始終: 처음과 끝이 명백히 주어진 기승전결의 시간관)'을 미학적 시간의 '종시(終始: 끝이 바로 처음이 되는 자기 회귀의 무궁무궁의 시간관)'로 뒤집어 놓는다(문화대혁명, 문화 개벽).

16. '살림'과 '깨침'

그렇다면 '살림'의 사상은 어디에 있는가? 강령 주문 뒤의 본주문 열석 자 중 '시천주(侍天主)' 다음이 곧 '조화정(造化定)'이다.

여기에서 '조화'란 말 안에는 이미 '창조적 진화'란 개념이 축약되어 있음을 재빨리 눈치채어야 한다. 이른바 창조적 개시(開示), 미(美)의 창발적 현현(顯現)이다.

막상 수운 선생의 해설에 의하면 '조화'는 분명 본디 유학의 창조와 변화 개념임에도 불구하고(이미 그 뜻을 내포한다는 전제이다) 노장학, 즉 도가(道家)의 핵심 개념인 '무위이화(無爲而化)'로 설명된다.

'무위이화'야말로 도가의 지고한 아름다움, 무교대교(無

巧大巧) 또는 대교약졸(大巧若拙)의 경지, 바로 무현금(無絃琴)의 차원이거니와 동양학의 개념 체계 전체를 고려할 때 '무위이화'야말로 유럽 최신 진화론 및 최근 미학에서의 '자기 조직화(self-organization)'에 가장 들어맞고, 거의 일치하기까지 한 개념이다.

'무위이화'는 본디 노자의 '성인(聖人)인 나는 아무 일도 하지 않는데 민중이 스스로 변화한다(我無爲以民自化)'에서 나온 말이다. 그야말로 '자기 조직화'인데, 정치사상적으로는 성인의 종교나 임금의 국가나 지식인의 지도가 전제되지 않는 민중 주체의 자연의 고대 정치, 이른바 '태양 정치'를 뜻하니 부분적으로는 '아나키즘'과 연결되기도 한다. 이것은 또한 철학이나 이념 지배로부터 이탈한 미학적 창조와 관조의 영역이기도 한 것이다.

생명의 자기 조직화적 진화, 자기 선택적 진화인바, '모심'의 두 번째 개념인 '밖으로 기화가 있다(外有氣化)'의 그 '차이를 동반한 반복 확장'(질 들뢰즈)인 셈이다. 이것은 '확충(擴充・amplication)'(용)으로써 생명의 본성적인 내외 수렴 확산을 통한 치유와 창조와 진화를 말하고 있으니, 바로 이 '무위이화'의 '작용 또는 현상에 일치해서 삶(合其德)' 또는 창조 행위를 이어 강조함으로써 유학에서 존중하는 '하늘의 작용(창조적 진화) 또는 하늘의 도덕(성스러운 질서)에 일치함(合天德)'이자 불교에서 거듭거듭 강조하듯 '마음의 대선정(大禪定)에 들어감(定其心)', 즉 '해탈'이다.

이것이 이른바 '살림'이다.

참다운 삶이기 때문이다.

'모심'에 이어서 또한 '살림'의 예술이니, 생명 미학의 참 근거이다.

'살림'의 한 뜻 안에 도가, 유학, 불교의 핵심 사상이 다 녹아 있으니 어찌 놀라운 미학 이론 아니겠는가!

그다음의 '영세불망(永世不忘)'은 무엇인가?

우리는 옛사람으로서 어진 정치를 편 관리나 선비 등을 기념하는 비석에 반드시 쓰여 있기 마련인 '김 아무개 영세 불망비'라는 글귀를 기억해야 한다.

전통 사회에서 중요시한 것은 한 도덕의 모범에 대한 끈질긴 기억 행위였다. 그와 같은 집요함으로 바로 이와 같은 '모심'과 '살림'의 깊은 의미를 평생토록(永世者 人之平生 也) 생각하고 생각해 잊지 않아야(不忘者 存想之意也) 할 것이며 그 생각함이 마치 절의 스님이 굴속에서 참선에 들어가 화두를 잡고 생사를 넘어선 몰두 집중하듯 해야 한다는 것이다.

평생 공부다.

'모심'과 '살림'은 평생 공부란 뜻이다.

한순간도 잊어서는 안 되는 공부다.

생각해 보자.

예술은 어떤 의미에서 '망각에의 저항'이고 '기억 행위'이며, 고도의 '집중'이다. 어떠한 창조 행위도, 심지어 '퍼포먼스'나 동양의 '문인화'의 '몰화의(沒畵意: 무엇을 그리겠다는 구상이 없는 것)'의 경지까지도 사실은 어떤 경지에서의 미학적 감동에 대한 질긴 기억 행위이며 끊임없는 기억의 현재화다.

주문의 마지막인 '만사지(萬事知)'는 쉽게 말해서 '만사도통'일 것이요 '모심'과 '살림'에 이은 '깨침'이다. 진리가 확 뚫려 버린다는 뜻일 게다. 그것이 소박한 민중적 해석 방법이긴 하다.

그래서 해월 최시형 선생 왈, '밥 한 그릇이 만사지다' 했을 때가 바로 그런 뜻이 된다.

'밥 한 그릇이 만사지'란 해월 말씀은 곧 20년 전 한살림생협의 창립 당시의 로고, 구호, 화두이기도 하다. 그러니 생명운동의 핵심 사상은 세 가지, '모심과 살림, 그다음엔 곧 밥 한 그릇'으로 되는 셈이다.

하긴 쌀 한 톨이 여물려면 볍씨는 물론이거니와 사람의 노력과 노동, 햇빛, 바람, 물, 흙, 계절의 변화, 우주의 온갖 질서와 벌레와 심지어 참대와, 메뚜기, 거름 등이 다 같이 우주적으로 협동 협력하지 않으면 안 된다. 또 쌀이 밥이 되는 과정에는 방아나 절구, 그리고 '물과 불의 제사'라고 불리는 아궁이와 솥의 부엌일을 통과하고 어머니들의 밥상 차리기를 모두 지나야 하는 것이니 농본 시대의 삶의 표준으로서는 그야말로 세상사 가장 중요한 세상사요, 우주사 중 가장 으뜸 되는 우주사이기 때문이다.

물론이다. 마르크스에 의하면 개개의 인간은 그 자신의 근육을 그 자신의 두뇌의 통제하에서 활동시키지 않고는 자연에 대해 작용할 수 없다고 했다. 자연 속으로 인간의 구상과 노동이 들어가는 미학적 성교에 의해 창조가 이루어진다는 뜻이다. 예술 작품의 '경제력(상품가치)'과 '질(미학적 신비성)' 사이의 긴장은 창조의 노동의 사회적 성격에 의해 생산된 예술품의 감각성과 초감각적 신비성을 동시에 생산한다.

미적 개시(開示)와 물신숭배적 일정 경향이 일치하는 곳에 문화 상품과 기초 예술의 긴장된 결합이 있다.

그러나 사실은 그 이상이다.

과거의 동학, 농민운동으로서의 동학, 민족 민중 혁명운동으로서의 동학, 그리고 20년 전의 유기농산물 생산·유통·소비 중심의 생명운동 다시, 그리고 지금까지도 '웰빙' 시대의 '살림' 운동은 '밥 한 그릇이 만사지'로 만족하고 완성될 수 있다. 그래서 해월도 그다음의 의암 손병희도 개벽과 신인간의 이론가 이돈화(李敦化)도, 청우당(靑友堂)과 오심당(吾心堂)의 저 유명한 김기전(金起田)까지도 '만사지'에 대해서는 그 이상의 말씀이 전혀 없었던 것이다.

그러나 우리는, 지금 전 지구와 세계 인류의 '대혼돈'에 대한 한민족 나름의, 그리고 신세대 나름의 깊고 새로운 대답을 찾아야 한다.

단지 '모심과 살림과 밥 한 그릇'으로 완전한 대답, 이른바 대혼돈을 처방할 수 있는 새롭고 탁월한 통합적 과학을 촉발하는 담론과 기준과 원형을 찾을 수 있을 것인가?

원형과 기준은 이미 우리에게 와 있다. 그러나 그것을 과학에 직결시키는 담론은 충분히 준비된 것인가?

원형과 기준은 본디 숨어 있고, 드러나는 것은 담론이다. 담론이 탁월해야 원형과 기준이 여러 눈앞에서 빛을 내는 법이다.

우리는 그 담론을 생명학, 우주 생명학으로 명명하고 사단법인 '생명과 평화의 길'을 창설하여 작년에 이어 올해, 내년, 내후년까지 계속해서 각종 워크숍과 포럼을 통해서 그것을 탐구 연찬하려 하고 있다.

왜 생명학이요 우주 생명학인가?

여러 사람이 이 점을 이해하지 못한다.

생명학까지는 이해하는 듯하다.

서양의 생태학이나 혼돈 이론, 생성 철학을 동아시아적 생명 사상의 바탕 위에 새롭게 결합시키려는 의도라는 정도는 막연하게나마 짐작은 한다. 그러나 우주 생명학이라는 말에 이르면 고개를 갸웃거린다.

'너무하지 않은가?'

바로 이것이다.

우주 생명학이 무슨 뜻이며 왜 필요한가?

지구 생명과 주변 우주와의 관계와 그 질서의 이해 및 그 사이의 만물의 평온과 평화 없이는 인류와 지구는 살아날 길이 없다. 향후 백 년 만의 폭염까지를 포함한 끝없는 생태계 전면 오염 파괴와 온난화, 북극 해체와 해수면 상승, 갖가지 흉흉한 기상이변과 함께 예상과 예방, 그리고 진단과 치료가 거의 불가능하다는 기괴한 바이러스나 무서운 전염병들의 엄습을 어찌할 것인가?

그 치유와 처방은 참으로 불가능한 것인가?

현대 인류의 구원의 길로 예상되는 문화대혁명, 예술에 의해 재정위(再定位)된 '신인간(新人間)'(홍익인간)에 의해서만 '세계의 이화'(理化: 혼돈적 질서로 자기 조직화, 창조적 진화)가 될 것이며, 이것은 곧 인간 노동(구상, 영감, 의욕)이 자연이라는 자궁 속의 핵과 결합하는 미학적 성교

(우주 생명학)의 생명 예술에 의해서만 그 치유와 처방이 가능하다.

심지어 지구 탈출을 위해서도 우주 생명학은 요청적이다. 어떻게 가능한가?

빠른 사람은 짐작한다.

아하!

주역을 염두에 두었구나!

그렇다. 주역이다. 주역이 곧 동양의 우주 생명학이요 우주 변화학(學)이다.

그러나 주역만이 아니다.

그러면 무엇인가?

아하!

정역이다.

그렇다. 정역이다. 정역은 선천 시대 우주 생명학, 변화학으로서의 주역의 시대적 한계, 그 태생적 결핍을 넘어서는 현대의 우주 생명학, 우주 변화학이며 정역을 통해 주역을 해체 재구성하여 정역과 주역의 공존 공생의 시대, 후천 개벽, 새 우주 시대를 열어 갈 수 있다.

그렇다. 그러나 그 또한 아니다.

정역만도 아니다.

주역과 정역이면서 주역과 정역이 아니다.

그러면 무엇인가?

이 점에 착안하자!

지금 우리가 살고 있는 이 시대의 지구와 주변 우주는 주역으로 해명될 수 있었던 선천 시대가 아직 유효하면서도 정역과 같은 파천황의 대개벽의 조짐이 여기저기서 머리를 들기 시작한 그야말로 전환기라는 점에 착안하자!

따라서 정역은 오고 있는 시대의 우주 생명학에 분명 속하긴 하나 주역과 주역의 시대는 아직도 여전히 유효하다는 것을 유념하자!

수운 선생의 다음 옥중 시 두 구절을 묵상해 보자.

등불이 물 위에 밝으니 의심을 낼 틈이 없고
기둥은 다 낡은 것 같으나 아직도 힘이 남았네
燈明水上無嫌隙
柱似枯形力有餘

과연 후천개벽이다.

후천개벽은 후천이 선천을 섬멸적으로 파괴하는 대단절의 전환점이 아니다.

후천이 새 중심을 이루되 그 중심에 의해 선천이 해체 재구성되어 이중적으로 공존하는 선후천 공생이 곧 후천개벽이다. 다만 그 중심이 후천 쪽으로 더 많이 기우는 '기우뚱한 균형', '기우뚱한 공존'의 시대인 것이다.

그러므로 이러한 시대, 얼마를 더 지속할는지 알 수 없는 이 전환의 틈에는 이 틈 나름의, 이 양 시대 관계 나름의 독특한, 그러나 양 시대의 두 가지 우주 생명학, 주역과 정역 사이의 관계역(關係易) 또는 간역(間易)이 필요한 것이다.

그러면 인류사 위에는 네 개의 역이 나타나는 셈이다.

동북아 문명의 여명기에 동이(東夷) 문화의 소산이었던 복희역, 중국 주나라 문왕(文王)의 주역, 1879년에서 1885년 사이에 한반도 충청도 연산에서 공표된 김일부의 정역, 그리고 이제 나타나리라고 예견되는 가칭 '관계역' 또는 '간역(間易)'이 그것이다.

다시 수운의 '만사지' 해설로 돌아가자.

'만사지'는 '만 가지 사물을 다 깨달아 안다'는 뜻이니 지구의 생명과 함께 인격, 비인격, 생명, 무생명을 포함한 우주 만물의 실상을 다 안다는 뜻이다.

그러매 곧 생명학, 우주 생명학을 뜻한다.

그런데 '만사(萬事)'에 대한 수운 자신의 해설은 무엇이라 되어 있는가?

'수의 많음[數之多]'이라고 돼 있다.

'수(數)'가 무엇인가?

마치 동양 사상사의 전통 문맥에서 '공(功)'이 반드시 혁명이나 정치를 뜻하듯이 '수'는 곧 동양의 과학, 또는 생명학, 우주 생명학, 우주 변화의 학을 말한다, '수'는 다름 아닌 '역수(易數)'인 것이다.

'역수'는 동시에 '역'이나 '역경(易經)'을 뜻하는 것이니 '수의 많음'은 곧 '역수의 여러 갈래(易數之各類)'이다. 그렇다면 여러 갈래의 역수란 무엇을 말함인가?

우선은 수운 당시만 해도 유일 과학 사상인 주역 이외에 다른 역사상(易思想)의 가능성을 의미하는 것이다.

주역 이전의 복희역을? 그럴 수도 있다. 복희역은 '동이(東夷)의 학(學)'이다.

또한 주역 말고 정역을?

그렇다, 그럴 수 있다.

그렇게 이해할 수 있다.

수운 이후 20년에 김일부가 하느님(化无上帝)의 계시에 의해 선도 풍류를 중심으로 유불선을 통합하는 새 우주 생명학, 바로 ≪주역≫ <계사전>(주역의 철학적 해석. 공자가 지었다고 함)에 예언된 그 '간역(艮易)'을 제창하지 않았는가? 그것이 곧 정역(正易)이다.

그리고 정역은 후천개벽을 예언한 점, 주역은 우주 미학 원리인 율려(律呂)를 거꾸로 뒤집어 동학의 패러다임 '혼돈의 질서[混元之一氣]'인 '여율(呂律)'을 주장한 점에서 사상사적으로 곧 동학계다.

그러나 바로 '수의 많음'을 그 앞에 전제된 '모심과 살림'의 사상적 맥락, 풍류 중심으로 한 유불선 통합에 연결시킬 때에 앞에 인용한 수운의 옥중 시에서 암시된 선후천 양역(兩易) 쌍관(雙關)의 '간역(艮易)'의 가능성은 또 어찌 보아야 할 것인가?

'모심'의 사상에서 우리는 이미 '자기 조직화'와 '창조적 진화'의 가능성, 그리고 '살림'의 사상에서 생명학과 함께 창조적 진화와 대해탈의 가능성, 그리고 평생 지속성을 잃지 않는 연찬과 실천론을 보았다. 그것은 미학에 있어서도 다름 아닌 '시김새'에 연결된다. 그리고 '시김새'는 '귀곡성'과 '그늘이 우주를 바꾼다'에 도달할 수 있는 그늘, 흰 그늘의 독공 수련에 연속된다.

새로운 과학과 새로운 인문학적 예술의 신비 사이의 결합 관계가 동터 온다. 디지털적 문명과 에코적인 문화의 결합, 신비 수학, 신령 컴퓨터를 비롯해서 유비쿼터스 디지털과 함께 드높이 앙양된 새로운 변화 차원의 컨셉터(창조적 발상 지원 시스템)에 의한 심오한 문화 콘텐츠를 중심으로 가장 대중적이고 일상적인 예술과 감각 체험이 우주 미학적 깨달음에로의 새 길을 열 것이다.

여기에서 무엇인가 큰 의심이 나는 점은 없는가? 눈치 빠른 사람은 이미 짐작할 것이다. 본주문 열석 자를 다 해설했음에도 근본적인 어떤 것을 빠뜨린 것이 있다고 했다.

그것이 무엇인가?

동학은 계시다.

그 계시 내용이 자기 조직화의 진화론, 더욱이 창조적 진화론이다. 자기 조직화의 경우에도 그 진화의 주체인 의식, 영, 마음, 신령에 대한 해명이 중요시되지만 한 걸음 더 나아가 그것이 창조적 진화론으로 나갈 때 창조의 주체 문제는 그 이론의 사활 문제가 된다.

그러나 이것 역시 대강은 설명되었다. 더욱 본주문 열석 자 앞에 전제되는 강령 주문 여덟 자인 '지극한 기운이 지금에 이르러 크게 나에게 내리기를 바라나이다(至氣今至 願爲大降)'의 해설에서 수운은 결정적 해석을 가하고 있다. 바로 '지극한 기운(至氣)'의 정체다. '기'의 해석은 '중국의 기학(氣學)과는 똑같으면서도 선적(仙的)인 그 기저(基底)에 있어서 크게 다른 바가 있는' 화담(花潭) 녹문(鹿門) 이래 가장 독특하고, 유불선 및 동서양 통합의 큰 길을 열어놓은 혜강(惠岡) 최한기(崔漢綺)의 기철학에 그대로 일치한다. 더욱이 수운의 '지기(至氣)'는 그 자신의 기화신령(氣

化神靈)과 함께 혜강의 독특한 우주와 인간 주체인 '신기(神氣)'와 크게 일치한다. 이 점에서 한국학 최고 최대의 숙제인 '최한기와 최제우 사상 사이의 이중 교호 결합' 및 통합의 가능성은 이미 현실로 바뀐다.

그러나 수운의 '지기'는 한 차원이 또 다르다. 왜냐하면 '기(氣)'의 설명은 기철학과 흡사하나 '지(至)'를 '극(極)에 이르러'의 뜻으로 해석함으로써 성리학사 내내 혼란과 논쟁의 핵심이 되었던 이(理)와 기(氣)를 회통시키고 동시에 테야르류의 우주 진화사의 대전환점, 대비등점인 '오메가 포인트'를 일찌감치 예언하고 있으며 바로 그 극한점에 이른 신기에까지 나아가고 있다. 신성한 감각 체험, 영적인 에로티시즘, 아우라와 코기토와 리비도의 결합의 대차원 변화를 예언하고 있다. 그러나 그보다 몇 차원이 더 높은 놀라움은 '지기'의 해석을 '혼돈한 근원의 우주 질서(混元之一氣)'라고 명백히 규정한 점이다. '혼원'이 이미 세계사의 아득한 근원을 혼돈으로 보고 그 근원으로의 원시 회복, 5만 년 후 천개벽이라 했으매 혼돈적 질서의 회복인 것을 이해 못할 바 아니거니와 문제는 그 '혼돈한 근원' 뒤에 '한 기운(一氣)'을 붙인 점에 있다. '한 기운'은 주역에서 '태극'의 다른 말이기 때문이다. 결국 이 말의 뜻은 '혼돈한 근원의 태극'이니 '혼돈한 근원의 우주 질서'란 말이 된다.

'혼돈한 근원의 우주 질서'란 곧 들뢰즈, 가타리 등의 새 문화 개념인 '카오스모스', 즉 '카오스코스모스'인 것이다.

  여기서 우리는 수운이 계시를 통해 내림받은 우주 후천 개벽의 새 원형, 아키타이프인 '태극 또는 궁궁(太極又形弓弓)'에 대한 기준 즉 패러다임이 다름 아닌 '혼원지일기'임을 깨닫고 크게 놀라게 된다.

  더욱 놀라운 것은 그 40년 뒤 강증산이 '지기금지(至氣今至)'를 '율려 주문'이라 하여 '지기 곧 한울님'으로까지 해석할 여지를 주었는바, 다시금 '율려가 후천 세계를 통치한다' 했고 그 '율려'를 황종(黃鐘) 중심의 아악(雅樂)이나 협종(夾鐘) 중심의 정악(正樂), 심지어 본청(本淸) 중심의 산조(散調)나 민중의 속악(俗樂)에도 못 끼는 밑바닥의 밑바닥인 '걸뱅이 각설이타령'으로 지적하는 지경에서는 본디 수운 선생이 '지기'를 '혼돈한 근원의 우주 질서'라고 불러 한울님의 정체를 후천개벽 시대라는 '극(極)'에 이르러 '이치[理]이면서 기운[氣]인 중에' '창조적 진화의 주체'로 규명한 그 대담성에 혼비백산할 수밖에 없다. 허름하고 쉽고 허튼 신체적(몸) 표현 형식 안에 (혹은 거의 일상화된 디지털 체험 안에) 서늘하고 신령한 생명(에코)의 내용이 활동하는 민중적 내면 생성의 혼돈한 그늘로서의 성스러움! 아니면 그 반대로 삶과 생태계의 에코 속에 약동하는 영성적 소통인 디지털이 결합되는 기이함!

≪카오스모스≫의 저자인 펠릭스 가타리도, 그의 동료인 질 들뢰즈도 모두 다 신을 부정하는 유물론자다. 그렇기 때문에 '혼돈적 질서'라는 뜻의 카오스모스, 카오스모시스가 쉽게 발음된다. 그러나 바로 이 카오스모스의 진화론인 자기 조직화의 진화론이 그 자체 내부의 숨겨진 신성(神性)과 영혼의 가능성을 극대화하여 '창조적 진화론'으로까지 차원 변화함에 있어서도 신이 없는 카오스모스론이 내내 유지될 수 있는 것일까?

신도 주체도 휴머니즘도 죽어 없어진 유럽 사상계에서 카오스모스론만으로 생명학, 우주 생명학의 탁월한 통합적 과학과 차원이 다른 지극한 예술(至藝)의 결합이 성립 가능할 것이며, 대혼돈을 처방, 치유, 감화할 수 있는 새 문화, 새 문명이 성립할 수 있을 것인가?

자기 조직화가 창조적 진화로 차원이 변화하지 않는 한 탁월한 통합적 과학은 성립 불가능이고 새로운 예술 역시 그러하며, 그 과학 그 예술은 역시 신이 주체가 되면서 혼돈 나름의 독특하고 보편적인 우주 질서의 담론이 애당초부터 원형 및 기준과 함께 제시되고 대중적으로 파악되지 않는 한 현실 혼돈의 '해명' 차원이나 그 혼돈의 '봉합' 차원을 넘어서지 못한다는 사실이 유럽의 경우, 들뢰즈의 자체적 한계나 일리야 프리고진이 종래에는 헤겔과의 타협에서 봉합의 띠를 빌려오는 사태로부터 확연히 증명되고 있다.

그렇다.

자기 조직화는 혼돈적 질서라는 기준 위에서 창조적 진화론으로 나아가야 한다.

17. 민족 신화와 '흰 그늘'의 미학

새로운 예술의 창조, 창조적 예술 역시 바로 그 '혼돈적 질서(混元之一氣)'와 '태극 또는 궁궁' 그리고 생명학, 우주 생명학(자기 조직화, 창조적 진화) 위에서 가능하다. 문화와 예술, 그리고 미학은 21세기 이르러 이미 정치나 경제를 제치고 다중적 민중, 카오스 민중의 가장 첨예한 삶과 세계 대응의 화살로 되고 있기 때문이다. 새 미학 안에 새 정치, 새 경제의 씨앗이 숨어 있다. 바로 이 창조적 진화의 담론이 다름 아닌 '흰 그늘의 미학'의 기초이다.

'흰 그늘의 미학!'

아마도 이 '흰 그늘'이 우리 민족 신화의 창조적 상징이요 미학적 원형의 원형인지도 모를 일이다. ≪삼국유사≫ <고구려조>에 다음과 같은 기사가 실려 있기 때문이다.

해모수와 사통한 뒤 버림 받은 유화를 이상하게 여긴 동부여의 왕 금와가 그녀를 방에 가두었는데 햇빛이 비추니 몸을 이끌어 이를 피하고 해그늘이 좇아와 비추니 받아들여 이로 인해 잉태했고 하나의 알을 낳았다.
金蛙異之 幽閉於室中 爲日光所照 引身避之 日影又逐而照之 因而有孕生一卵

주몽을 낳은 것이다. 햇빛[日光]과 해그늘[日影]이 분명히 서로 다름에도 불구하고 이병도는 그냥 각각 '햇빛'으로 번역했으니 '해그늘' 곧 흰 '그늘'의 깊고 무궁한 신화적·신비적·미학적 의미, 그 창조적 진화의 맥락을 전혀 깨닫지 못했음이다.

'해그늘[日影]'은 분명히 '흰 그늘'인 것이다. '흰 그늘'이 곧 '오래고도 새로운 역수들' 바로 '만사(萬事)'라면 '흰 그늘의 미학'은 '수련·공부로 이를 알고 동시에 그 앎을 계시 받는 것(知者 知其道而受其知也)'이니 이른바 '깨침'인데 이것은 다시 수련·공부로 이를 안다(知其道)는 진화론적 과학과 연계된 '미적 계시(美的 統覺)'요 그 앎을 계시 받는 것(受其知)은 창조론적 종교와 결부된 '미적 개시(美的 開示)'인 것이다. '통각과 개시의 합발(合發)'에 의해 '흰 그늘'의 미적 창조 체험이 이루어지니 이것이 '만사지(萬事知)'요 '지화(至化)'다.

몇 가지 사실이 뒤따라 내 마음에 떠오른다. 북방 유목 이동 문명의 환웅이 '흔' 즉 '빛'이요 '우주'라면 남방 농경 정착 문명의 웅녀가 '곰' 즉 '그늘'이니 양자의 결합이 다름 아닌 '흰 그늘'이요 주역팔괘(周易八卦)의 남쪽이 '흰빛'임에 대해 북쪽이 '그늘'이니 주역 시대의 지구적 생명의 축대를 '흰 그늘'이라 부를 수도 있다.

바로 이 '흰 그늘'은 지금도 역학에서 유효한데 그 문화적 문명적 현실화가 정역에서의 정동(正東) 쪽인 '산[艮]', 즉 한국과 정서(正西) 쪽인 '못[兌]' 즉 미국 사이의 '창조적 파트너십(艮兌合德)'과 이것에 대한 동남쪽의 '우레[震]'인 일본과 서북쪽의 '바람[巽]'인 중국의 '도움[震巽補弼]'으로 성취된다 했으니 이 후천 문명은 서남쪽의 '하늘[乾]'인 호주, 남미, 아프리카 동남방과 동북쪽의 '땅[坤]'인 시베리아, 캄차카, 베링, 알래스카에서 완성된다. 이것이 주역과 정역 사이의 관계의 역, 간역(間易)의 내용일 것이다. 이제부터의 동아시아 태평양 문명, 그 새로운 문화와 미학의 원리다.

그렇다. '흰 그늘의 미학'은 민족 미학이면서 민족 미학을 훨씬 넘어서는 새 시대, 새 세대, 새 세계 문명의 알짬인 새 문화의 촉수요 중추인 것이다.

≪한국미학예술학회지≫, 2005. 6

해설

'흰 그늘'의 미학과 21세기 문명 가치

1. 서론

김지하는 1970년대 이래 우리 시사의 대표적인 시인으로서 활발한 시작 활동과 더불어 문예 미학과 생명론에 관한 깊은 문제의식을 지속적으로 개진해 왔다. 물론 그의 문예 미학과 생명론은 자신의 시 창작의 형식론과 내용 가치의 밑그림으로 작용해 왔다. 그러나 그의 이러한 이론적, 사상적 문제의식과 저술 활동은 단순히 시 창작의 부가적 차원을 넘어 민족 미학과 생명론의 현재적 재창조를 선도해 온 위상을 지닌다.

    그의 문예 미학론은 1970년 <풍자냐 자살이냐>를 발표하면서 전통 민예의 잠재적 가능성과 의미를 날카롭게 제기한 이래, <민족의 노래 민중의 노래>(1970), <민중문학의 형식 문제>(1985) 등을 거쳐 ≪율려란 무엇인가≫

(1999), ≪예감에 가득 찬 숲 그늘≫(1999), ≪탈춤의 민족 미학≫(2004), ≪흰 그늘을 찾아서≫(2005) 등으로 이어지면서 우리 민족 민중 민예의 생성, 의미, 구성 원리, 미래지향적 가치 등에 대한 천착을 매우 폭넓고 다채롭게 보여 주었다.

한편, 그의 생명론은 문예 미학과의 연속성 속에서 전개된다. 창작 판소리 < 오적 > 등에서 보듯 전통 민중 민예 양식과 세계관이 그의 초기 문학 세계에서부터 기본 바탕을 이루었으나 1970년대 군사정권에 대한 직접적인 저항과 투쟁의 역정이 전면화되면서 잠복기의 양상을 보이다가 1980년대 이후부터 본격적으로 구체화된다. 1980년대 시집 ≪애린≫(1986) 연작을 마디절로 ≪별밭을 우러르며≫(1989), ≪중심의 괴로움≫(1994)을 거쳐 ≪흰 그늘의 산알 소식과 산알의 흰 그늘 노래≫(2010)에 이르기까지 심화, 확장되어 온 치유, 소통, 생태적 상상이 이를 선명하게 드러낸다. 이와 같이 그의 시 세계를 통해서도 구체화된 생명 사상론은 우리나라의 전통 종교, 철학, 예술, 과학 등에 중심을 두면서 서구의 다양한 학문적 성취를 포괄적으로 아우르는 방법을 통해 지속 가능한 생명 발전을 위한 보편적인 생명학의 지평을 열어 나간다. 특히 그의 ≪김지하의 화두≫(2003), ≪생명과 평화의 길≫(2005), ≪촛불, 횃불,

숯불≫(2010), ≪디지털 생태학≫(2010) 등은 문명적 전환의 동력을 현재적 삶 속에서 발견하고 평가하고 의미화하는 양상을 보인다.

    이 글에서는 김지하의 생명의 세계관에 입각한 문예 미학의 핵심적인 내용 가치와 구성 원리에 해당하는 '흰 그늘'의 미의식을 중심으로 살펴보고자 한다. 그가 1999년부터 언급하기 시작한 '흰 그늘의 미학'은 그동안 자신이 추구해 온 문예 미학, 철학, 인생론[1] 등의 성격과 가치의 총체적인 표상이다. 다시 말해, 그에게 '흰 그늘'은 스스로의 자전적 인생론과 문예 미학론, 사상론에 대한 귀납적인 의미 규정이면서 동시에 인생론, 사상론, 문예 미학의 방향을 결정하는 연역적 명제다. 그는 '흰 그늘'의 반대 일치의 역설이 생명의 생성 및 진화론의 원리에 상응한다는 점을 규명하고 여기에서 더 나아가 전통적인 생명 문화의 구성 원리라는 점을 민족 민중 종교, 사상, 민예 등은 물론 동서양의 과학, 생명학을 넘나들면서 분석적으로 해명하고 있다. 그리고 이를 통해 궁극적으로는 '흰 그늘의 미학'이 민족 미학의 핵

---

[1] 김지하는 3권으로 간행한 자신의 회고록 제목을 ≪흰 그늘의 길≫(학고재, 2001)로 정한다. 이때 '흰 그늘'은 자신의 신산한 삶의 역정을 가리키면서 동시에 지향점을 표상하는 것으로 파악된다.

심원리이면서 동시에 보편적인 생명학의 원형이라는 점을 강조하고 있다. 이렇게 볼 때, 결국 '흰 그늘의 미학'은 생명 지속적 발전을 지표로 하는 21세기 네오르네상스의 문명적 가치 기준이며 원형으로서의 의미를 지닌다.

    이 논문은 이러한 문제의식 속에서 김지하의 '흰 그늘의 미학'에 대해 집중적으로 탐구해 보기로 한다. 이러한 작업은 그의 '흰 그늘의 미학'에 대한 이해이면서 동시에 그의 생명론의 요체를 이해하는 데 유효할 것이다.

2. '흰 그늘의 미학'의 내용과 성격

김지하의 문예 미학은 물론 인생론과 사상론의 요체는 "흰 그늘"의 모순형용으로 표상화된다. 그러나 그의 문예 미학론에서 '흰 그늘'이라는 용어가 등장하는 것은 1999년부터다.[2] 그는 이때부터 그동안 꾸준하게 추구해 온 자신의 민

---

2) 김지하가 '흰 그늘'이란 용어를 쓰기 시작한 것은 1999년에 들어와서부터다. 그가 '흰 그늘'이란 용어를 쓰게 된 경위는 다음의 진술에서 드러난다. "고조선 이후에 이 민족이 협종을 황종 자리에서 연주한 이유가 무엇인지 깊이 생각해 볼 일입니다. 우리 민족이 카오스적 사상을 신시 시대 때부터 숨겨진 채로 갖고 있다가 미래를 위해서 내놓

족 민중 문예 미학은 물론 어둠의 세력에 대한 직접적인 저항에서 어둠의 세력까지 순치시켜 포괄하는 살림의 세계에 대한 시적 삶의 역정을 "흰 그늘"이라는 감각적 표상으로 규명하고 있는 것이다. 그리고 여기에서 더 나아가 그는 생명의 존재 원리와 전통문화 예술이 내재하고 있는 생명의 이치를 "흰 그늘"의 미학 속에서 규명하고 있다. 그에게 "흰 그늘"은 생명 시학을 추구해 온 자신의 시적 삶에 대한 인식이면서 동시에 생명학의 인식 방법론이며 결과물이기도 하다. 이 점은 '저항'에서 '생명'을 끌어낸 자신의 시적 삶과 생명학에 대한 인식론이 연속성을 이루는 면모로 파악된다.

한편, "흰 그늘의 미학"은 1990년대 중반부터 그가 언급해 온 "그늘"의 미의식의 연장선에 놓인다. '그늘'의 미의식이 역동적이고 입체적인 감각으로 표상화된 것이 '흰 그늘'로 파악된다. 따라서 '흰 그늘의 미학'을 이해하기 위해서는 먼저 '그늘'의 미의식에 대한 이해의 선행이 요구된다. '그

는 것이 아닌가 하는 신비적인 생각까지 들었습니다. 조금은 이렇게 신비주의적인 생각을 하면서 며칠 고민을 했습니다. 이런 생각을 하다가 며칠 전 잠이 반 깨어 있는 상태에서 이상한 체험을 했습니다. 메시지를 받았다고 할까요? 계속해서 눈 안에 '흰 그늘'이라는 글자가 이상한 형상으로 클로즈업되는 것이었습니다." 김지하, <율려운동의 나아갈 길>, ≪율려란 무엇인가≫, 한문화, 1999.

늘'이란 주로 판소리에서 통용되는 용어로서 그 일반적 내용을 살펴보면 다음과 같다.

> 판소리 용어에 그늘이라는 말이 있다. 판소리 가락을 오랜 수련을 통해서 잘 삭혔을 때 시김새가 붙었다, 시김새가 좋다고 하거니와 시김새가 좋은 광대의 소리에서 빚어지는 미적인 운취를 '그늘'이라고 한다. '그늘'이란 시김새 좋은 판소리에서 빚어지는 웅숭깊은 여운, 여유, 멋을 이르는 말이다. 비유컨대 노래의 씨를 뿌려 싹이 트게 하고 비바람을 견디며 자라게 하여 거목을 가꾸는 과정을 광대의 경우에 있어서 시김새를 획득하는 과정이라고 비유한다면 거목으로 자란 나무가 울창하게 가지를 뻗어 온갖 새들을 그 품에 안는 너그러운 여유, 그것이 곧 그늘이라 하겠다. 그런데 그늘이라는 말은 판소리의 경우만이 아니라 사람이 사람답게 성숙해 가는 과정에 있어서 윤리적 미덕을 이르는 말이기도 하다. 사람이 세상을 살아가는 동안 그야말로 산전수전을 다 겪으면서 육체적으로나 정신적으로 성숙해 간다. 이렇게 성숙한 사람, 여유 있는 사람을 일러 그늘이 있는 사람이라고 한다.[3]

위의 인용문에서 '그늘'의 의미를 요약하면 ① 광대의 잘

삭힌 시김새에서 배어 나오는 운치, 멋, 웅숭깊은 여운 ② 산전수전을 다 겪으면서 도달하는 인간적 성숙함 등으로 정리된다. 여기에서 시김새란 신산고초의 삶의 직접적인 표출이 아니라 인욕 정진을 통해 육화된 소리를 가리킨다. 이와 같이 '그늘'이란 판소리는 물론 사람의 내면에서부터 배어 나오는 유현하고 그윽한 미감을 가리키는 보편적 용어로 통용된다.

김지하는 이와 같이 비교적 추상적이고 보편적으로 통용되는 '그늘'에 관한 미의식을 좀 더 구체적으로 정리하여 자신의 문예 미학으로 끌어온다. 다음과 같은 그의 언급은 시적 언어와 이미지의 내적 근원으로서의 '그늘'의 의미와 가치를 집중적으로 전언하고 있다.

> 그늘이란 몽양(蒙養)이라 했을 때의 '몽(蒙)' 즉 태고무법과 같이 얽혀지고 설켜져서 말로는 규정되지 않고, 해명되지 않는, 애매하고 불확실하고 통괄적인 것 같으면서도 뭔가 그 안에 들어 있는 날카로운 어떤 것이지요. (…) 그늘은 어떻게 생기느냐 하면 두 가지인데, 우선 삶의 신산고초에서 나오고 또 하나는 피나는 수련의 경과

---

3) 천이두, ≪한의 구조 연구≫, 문학과지성사, 1993, 117쪽.

에서 나옵니다. 신산고초라는 것은 삶에 투항하고 야합하는 사람에게는 생기지 않습니다. 삶의 장애들을 어떻게든지 이겨 내고, 제대로 된 삶을 살아 보려고 하는 사람에게는 신산고초가 따르는 것이지요. 수련도 마찬가지입니다. 피투성이로 계속 반복하고 노력하여 장인적인 수련을 거치는 동안에 문득 얻어지는 익숙한 답 혹은 달관의 세계에 이르는 과정이 수련이지요. 공부 없는 사람은 그늘이 생기지 않아요.
여기서 주의할 것은 그늘지게 하는 것은 뭐냐 하는 건데, 그것은 한(恨)입니다. 한은 그늘로 나타납니다. 그늘은 실제 이미지를 동반합니다. 그것은 악이기도 하고 선이기도 하고 맑기도 하고 탁하기도 하고 온갖 것이 다 복합된 애매모호하고 불확실한 세계입니다. 그런데 이 그늘이 언어에서의 이미지의 모태입니다. 그늘은 밖에서부터 들어온 이미지가 아니라, 자기 삶을 통해서 생성된 이미지이지요.[4]

위의 인용문에서 명시하는 '그늘'의 실체는 ① 애매하고 불확실하게 얽히고설킨 태고무법(太古無法)의 혼돈한 기

---

[4] 정현기, <시와 시인을 찾아서 – 김지하>, ≪시와시학≫, 1995, 봄호.

운. ② 신산고초의 체험적 삶과 자기 수련의 경과를 통해서 쌓일 수 있는 것. ③ 자기 삶의 내재적 원리를 통해 생성된 이미지의 모태 등으로 요약된다.

이를 다시 좀 더 구체적으로 살펴보면, 먼저 ①의 문면에서 '그늘'이란 아직 작품의 형상으로 실체화되기 이전 단계의 층위에 해당하는 것으로서, 규정될 수 없고, 보이지 않는다는 측면에서 '없음'이면서 동시에 예술 작품의 미적 생성이 가능하도록 작용하는 이면의 중심적인 힘이라는 측면에서 '있음'의 존재, 즉 '없음'의 '있음'에 해당하는 활동하는 무(無)의 범주에 속하는 것으로 풀이된다. ②에서 '그늘'이란 "삶에 투항하고 야합하지 않는" 사람에게 생성된다는 것은 '그늘'의 내용적 성격을 암시해 준다. 즉, '그늘'은 현실적 삶을 진실하게 실현해 나가는 사람에게서 찾을 수 있는 생명의 원상, 본질, 본디 성품을 그 내용적 바탕으로 한다는 것이다. ③은 '그늘'이 예술 작품의 형상적 이미지를 형성시키는 내적 토대, 근원적인 씨앗이라고 지적하고 있다. 즉, 그늘은 예술 작품을 창작, 생성, 생기시키는 원천으로서 작용한다.[5]

---

[5] 김지하, ≪김지하 문학 연구≫, 시와시학사, 1999, 258~259쪽 참조.

이상의 내용을 종합해 볼 때, '그늘'이란 예술 작품을 생성시키는 이면의 생성의 기운과 에네르기로 요약해 볼 수 있다. 여기서 생명적 에네르기란 신산고초와 수련을 통해 체득한 개인, 사회, 역사, 더 나아가 우주적 차원의 현묘(玄妙)한 생명적 본질과 근원을 핵심적인 내용으로 한다.

이렇게 보면, '그늘'의 성격은 카를 융(C. G. Jung)의 심원한 무의식으로서의 '그림자'와 유사한 범주에서 비견된다. 카를 융의 '그림자'는 집단 무의식의 '태고 유형'에 해당하는바, 무의식 속에 버려진 열등한 인격이며 자아의 어두운 면이다. 그에 따르면, 인간의 정신은 의식과 무의식의 상호작용으로 이루어진다. 의식은 사고, 감정, 감각, 직관 등의 심적 기능으로서 개인이 자각적으로 인지할 수 있는 영역이다. 무의식은 개인 무의식과 집단 무의식으로 구별되는데, '그림자'는 집단 무의식의 '태고 유형' 중의 한 요소로서 동물적 본성에 가깝다. 의식이 지나치게 '그림자'를 억압하면, '그림자'는 투사를 통해 왜곡된 인식을 외부에 투영한다. 자기 자신의 결점을 스스로 자각하지 못하고, 오히려 자신의 결점을 남에게 전가하여 공격하는 양상은 이러한 문맥 속에서 이해된다. 그러나 '그림자'는 이를 대면하는 태도에 따라 병리적인(pathological) 힘이면서 창조적 생명력으로 작용할 수도 있다. 무의식에 버려진 그림자가 적절하게 의식화되면 어떤 일을 추진하고 생산하는 강한 힘으로 작동하기도 한다.[6] 따라서 무의식을 대면하는 태도와 이를 생산적으로 의식화하는 노력이 중요하게 요구된다. 이렇게 볼 때, 카를 융의 집단 무의식론에서 '그림자'는 악이면서 선일 수 있으며 예술적 창조의 에너지로 작동할 수 있다는 점에서 '그늘'과 상통한다. 또한 '그림자'를 어떻게 대면해 의식화할 것인가 하는 점이 선과 악의 성향을 결정하는 관건이라는 점은 '그늘'을 직접 표출하느냐, 인욕 정진을 통해 삭혀(삭힘) 내느냐에 따라 미학적 성취 여부가 결정된다는 점과도 연관된다. 그러나 '그림자'가 의식 세계와 상대되는 집단 무의식에서 태고 유형에 속하는 원시적 충동에 근간을 두고 있는 점은 '그늘'이 신산고초와 인욕 정진의 결과물로서 의식과 무의식이 혼재하는 점이지대에 근간을 두고 있다는 점과 변별된다.

한편, '흰 그늘'에서 '흰'의 의미는 무엇일까? 먼저 이에 대한 김지하의 전언을 직접 들어 보면 다음과 같다.

그늘 앞에 '흰'은 왜 붙었을까요? (…) '흰'은 우리말로 '신'도 됩니다. 머리가 흰 할아버지보고 '신할아비'라고

---

6) 이부영, ≪그림자≫, 한길사, 1996, 89~92쪽 참조.

하죠. 우리 전통 사당패 놀이 같은 데 가끔 신할아비가 나옵니다. 머리가 하얗습니다. 붉, 한, 불, 이런 것들이 전부 흰빛, 성스럽고 거룩한 초월성, 소위 '아우라'올시다. '흰'입니다. 그늘이 어두컴컴하면서도 그 안에 서로 대립되는 것들이 이리저리 얽히는 과정이라면, 그 안에 숨어 있는 성스러운, 거룩한, 일상과는 전혀 다른 새 차원을 '흰'이라고 합시다. 그 차원이 드러난 차원으로 떠올라 오는 것을 '흰 그늘'이라고 합니다.[7]

인용문에서 '흰 그늘'의 '흰'에 대한 개념이 분명하게 드러난다. 이를 요약적으로 이해하면, ① '흰 그늘'의 '흰'은 초월적 아우라로서 어둠의 혼돈과 얽힘의 '그늘'과 대조된다. ② '흰 그늘'의 '흰'의 출처는 그늘이다. 그늘 속에 숨어 있는 성스럽고 거룩한 것의 승화가 '흰 그늘'이다.

이러한 '흰 그늘'의 미의식을 판소리의 실례를 통해 언급한 내용을 살펴보면 다음과 같다.

예술적으로 그것은 피를 몇 대접씩 쏟는 독공의 결과로 슬픔과 기쁨, 웃음과 눈물, 청승과 익살, 이승과 저승, 사

---

7) 김지하, ≪흰 그늘의 미학을 찾아서≫, 실천문학사, 2005, 315쪽.

내와 계집, 나와 너 등 온갖 상대적인 것들을 함께 또는 잇달아 하나로 또는 둘로 능히 표현할 수 있는 성음인 '수리성'을 '그늘'이 깃든 소리라고 한다. (…) 바로 이 같은 '그늘'도 귀신 울음소리(鬼哭聲)까지 표현할 정도래야 진정한 예술로서 지극한 예술(至藝)에 이르고 지예만이 참 도(道)에 이르는 것이다.

귀곡성까지 가려면 '그늘'만으로는 부족하다. 우주를 바꾸려는 신의 마음을 움직이고 감동시켜야 하는 데 그러자면 그늘이 있어야 하고 그 그늘만 아니라 거룩함, 신령함, 귀기(鬼氣)나 신명(神明)이 그늘과 함께 있어야 하며 그늘로부터 '배어 나와야' 한다.[8]

인용문을 바탕으로 판소리에서 '흰 그늘'을 요약적으로 정리하면 다음과 같다. '그늘'은 신산고초의 삶에 대한 분노나 폭발이 아닌 '삭힘'으로 인욕 정진할 때 깃들 수 있다. 이러한 '그늘'에는 서로 상대적인 것이 연속성을 이룬다. '흰 그늘'은 이러한 그늘이 지극한 경지에 이르렀을 때 도달된다. 판소리에서는 '귀곡성'이 이에 해당한다. '귀곡성'은 그늘로부터 신령함, 귀기(鬼氣)나 신명이 배어 나올 때 가능

---

8) 김지하, 앞의 책, 320쪽.

하다. 이 경지를 '흰 그늘'의 미학이라고 할 수 있다. 따라서 '흰 그늘'의 미학은 '그늘'에서 초월의 아우라가 상승하는, '그늘'의 지극한 경지를 가리킨다. 즉, 중력과 초월, 속과 성, 지상과 천상의 통일이 사람을 통해 성립된 경지다.

    그렇다면, 이와 같은 예술의 지극한 경지를 가리키는 '흰 그늘의 미학'에서 세계 변화의 동력을 찾을 수는 없을까? 다시 말해, '흰 그늘의 미학'을 우주 변화의 미의식으로 확장시킬 수 있는 계기성은 없을까? 이러한 물음 앞에 1850년 충청도 연산의 연담 이운규가 제시한 영동천심월(影動天心月), 즉 '그늘이 우주를 바꾼다'는 문구가 떠오른다. 영동천심월(影動天心月)에서 천심월(天心月)은 주역에서 가리키는 "우주핵으로서 한울님의 마음"[9]을 뜻한다. 여기에서의 천심월이 인간의 존재핵, 황중월(皇中月) 즉 사람 마음의 최심층과 일치한다면 우주 변화의 힘으로서의 '그늘'의 미의식을 말할 수 있게 된다. 그래서 김지하는 천심월이 인간 마음의 가장 심층부에 내재한다는 논리를 적극적으로 규명한다. ≪천부경≫에 등장하는 '인중천지일(人中天地一)', 즉 사람 안에 하늘과 땅이 하나를 이룬다는 논리나 ≪삼일신고≫에 나오는 강재뇌신(降在腦神), 즉 신은 머리(뇌) 속에

---

9) 김지하, 앞의 책, 322쪽.

내재한다는 논리를 통해 이를 설명한다. 이렇게 보면, "그늘이 우주를 바꾼다"는 것은 그늘로부터 숨은 신령이 드러남을 통해 우주를 변화시킨다는 것인바, 곧 '흰 그늘'을 가리킨다. 따라서 '흰 그늘의 미학'은 궁극적으로 우주 변화의 원리까지 닿아 있게 된다.

그렇다면, 우주 변화의 원리를 추동할 수 있는 '흰 그늘의 미학'의 구체적인 예술적 양상은 어떤 것일까? 김지하는 이에 대해 한민족 생명 문화의 원류에 해당하는 풍류도에서 찾아낸다. 고조선 단군에서 발원해 신라의 화랑으로 이어진 한민족의 심원한 민족종교이며 사상에 해당하는 풍류도의 최고의 문헌적 자취는 ≪삼국사기≫에 나오는 고운(孤雲) 최치원(崔致遠)의 <난랑비서(鸞郎碑序)>다. 그 일부를 제시하면 다음과 같다.

國有 玄妙之道 曰 風流 設敎之源 備詳仙史 實乃包含 三敎 接化群生[10]

---

10) 國有 玄妙之道 曰 風流 設敎之源 備詳仙史 實乃包含三敎 接化群生. 且如入卽孝於家 出卽忠於國 魯司寇之旨也
處無爲之事 行不言之敎 周柱史之宗也 諸惡莫作 諸善奉行 竺乾太子之化也 ≪삼국사기≫ 권 4 , 고전간행회, 1978.
"나라에 깊고 오묘한 도가 있으니 가로대 풍류라 한다. 그 가르침을

나라에 깊고 오묘한 도가 있으니 가로대 풍류라 한다. 그 가르침을 세운 내력은 ≪선사≫에 상세히 실려 있으며, 실로 삼교를 포함한 것으로 뭇 백성과 접촉하며 교화하는 것이다.

김지하가 최치원의 <난랑비서>에서 가장 주목하는 지점은 '접화군생(接化群生)'이다. 그에 따르면, '군생'은 '뭇 삶' 즉 인격, 비인격, 생명, 무생명을 포괄하는 일체 우주 만물을 뜻하고 '가까이 사귄다'는 '접(接)'은 널리 이롭게 하는(弘益) 공공성과 소통을 말한다. 이렇게 보면, '접화군생(接化群生)'이란 인간의 우주 만물에 대한 친밀한 관여로서 인간에 대한 사회적 공공성인 천지공심(天地公心)의 실현을 가리키는 것으로 파악된다.[11] 이와 같은 접화군생을 예

세운 내력은 ≪선사≫에 상세히 실려 있으며, 실로 삼교를 포함한 것으로 뭇 백성과 접촉하며 교화하는 것이다. 이를 테면, 들어와서는 집 안에 효도하고 나아가서는 나라에 충성하는 것은 노나라 사구의 으뜸 가르침과 같은 것이요, 함이 없이 일하고 말없이 가르침은 주나라 주사의 으뜸 가르침이며, 악한 일을 하지 않고 선한 일을 받들어 행함은 축건태자의 가르침과도 같은 것이다."

[11] 접화군생을 김지하가 생명의 가장 큰 특성으로 꼽는 영성, 관계성, 순환성, 다양성에 대응시키면 다음과 같다. 접(接)은 관계성, 화(化)는 순환성, 군(群)은 다양성, 생(生)은 영성에 상응한다. 주요

술 미학에 대응시키면 모든 삼라만상을 사귀어 감화시키는 것을 가리킨다. 이를 또한 연담 이운규가 제시한 영동천심월(影動天心月)과 연관시키면, '흰 그늘의 미학'은 모든 삼라만상의 심층에 내재하는 '천심월'을 감화시켜 우주 생명의 질서를 열어 가는 차원에 이를 때 완성된다는 것으로 파악된다. 여기에 이르면 '흰 그늘의 미학'의 세계변화의 계기성이 마련된다.

3. '흰 그늘'의 모순어법과 생명의 논리

앞에서 살펴본 바대로, '흰 그늘의 미학'은 '흰'과 '그늘'이라는 서로 대립되는 개념이 연속성을 이룬 반대 일치의 형용모순으로 이루어진다. 드러난 질서는 상극이지만 보이지 않는 질서는 상호 의존 관계를 지니고 있다. 다시 말해, 드러난 질서는 '아니다'이지만, 그 이면의 보이지 않는 질서는 '그렇다'이다. 김지하는 '흰 그늘의 미학'이 지닌 이와 같은 '아니다 그렇다', '그렇다 아니다'에 해당하는 역설의 논리가

섭, <동도동기의 생태담론을 위한 시론>, 모심과살림연구소 엮음, ≪모심 侍≫, 2005, 192쪽 참조.

생명의 생성 및 진화론의 논리와 동일성을 지닌다는 점에 주목한다. 이렇게 되면, '흰 그늘'은 생명의 존재론의 감각적 표상이 될 수 있기 때문이다.

따라서 그는 '흰 그늘'의 역설을 동학의 <不然其然> 편의 이중적 교호 작용과 연속성 속에서 파악한다. "불연기연(不然其然)", 즉 '아니다 그렇다'는 변증법적 세계관과 뚜렷하게 차별된다. 변증법의 전개 과정이 테제와 안티테제가 진테제라는 합목적적인 제3의 지양과 통합으로 향하는 삼진법의 구도로 설명되는 것과 달리, "불연기연"은 보이는 차원 밑에 숨어 있던 보이지 않는 차원이 드디어 보이는 차원으로 차원 변화하는 이진법적 양식이다. 다시 말해, "숨은 차원은 드러난 차원을 추동, 발전, 변화, 수정, 개입, 보조하다가 드러난 차원의 해제기에 숨은 차원 스스로 드러난 차원으로"[12] 가시화되는 것이다. 이때 드러난 차원은 '아니다'이고 숨은 차원은 '그렇다'이다. 이러한 이중적 교호 작용의 역설적 원리는 생명 생성론의 다양한 국면에 적용되는데, 드러난 질서와 숨겨진 질서 사이의 '아니다 그렇다'의 관계, 드러난 질서 내부의 대립적인 것 사이의 기우뚱한 균형을 이룬 '아니다, 그렇다'의 관계, 근원적 질서가 새로운 현상의

---

12) ≪생명과 평화 선언≫, 2004, 37쪽.

드러난 질서로 생성하기 시작했을 때 그 새 질서를 지배하는 대립과 상호보완성의 역설 등이 모두 해당된다.

한편, 김지하의 변증법에 대한 인식은 기본적으로 아도르노의 부정의 변증법과 문맥을 같이한다. 아도르노에게 헤겔의 변증법이란 부르주아적 이상론에 입각한 주관과 객관의 비동일성을 동일화하는 개념화이며 유형의 더미라고 파악한다. 따라서 그에게 테제와 안티테제가 진테제를 향해 지양, 극복의 과정을 거친다는 것은 허구다. 이미 부재하는 진테제를 향해 간다는 것은 합목적적인 형식론에 그칠 뿐이다. 그는 헤겔의 변증법을 극복하는 방법으로 허구적인 개념화를 차단하고 개별화를 강조하는 부정의 변증법을 내세운다. 김지하의 변증법에 대한 인식 역시 이와 연속성을 지닌다. 그에 따르면, 정반합(正反合)에서 정반(正反)의 이중성은 동의하지만 합의 과정은 정반의 숨어 있던 차원이 살아 생동하여 올라오는 것이 아니라 동일 현실의 연장선에서 인위적으로 조직하고 취합하는 데 그친다는 것이다. 즉, 변증법은 드러난 질서의 표면에만 주목하는 데 그치면서 숨은 질서의 동력을 봉인하는 과오를 반복했다고 본다.[13]

---

13) 김지하의 변증법에 대한 비판 논리는 아도르노의 부정의 변증법과 유사하다. 아도르노는 "정반합(正反合)"의 변증법에서 합(合)이란

그러나 불연기연의 역설은 드러나고 숨겨지는 중층적인 이중 생성, 내면으로부터 솟아나는 새로운 질서의 잠재적 가능성을 포괄해 낼 수 있다. "생명운동이나 정신 운동 심지어 물질 운동까지도 그 기본 구조는 이중적"이며 "디지털 같은 것이 뇌의 모방이면서 이진법 원리의 집결"이다.14) 이와 같이 '아니다 그렇다', 즉 불연기연(不然其然)의 이진법적 모순 어법이 생명의 생성 원리라는 점은 동학에서 제시한 진화론을 통해 볼 때, 더욱 구체적으로 분명해진다.

동학의 진화론은 다윈의 적자생존론을 극복한 것으로 평가되는 테야르 드 샤르댕의 생명의 자기 조직화론과 상응하면서 동시에 이를 넘어서고 있다. 김지하의 이 점에 대한 명료한 해석을 요약하면 다음과 같다.

1) inward consciousness

실재하지 않는다고 보고 "정반(正反)"의 부정(否定)의 변증법을 대안으로 제시한다. 변증법의 테제와 안티테제의 진테제로의 지양, 통합은 드러난 질서만의 생성과 지양을 설명하는 데 그칠 뿐 아니라 합의 진테제가 합목적적인 형식논리에 의해 만들어진 허구라고 파악한다. 아도르노, 홍승용 역, ≪미학이론≫, 문학과지성사, 1994 참조.

14) 김지하, ≪흰 그늘의 미학을 찾아서≫, 실천문학사, 2005, 454쪽.

outward complexity

union differentiates.

진화의 내면에 의식의 증대가 있고

진화의 외면에 복잡화가 있으며

군집은 개별화한다.

2) 內有神靈

外有氣化

一世之人 各知不移者也.

안으로 신령이 있고

밖으로 기화가 있으며

한세상 사람이 각자 각자 사람과 생명이 서로 옮겨 살 수 없는 전체적 우주 유출임을 제 나름 나름으로 깨달아 다양하게 실현한다.

테야르 드 샤르댕의 진화론의 요체를 요약한 1)은 찰스 다윈의 약육강식의 투쟁론과 도태설의 적응론으로 설명한 진화론을 부정하고 생명의 자기 조직화와 자기 조절 기능을 바탕으로 한 창조적 진화설[15]을 제시한 논의로 평가된다.

---

15) 김지하,《생명과 자치-생명 사상·생명운동이란 무엇인가》,솔, 1996, 77쪽 참조.

테야르 드 샤르댕의 이러한 우주 진화의 3대 법칙은 수운 최제우가 1860년 4월 5일 주창한 본주문 2)에 대응된다. 1)의 진화의 내면에 의식의 증대가 있다는 것은 2)의 안으로 거룩한 우주적 신령함이 있다는 것에 대응하고, 1)의 진화의 외면에 복잡화가 있다는 것은 2)의 밖으로 신령한 기(氣)의 외화가 실현되고 있다는 것에 대응된다.16) 그런데 문제는 1)과 2)의 세 번째 항목의 차이다. 1)의 군집은 개별화한다고 정리한 데 반해 2)는 이 세상의 사람들이 제각기 개별적이지만 그 이면에 전체성을 실현한 개별자라는 점이 강조된다. 우주의 제3진화 법칙에 해당하는 김지하의 설명을 직접 전언하면 다음과 같다.

> 모든 생명, 모든 물질, 모든 의식은 먼저 전체 군집에서 발생하며, 그 이후에 서서히 개별성을 찾아 개별화하고 특수화한다는 법칙이다. 이것이 19세기에서 20세기 초까지 생물학의 정설이며 생물 발생 이론의 통설이었다. 그런데 이것이 최근의 세포 생물학과 생물학의 새로운

---

16) 김지하는 피에르 테야르 드 샤르댕(1881~1955)을 20세기 현대진화론의 창조적 기념비로 평가한다. 그는 ≪인간현상≫(한길사, 1996)에서 무기물, 유기물, 생명 의식, 정신 영성의 전 우주 진화사를 관통하는 세계의 법칙을 압축적으로 제시한다.

입론과 발견에 의해 반대로 뒤집혔다. (중략) 근원적인 생명 내면의 자유 활동에 의하여, 바로 그 자유에 의하여 생명 개체들은 진화를 선택하며 발생 과정에서 먼저 다양성, 다산성 혹은 돌연변이 등의 다양한 기제를 통해 개별화한다. 그리고 이 개별화 과정에서 개별적 생활 형식, 물질 단위 속에 더욱 생동하며 확장하는 깊은 우주적 전체성을 실현함으로써 무질서하면서도 자발적 형태로 자유롭게, 또는 종잡을 수 없이 매우 독특한 형태로 다양하게 결합, 연계해 그물망, 즉 네트워크를 만들어 간다.[17]

인용문에서 보듯, 김지하는 진화의 원리란 개별화를 통해 전체적 유출을 실현하고 자유로운 네트워크를 이룸으로써 우주화하는 분권적 융합의 양상을 띤다는 점을 강조하고 있는 것이다. 따라서 수운 최제우의 이론은 서양의 생물학보다 100여 년 앞선 선견지명을 드러낸 것으로 평가한다.

이상의 논의를 통해 볼 때, 우주 생명학의 기본이 되는 생명 진화론 역시 '흰 그늘'에 상응하는 모순어법으로 이루어져 있음을 알 수 있다. 개체 속의 숨은 차원으로서의 전체

---

17) 김지하, ≪생명과 자치 — 생명 사상·생명운동이란 무엇인가≫, 125~126쪽 참조.

성을 자각하고 자신의 양식에 맞는 분권적 융합의 형태로 자기의 생명 형식을 조직화한다는 것은 앞에서 강조한 드러난 질서에서의 '아니다'와 숨은 질서에서의 '그렇다'가 서로 연속성을 이루는 반대 일치의 양상을 지닌 경우이다. 따라서 '흰 그늘'은 모든 생명의 존재론과 진화론의 감각적 표상으로 정리된다.

4. '흰 그늘의 미학' 과 한민족 생명 문화의 구성 원리

앞에서 살펴본 바대로, '흰 그늘의 미학'은 생명 예술론이면서 동시에 생명 생성론과 진화론의 논리와 상응한다. 그렇다면, 생명적 삶의 양식론 역시 '흰 그늘의 미학'과 상응한다고 볼 수 있을 것이다. 따라서 김지하가 한민족 생명 문화의 구성 원리를 '흰 그늘의 미학'으로 읽어 내는 것은 자연스러운 귀결로 보인다. 그의 생명 사상은 '흰 그늘'에 상응하는 한민족 전통문화의 가치를 규명하고 평가하고 의미화하는 작업과 직접 연관된다. 따라서 그가 <흰 그늘의 미학(초)>에서 한민족 생명 문화의 원류를 다채롭게 추적하고 있는 것은 자연스럽다. 그는 전통문화의 생명적 원형에서 미래 문화의 비전을 읽어 내고자 한다. 그에게 특히 주목되는 한민족의 생명문화원류의 대표적인 사례를 중심으로 요약적으로 살펴보면 다음과 같다. 먼저, 단군신화의 원리와 '흰 그늘'의 미학의 상응관계다. 단군신화에 등장하는 환웅은 영적 존재가 육적인 인간 세상에 내려온다는 점에서 이중적 교호 작용, 즉 혼돈적 질서의 산물이다. 또한 굴속에서 쑥과 마늘을 먹고 백 일을 견딘 이후 사람이 된 웅녀 또한 육의 영적 전환이라는 역설의 산물이다. 한편, 환웅과 웅녀의 결합 역시 지상으로의 하강과 천상으로의 상승의 만남이라는 모순 통합을 드러낸다. 이렇게 보면 홍익인간 이화세계(弘益人間 理化世界)의 주체가 혼돈적 질서의 자기 조직화[18]로서 '흰 그늘'의 모순어법에 상응된다.

다음은 고조선 시대의 ≪천부경≫[19]에 대한 해석이다. 특히 김지하는 ≪천부경≫에서의 삼사성환오칠일(三四成環五七一: 셋과 넷이 고리를 이루어 다섯과 일곱이 하나가 된다)의 원리에서 탈춤, 판소리, 시나위, 민요, 풍물, 굿, 춤

---

18) 김지하, ≪흰 그늘을 찾아서≫, 실천문학사, 2005, 456쪽 참조.

19) ≪천부경≫은 환인이 환웅에게 전한 우리나라 최초의 경전으로 알려져 있다. 81자로 이루어진 원문을 옮기면 다음과 같다. 一始無始 一析三極無 盡本天一一地一二人 一三一積十鉅無匱化 三天二三地二三人二 三大三合六生七八九 運三四成環五七一玅 衍萬往萬來用變不動 本本心本太陽昂明人 中天地一一終無終一.

사위 등 전통 예술을 일관하는 한민족과 동아시아 예술의 미학 원리를 읽어 내고 있다. 그 핵심 내용을 정리하면 다음과 같다.

① 셋과 넷, 혼돈의 질서, ② 고리를 이루어, 끝과 처음이 확장 순환하는 고리의 시간관, ③ 고리 속의 무궁, 고리 속에서 형성되는 '무궁무궁'의 차원 변화, ④ 다섯과 일곱이, ⑤ '한'으로 하나가 된다.

인용문에 대한 김지하의 해석을 요약적으로 정리하면 다음과 같다. ①의 삼사성환(三四成環)에서 셋[三]은 천지인 삼극의 혼돈한 우주관의 표현으로 역동, 변화, 생성의 리듬이다. 사(四)는 둘의 배수로서 균형, 안정, 정착, 질서를 가리킨다. 한국 전통사상, 문화와 한국 음악의 구성 원리를 보면 '셋'의 삼수분화론, '넷'의 이수분화론이나 사수분화론[20]으로 나누어지는데, 삼사성환은 이 둘이 서로 교호 작용을 하여 고리를 이룬다는 것을 가리킨다. 이것은 혼돈의

---

[20] 우실하에 의해 체계화된 이론으로서 삼수분화론이란 천지인 삼극의 생성과 혼돈의 사상 또는 박자를 가리키고 이수분화론은 음양사상 등 이기의 질서와 균형의 사상 또는 박자를 가리킨다. 우실하, ≪전통음악의 구조와 원리≫, 소나무, 1998, 참조.

질서를 가리키는 것으로서 우리 민족 사상사에서 동학의 패러다임인 '혼원지일기(混元之一氣)'21), '태극 또는 궁궁(太極又形弓弓)'22)의 원리와 연속성을 이룬다. 이러한 동학의 논리 또한 '흰 그늘'에 상응하는 창조적 역설의 생성론에 해당된다.

그리고 셋과 넷이 어우러져 고리[環]를 만든다는 것은 셋과 넷이 엇걸려서 '공소의 미', 빈터, 무, 공, 허를 이룬다는 것이다. 다음 인용문은 엇걸이의 '고리'에 대한 구체적인 이해에 용이하다.

> 혼돈의 질서가 역동과 균형의 엇걸이로 고리가 만들어지는 빈 마당의 지점에서 웃음과 눈물, 무의식과 의식,

---

21) ≪동경대전≫의 <논학문>에 나온다. 수운 최제우는 '혼원지일기(混元之一氣)'에 대해 혼원은 혼돈한 근원이요, 일기는 주역의 태극을 가리키는 것으로서 질서, 안정의 표상이다. 따라서 혼원지일기는 '혼돈의 질서'를 가리키는 모순어법으로 이루어진 생명의 생성론이다.

22) 이것은 최수운 선생에게 내린 신의 계시 속에서 '질병과 혼돈에 빠진 우주 중생을 모두 구원할 원형이 내게 있으니 그 모양이 태극이고, 또한 그 모양이 궁궁이다'에서 기인한다. 여기에서 태극(太極)은 이수분화의 안정, 체계에 해당하고 궁궁(弓弓)은 삼수분화의 역동, 변화에 해당한다.

칠식(七識)과 팔식(八識), 할미와 영감, 중과 창녀, 익살과 청승, 저승과 이승, 싸움과 사랑이 서로 부딪히고 어울리는 복잡한 그늘이 굿(제의), 불림(초혼)이 섞여 들면서 초월성, 아우라, 희망, 화해, 상생의 신명들이 드러나 흰빛을 뿜으며 제의적인 성스러운 넋풀이가 진행된다.23)

혼돈의 질서가 역동과 균형의 엇걸이로 고리를 생성하면서 빈 마당 안에 솟아나는 판으로 '무궁무궁'을 체험할 때 (빈칸의 우주적 확대, 제로의 체험, 제로의 전개) 비로소 리비도 등 무의식의 욕구불만이나 근친상간, 패륜 또는 패배와 회한 같은 중력 체험, 귀신의 검은 그림자, 그늘이 탈춤의 마당극과 마당굿을 통해 드러난다24)는 것이다.

② 고리의 시간관이란 끝과 시작이 서로 맞물려 있는, 그래서 처음과 끝이 없는 순환론적인 시간관을 특징으로 한다. 이를테면, <천부경>의 "一始無始一", 즉 '한 처음이 처음이 아닌 하나요'에서 시작하고, "一終無終一", '한 끝이 끝이 없는 하나다'로 끝난다. 여기에서 더 나아가 김지하는

---

23) 김지하, ≪흰 그늘의 미학을 찾아서≫, 실천문학사, 2005, 468쪽.
24) 앞의 책, 468쪽.

성환(成環)에 해당하는 고리의 시간관을 장자의 <제물론(齊物論)> 편에 나오는 '우주의 핵심은 그 고리 속을 얻음을 시작으로 하여 무궁에 응한다(樞始得其 環中以應無窮)'25)는 논리에 대응시킨다. 따라서 ③무궁무궁은 고리 속을 통해 얻어지는 우주적 무한을 가리킨다. ④ 다섯과 일곱, 귀신(무의식 속의 불온한 침전물인 그림자 따위의 콤플렉스, 한 등등)과 신명(집단 또는 심층 무의식, 거룩한 영성, 신령, 흰빛으로 표상되는 '아우라'나 초월성)이 ⑤ '한'은 하나를 가리킨다. 작은 것과 큰 것, 큰 것과 작은 것 사이의 관계, 개체성을 잃지 않으면서 전체를 이루는 분권적 융합을 가리킨다.

지금까지 살펴본 <천부경>의 '삼사성환오칠일(三四成環五七一)'에서 '삼사성환(三四成環)'의 음양의 이수분화론(二數分化論)과 천지인의 삼수분화론(三數分化論)의 통합 논리는 김지하가 주창해 온 '흰 그늘'의 모순어법에 상응하는 것으로서 생명생성론의 기준으로 해석된다. 특히

---

25) 장자 <제물론(齊物論)>, '樞始得其 環中以應無窮'에서 '環中無窮'은 대도의 근본인 줄기(樞)가 우주 중앙의 공처(空處)인 그 고리 속을 얻으면 사방팔방의 모체가 되어 피차 상하의 분리가 없다는 의미다.

그는 2000년대 들어와서 붉은 악마들을 통해 표출된 문화 현상을 이러한 모순의 통합 논리의 연장선에서 해석하고 있어 이채롭다. 그가 붉은 악마로부터 주목하는 민족 전체의 고유 문화이며 전세계 인류의 새로운 문화의 기준[26]은 다음 세 가지 표상으로 요약된다.

① 엇박 ② 태극 ③ 치우천황이다. ① 이박 플러스 삼박의 엇박은 음양의 이수분화론(二數分化論)과 천지인의 삼수분화론(三數分化論), 즉 안정과 혼란, 질서와 변화의 이중적 교호 작용을 통해 개진되는 새로운 차원의 혼돈의 질서, 역동적 균형에 대응한다. 그가 강조해 온 천부경의 삼사성환, 동학의 혼원지일기, 태극과 궁궁의 생명 생성 논리가 붉은 악마의 엇박을 통해 고스란히 재현되고 있는 것으로 해석되기 때문이다. 또한 ② 태극은 붉은 악마들이 들고 나온 태극기의 태극을 가리킨다. 태극의 표상은 역학의 음양법으로서 천지음양의 대립과 통일을 가리킨다. 이것은 빛과 그늘, 하늘과 땅, 남성과 여성, 역동과 안정의 통합이다. '아니다, 그렇다'의 교차적 생명 논리와 모순어법이 적용되고 있는 것이다. 따라서 태극 또한 그가 일관되게 견지해 온 생명 생성 논리의 핵심 원리를 구현하고 있다. ③ 붉은 악마

---

26) 김지하, ≪김지하의 화두≫, 화남, 2003, 25쪽.

의 로고인 치우천황은 4500년 전에 살았던 신화 속의 배달국의 제14대 천황이다. 치우천황이 유명해진 것은 중국 화화족의 황제와 74회의 전쟁을 치러 승리한 전쟁신이란 점이다. 치우천황과 중국 황제의 긴 전쟁의 주된 배경은 문명적 가치관의 충돌이다. 중국 황제가 남방계 정착 문화의 영향에 따라 이를 기반으로 중국의 쇄신을 추구했던 것에 반해 치우는 남방계 농경 정착 문명과 북방계 유목 이동 문명의 병행을 추구했던 것이다. 동이의 치우천황이 추구한 유목과 농경의 이중적 결합은 이중적 교호 작용의 역동성을 표상한다. 따라서, 2000년대 들어 새로운 문화적 사건으로 드러난 붉은 악마의 일련의 행위가 한민족 생명 문화 원형의 현재적 표출로서 해명되는 것이다. 그리고 이러한 한민족 생명 문화의 어법은 '흰 그늘의 미학'과 상응한다는 점을 확인할 수 있다.

5. 결론: '흰 그늘의 미학'과 생명 가치의 원형

김지하는 우리 시사에서 보기 드물게 시인이면서 동시에 문예 이론가와 생명 사상가로서 활발한 활동을 지속해 왔다. 그의 초기 문예 미학은 주로 문예 창작의 보고(寶庫)로서의 민중 민예의 잠재적 가능성과 민중 문학의 형식론에 집중되었다면, 1980년대 중반 이후부터는 민족 민중 문화의 전통 속에서 살림의 세계관을 적극적으로 들어 올리고 논리화하는 데 집중한다. '흰 그늘의 미학'은 이러한 그의 사상과 미학적 도정의 감각적 표상이면서 동시에 그가 추구하는 우주 생명학의 인식론이며 실천론이기도 하다. 김지하는 '흰 그늘의 미학'의 원리가 생명의 생성 및 진화의 원리이며 생명 문화 양식의 구성 원라는 점을 규명한다.

'흰 그늘의 미학'은 모순의 통합이다. '흰'과 '그늘'의 상대적 개념이 연속성을 이룬 것이다. 이것은 표면적으로는 '아니다'이지만 이면적으로는 '그렇다'이다. 이와 같이, '흰'과 '그늘'이 한 몸인 것은 '흰'이 '그늘' 속에서 생성되는 것이기 때문이다. 신산고초를 인욕 정진의 자세를 통해 삭혀 나갈(시김새) 때 생성되는 '그늘'이 지극한 경지에 이르면 초월적 아우라 혹은 신성성으로서 '흰'을 표출하게 된다. 따라서 '흰 그늘'은 어둠의 중력과 밝은 초월성, 세속과 신성, 지상과 천상의 가치가 통합된 결정이다. 그래서 '흰 그늘'은 세계를 변화시키는 미학적 계기성을 지닐 수 있다. 연담 이운규가 언급한 '그늘이 우주를 바꾼다(影動天心月)'고 할 때 우주의 핵에 해당하는 '천심월'이 인간 내면 의식의 핵에 해당하는 황중월(皇中月)과 일치하는 지점, 즉 지상과 천상의 가치의 통일은 곧 '흰 그늘의 미학'에 대응되기 때문이다.

'흰 그늘의 미학'의 '아니다, 그렇다'(不然其然)에 해당하는 반대 일치의 역설은 생명의 생성 및 진화론과 연관된다. 생명의 생성 및 진화론은 숨은 질서가 드러난 질서와 서로 추동, 발전, 교감, 수정, 개입 속에서 드러난 차원의 해제기에 숨은 차원이 드러난 차원으로 외화되는 이진법의 양상을 띠기 때문이다. 이 점은 동학의 진화론 '내유신령 외유기화 일세지인 각지불이자야(內有神靈 外有氣化 一世之人 各知不移者也)'에서도 구체적으로 확인된다. 또한 '흰 그늘의 미학'은 한민족 생명 문화 양식의 구성 원리다. 단군신화를 비롯해 풍류도, ≪천부경≫, ≪정역≫, 그리고 동학을 비롯한 민족 종교는 물론 판소리, 탈춤, 시나위 등 민중 민예의 구성 원리 역시 '흰 그늘'의 역동적 균형의 이진법적 원리가 면면히 내재되어 있다.

이와 같이 '흰 그늘의 미학'은 주로 민족 문화 전통 속에서 규명되고 검증되고 평가되지만 동시에 세계적 보편성과 미래 문화의 가치를 지닌다. 그래서 그에게 '흰 그늘의 미학'은 '생명과 평화의 길'의 과정이요 궁극적인 목적의식[27]이

---

27) 김지하는 자신이 창설한 사단법인 "생명과 평화의 길"의 <생명평화선언>(2004)에서 "생명과 평화의 길이 '흰 그늘'을 목적으로" 한

된다. '흰 그늘'로 표상되는 이중적인 교호 작용과 반대 일치의 역설이 궁극적으로는 지속 가능한 생명의 발전이 절실하게 요구되는 21세기 문명적 가치의 원형으로서 의미를 지니기 때문이다. 작게는 인간의 정체성 상실에서부터 크게는 전지구적 생명 가치 상실의 위기를 맞고 있는 치명적인 현실 속에서 생명과 평화의 길을 열어 갈 수 있는 신생의 인식론과 방법론으로 '흰 그늘의 미학'이 자리매김된다. 따라서 그의 '흰 그늘의 미학'은 민족 미학의 범주를 뛰어넘어 전지구적 차원의 21세기형 네오르네상스의 원형으로서 보편적인 의미를 지니게 된다.

다고 적고 있다.

김지하는

1941년 전남 목포에서 태어났다. 1966년 서울대학교 미학과를 졸업했다. 1969년 ≪시인≫지에 <황톳길> 등 시 5편을 발표하며 등단했다. 1970년 5월 ≪사상계≫에 사회 현실을 풍자한 담시 <오적>을 발표한 뒤 반공법 위반으로 구속, 기소되었다. 이른바 '오적 필화 사건'이다. 이후 '비어 필화 사건'으로 입건되어 '민청학련' 사건으로 사형을 언도받는 등 고초를 겪었다.

시집으로는 ≪황토≫(1970), ≪타는 목마름으로≫(1982), ≪남(南)≫(1984), ≪살림≫(1987), ≪애린 1·2≫(1987), ≪검은 산 하얀 방≫(1987), ≪이 가문 날에 비구름≫(1988), ≪나의 어머니≫(1988), ≪별밭을 우러르며≫(1989), ≪중심의 괴로움≫(1994), ≪화개≫(2002), ≪유목과 은둔≫(2004), ≪비단길≫(2006), ≪새벽강≫(2006), ≪못난 시들≫(2009), ≪흰그늘의 산알 소식과 산알의 흰그늘 노래≫(2010), ≪시김새≫(2012) 등이 있다. 저서로는 ≪산문집 '밥'≫(1984), ≪남녘땅 뱃노래≫(1987), ≪흰 그늘의 길 1, 2, 3≫(2003), ≪생명학 1, 2≫

(2003), ≪김지하의 화두≫ (2003), ≪탈춤의 민족미학≫ (2004), ≪생명과 평화의 길≫(2005), ≪디지털 생태학≫ (2009), ≪수왕사≫(2013), ≪초미≫(2014), ≪아우라지 미학의 길≫(2014) 등이 있다.

아시아·아프리카 작가회의 로터스 특별상(1975), 국제시인회의 위대한 시인상(1981), 크라이스키 인권상(1981), 이산문학상(1993), 정지용문학상(2002), 만해문학상(2002), 대산문학상(2002), 공초문학상(2003), 영랑시문학상(2010) 등을 수상했다. 현재 건국대학교 석좌교수다.

엮은이 홍용희는

홍용희는 경북 안동에서 태어나 경희대학교와 동 대학원을 졸업했다. 1995년 ≪중앙일보≫ 신춘문예 문학평론 부문에 당선되면서 문단에 나왔다. 젊은 평론가상, 애지문학상, 시와시학상, 김달진문학상 등을 수상했다. 주요 저서로 연구서 ≪김지하문학연구≫, 평론집 ≪꽃과 어둠의 산조≫, ≪아름다운 결핍의 신화≫, ≪대지의 문법과 시적 상상≫, ≪현대시의 정신과 감각≫ 등이 있다.

김지하 평론선집

지은이 김지하
엮은이 홍용희
펴낸이 박영률

초판 1쇄 펴낸날 2015년 7월 6일

지식을만드는지식
121-869 서울시 마포구 월드컵북로 46 청원빌딩 3층
전화 (02) 7474 001, 팩스 (02) 736 5047
출판등록 2007년 8월 17일 제313-2007-000166호
전자우편 zmanz@eeel.net
홈페이지 www.zmanz.kr

ZMANZ
3F. Chungwon Bldg., 46, World Cup buk-ro,
Mapo-gu, Seoul 121-869, Korea
phone 82 2 7474 001, fax 82 2 736 5047
e-mail zmanz@eeel.net
homepage www.zmanz.kr

ⓒ 김지하, 2015
ⓒ 홍용희, 2015

지식을만드는지식은 커뮤니케이션북스(주)의 인문 출판 브랜드입니다.
이 책은 저작권자와 계약하여 발행했습니다.

ISBN 979-11-304-5760-4
979-11-304-6267-7(세트)
책값은 뒤표지에 있습니다.